地方应用型高水平本科院校建设系列丛书

OBE理念下应用型高校英语（师范）专业建设实践路径与探索

张雁凌——著

知识产权出版社
全国百佳图书出版单位
—北京—

图书在版编目（CIP）数据

OBE 理念下应用型高校英语（师范）专业建设实践路径与探索 / 张雁凌著 . — 北京：知识产权出版社，2023.12

ISBN 978-7-5130-9036-0

Ⅰ . ① O… Ⅱ . ①张… Ⅲ . ①师范大学—英语—学科建设—研究 Ⅳ . ① H319.3

中国国家版本馆 CIP 数据核字（2023）第 229031 号

内容提要

为了更好地贯彻 OBE 理念，提高人才培养质量，本书依据国家标准对应用型高校的英语（师范）专业建设现状进行全面客观的“诊断”。通过践行师德，学会教学，学会育人，学会发展，查找本专业师范教育存在的不足，明确改革方向，以期促进师范院校创新发展，完善师范院校教学质量保障体系，提高教学质量，进而提高学校的办学声誉。

责任编辑：郑涵语　　　　**责任印制**：孙婷婷

OBE 理念下应用型高校英语（师范）专业建设实践路径与探索

OBE LINIAN XIA YINGYONGXING GAOXIAO YINGYU（SHIFAN）ZHUANYE JIANSHE SHIJIAN LUJING YU TANSUO

张雁凌　著

出版发行：	知识产权出版社有限责任公司	**网　　址**：	http：//www. ipph. cn
电　　话：	010-82004826		http：//www. laichushu. com
社　　址：	北京市海淀区气象路 50 号院	**邮　　编**：	100081
责编电话：	010-82000860 转 8569	**责编邮箱**：	laichushu@cnipr. com
发行电话：	010-82000860 转 8101	**发行传真**：	010-82000893
印　　刷：	北京中献拓方科技发展有限公司	**经　　销**：	新华书店、各大网上书店及相关专业书店
开　　本：	720mm × 1000mm　1/16	**印　　张**：	21.5
版　　次：	2023 年 12 月第 1 版	**印　　次**：	2023 年 12 月第 1 次印刷
字　　数：	300 千字	**定　　价**：	78. 00 元

ISBN 978-7-5130-9036-0

序

为了更好地贯彻 OBE 理念，提高人才培养质量，本书依据国家标准对应用型高校的英语（师范）专业建设现状进行全面客观的“诊断”，通过践行师德，学会教学，学会育人，学会发展，查找本专业师范教育存在的不足，明确改革方向，以期促进师范院校的创新发展，进一步完善教学质量保障体系，提高教学质量，从而提高学校的办学声誉。

本书共分四部分。第一部分由第一章和第二章构成。第一章，绪论。主要论述本书的研究背景，提出本书的研究内容、方法和思路框架，明确本书的创新点。第二章，OBE 理念指导下的人才培养方案的修订与实践。培养目标是专业建设的灵魂和核心，是专业人才培养的依据。第二部分由第三章、第四章、第五章和第六章构成，是全书的关键所在。第三章，专业人才培养“产出”（output）的质量。毕业要求是英语（师范）专业人才培养“产出”（output）的质量体现。第四章，OBE 理念的课程开设与教学实施，体现国家对专业人才培养体系和运行过程的质量要求。课程是专业建设的核心要素，本书所提到的课程，包括课堂教学、实验实习、实践教学、第二课堂、国内外游学访学等所有的教学环节。第五章，OBE 理念下的实践教学与“四位一体”协同育人机制是课程教学运行的重要组成部分和人才培养质量的重要保障机制，对毕业要求具有重要支撑作用。第六章，学生成长指导一站式服务，集中体现了“以学生为中心”的基本理念，强调遵循师范生成长、成才规律，关注学生需求，加强成长指导，切实达到毕业要求。第三部分由第七章、第八章和第九章构成。第七章，英语（师范）专业教师队伍建设是专业重要的人力资源保障，是实现培养目标、加强专业建设、维持课程教学运行和保证人才培养质量的重要因素。第八章，校内各部门协调支持是专业的物质保障，是实现培养目标、加强专业建设、维持课程教学运行和保证人才培养质量的影响因素。第九章，质量保障体系及其运行架构体现国家对专业人才培养过程及结果动态监控的质量要求，对达到毕业要求具有重要的保障作用。第四部分即第十章，论述英语（师范）专业建设存在的问题及改进措施，根据以上主要实践内容，有针对性地提出专业建设存在的问题及未来需要改进的措施。

教师要坚持学生为本，树立终身学习理念，贯彻落实专业标准，师德为先，能力为重，立标师德师能，借鉴国际经验，回应社会问责，聚焦核心素养，面向行业需求，培养育人能力。

张雁凌

2023 年 10 月

目 录

第一章 绪 论

OBE 是 Outcome Based Education（成果导向教育）首字母缩写，1981 年由斯巴迪（Spady）率先提出后，OBE 在美国、英国、加拿大等国家成了教育改革的主流理念，被认为是追求卓越教育的正确方向。2013 年 6 月，我国被接纳为“华盛顿协议”签约成员。OBE 理念从逐渐接受到成功引入工程教育认证和师范专业认证。OBE 理念重点强调四个方面：我们想让学生取得的学习成果是什么；为什么要让学生取得这样的学习成果；如何有效地帮助学生取得这些学习成果；如何知道学生已经取得了这些学习成果。

OBE 理念强调人人都能成功。所有学生都能在学习上获得成功，但不一定同时或采用相同方法。OBE 强调个性化评定，根据每个学生个体差异，制订个性化的评定等级，并适时进行评定，从而准确掌握学生的学习状态，对教学进行及时修正。OBE 强调精熟，教学评价应以每位学生都能精熟内容为前提，不再区别学生的高低；只要给每位学生提供适宜的学习机会，他们都能达成学习成果。OBE 强调绩效责任，学校比学生更应该为学习成效负责，并且需要提出具体的评价及改进的依据。OBE 强调能力本位，教育应该提供学生适应未来生活的能力，教育目标应列出具体的核心能力，每一个核心能力应有明确的要求，每个要求应有详细的课程对应。OBE 要求学校和教师应该先明确学习成果，配合多元弹性的个性化学习要求，让学生通过学习过程完成自我实现的挑战，再用成果反馈来改进原有的课程设计与课程教学。OBE 要求学生将掌握内容的方式，从解决有固定答案问题的能力拓展到解决开放问题的能力。OBE 更加关注高阶能力，如创造性思维的能力、分析和综合信息的能力、策划和组织能力等。这种能力可以通过团队的形式完成某些比较复杂的任务来获得。

OBE 理念的教学实施要把握好四个方面的原则。

（1）清楚聚焦。课程设计与教学要清楚地聚焦于学生在完成学习过程后能达成的最终学习成果，并让学生将他们的学习目标聚焦在这些学习成果上。教师必须清楚地阐述并致力于帮助学生发展知识、能力和境界，使他们能够达成预期成果。

（2）扩大机会。课程设计与教学要充分考虑每个学生的个体差异，要在时间和资源上保障每个学生都有达成学习成果的机会。学校和教师不应以同样的方式在同一时间给所有学生提供相同的学习机会，而应以更加弹性的方式来配合学生的个性化要求，让学生有机会证明和展示自己的学习成果。如果学生获得了合适的学习机会，相信他们就会达到预期的学习成果。

（3）提高期待。教师应该提高对学生学习的期待，制订具有挑战性的执行标准，以鼓励学生深度学习，促进更成功的学习。提升期待主要有三个方面：一是提高执行标准，促使学生完成学习进程后达到更高水平；二是排除迈向成功的附加条件，鼓励学生达到高峰表现；三是增设高水平课程，引导学生向高标准努力。

（4）反向设计。以最终学习成果为起点，反向进行课程设计，开展教学活动。课程与教学设计从最终学习成果反向设计，以确定所有迈向高峰成果的教学的适切性。教学的出发点不是教师想要教什么，而是要达成高峰成果需要什么。

OBE 理念的实施关键性步骤如下：

（1）确定学习成果。最终学习成果既是 OBE 的终点，也是起点。学习成果应该可清楚表述和可直接或间接测评，因此往往要将其转换成为绩效指标。确定学习成果要充分考虑教育利益相关者的要求与期望，这些利益相关者既包括政府、学校和用人单位，也包括学生、教师和学生家长等。

（2）构建课程体系。学习成果代表了一种能力结构，这种能力主要是通过课程教学来实现的。因此，课程体系构建对达成学习成果尤为重要。能力结构与课程体系结构应有一种清晰的映射关系，能力结构中的每一种能力要有明确的课程来支撑；换句话说，课程体系的每门课程要对实现能力结构有确定的贡献。课程体系与能力结构的这种映射关系，要求学生完成课程体系的学习后就能具备预期的能力结构（学习成果）。

（3）确定教学策略。OBE 特别强调学生学到了什么而不是教师教了什么，特别强调教学过程的输出而不是输入，特别强调研究型教学模式而不是灌输型教学模式，特别强调个性化教学而不是“车厢”式教学。个性化教学要求教师准确把握每名学生的学习轨迹，及时把握每个人的目标、基础和进程。按照不同的要求，制订不同的教学方案，提供不同的学习机会。

（4）自我参照评价。OBE 的教学评价聚焦在学习成果上，而不是在教学内容及学习时间、学习方式上。其采用多元和梯次的评价标准，评价强调达成学习成果的内涵和个人的学习进步，不强调学生之间的比较。根据每个学生能达到教育要求的程度，赋予从不熟练到优秀不同的评定等级，进行针对性评价，通过对学生学习状态的明确掌握，为学校和教师改进教学提供参考。

（5）逐级达到顶峰。将学生的学习进程划分成不同的阶段，并确定出每个阶段的学习目标，这些学习目标是从初级到高级，最终达成顶峰成果。这将意味着，具有不同学习能力的学生将用不同时间、通过不同途径和方式，达到同一目标。

OBE 的目标、课程、教材、评价、毕业要求等均聚焦于成果，而不是规定的进程。OBE 强调学生从学习的一开始就有明确目标和预期表现，学生清楚所期待的学习内涵，教师更清楚如何协助学生学习。因此，学生可以按照各自的学习经验、学习风格、学习进度，逐步达成目标，所有的学生均有机会获得成功。OBE 获得证书是以学习成果为准，学生必须清楚地展现已达到规定的绩效指标，才能获得学分。将学习成果标准与证书联系起来，使得证书与学生的实际表现相一致，而非只是学生在规定时间内完成学业的证明。OBE 强调知识的整合，是以知识（能力）结构出发反向设计，使课程体系支撑知识结构，进而使每门课程的学习都与知识（能力）结构相呼应，最终使学生达成顶峰成果。OBE 强调以学生为中心，教师应该善用示范、诊断、评价、反馈及建设性介入等策略，来引导、协助学生达成预期成果。OBE 聚焦的是学生最终达成的顶峰成果，学生某一次不成功的学习，只作为改进教学的依据，不计入其最终成果。OBE 秉持所有学生都是成功学习者的理念，仅将学生进行结构性区分或分类，采取各种鼓励措施，创造各种机会，逐步引导每一个学生都成为成功的学习者，达成顶峰成果。OBE 强调合作式学习，将学生之间的竞争转变为自我竞争，即让学生持续地挑战自己，为达成顶峰成果而合作学习。通过团队合作、协同学习等方式，使学习能力较强者变得更强，使学习能力较弱者得到提升。OBE 强调自我比较，而不是学生之间的比较。强调是否已经达到自我参照标准，其评价结果往往用“符合 / 不符合”“达成 / 未达成”“通过 / 未通过”等表示。由于采用学生各自的参照标准，而不是学生之间的共同标准，故评价结果没有可比性，不能用于比较。OBE 强调教学的协同性，要求每一名承担课程教学的教师，为达到协助学生达成顶峰成果的共同目标，进行长期沟通、协同合作，来设计和实施课程教学及评价。

OBE 作为一种先进的教育理念，已经形成了一套比较完整的理论体系与操作模式。它遵循的是反向设计原则，反向设计是从需求（内部需求和外部需求）开始，由需求决定培养目标，再由培养目标决定毕业要求，再由毕业要求决定课程体系。正向设计是从课程体系开始，到毕业要求，再到培养目标，再到需求这样一个设计过程。然而，这时的需求一般只能满足内部需求，而不一定能满足外部需求，因为它是教育的结果而不是教育的目标。应将 OBE 理念融入高等师范专业教育体系中，改革与此不相适应的做法。

OBE 理念下的师范专业建设遵循的是反向设计、正向实施，在教学设计与实施中强调如下四个方面：培养目标要以需求为导向，毕业要求要以培养目标为导向，课程体系和课程教学要以毕业要求为导向，资源配置要以支撑毕业要求与培养目标的达成为导向。

毕业要求的达成要能支撑培养目标的达成，课程教学要求的达成要能支撑毕业要求的达成。所有参与教学的教师要明确自己对达成毕业要求和培养目标的贡献与责任，每位学生要明确自己对达成毕业要求和培养目标的作用。培养目标和毕业要求的表述要有利于对目标和要求的达成度进行评价。从质量监控向持续改进转变。一个具有完善功能的质量管理体系应该具备“闭环”特征，即通过监督功能发现偏差，通过调控功能纠正这些偏差，再通过改进功能分析产生这些偏差的原因，并对系统进行改进。OBE成果导向的师范专业建设是一个持续改进的过程。它要求建立一种有效的持续改进机制，从而实现如下功能：能够持续地改进培养目标，以保障其始终与内、外部需求相符合；能够持续地改进毕业要求，以保障其始终与培养目标相符合；能够持续地改进教学活动，以保障其始终与毕业要求相符合。

用OBE教育理念指导师范专业建设，具有现实意义。

宿州学院是安徽省属综合性普通本科高校，学校所在地为全国文明城市、皖北历史文化名城。学校创办于1949年，1983年升格更名为宿州师范专科学校，2004年升本更名为宿州学院，2009年获安徽省首批示范应用型本科高校立项建设单位，2014年、2019年先后通过教育部本科教学工作合格评估、审核评估，2015年获批安徽省地方应用型高水平大学立项建设单位，2019年获批新增硕士学位授权立项建设单位。

学校有教育园区校区、汴河路校区两个校区，占地1146亩，建筑面积近60万平方米，教学科研仪器设备总值2亿余元，馆藏纸质图书139万余册，电子图书645万余册。现有15个二级学院，全日制在校生1.6万人，成人教育在籍生1770人。教职工1300余人，其中正高级专业技术职务96人、副高级专业技术职务260人、博士360余人。现有省优秀教师11人、省教学名师

27 人、省教坛新秀 37 人、省学术和技术带头人 2 人，入选安徽省“特支计划”2 人，省战略性新兴产业技术领军人才 2 人、省优秀青年科技人才 1 人、省级科技特派员 6 人。与省内外 22 所高校联合开展研究生培养，现有博士生导师 5 人，硕士生导师 56 人。

学校坚持“地方性、应用型”办学定位，构建了以工学、管理学为主、多学科协调发展的学科专业体系。现有 66 个本科专业，涵盖工学、管理学、理学、文学、经济学、艺术学、教育学、医学 8 大学科门类，形成了信息技术、食品医药，材料化工、机械制造、矿产资源、经济管理、文化艺术 7 类应用型专业群。拥有国家级一流本科专业建设点 1 个、国家级特色专业 1 个、国家级综合改革试点专业 1 个；省级重点学科 1 个、省级应用型高峰培育学科 3 个；省级一流本科专业建设点 10 个，省级特色专业 9 个、省级综合改革试点专业 12 个。学校全面落实立德树人根本任务，深入推进德、智、体、美、劳“五大行动”，深化“三全育人”综合改革，不断提升人才培养质量。学生年均获省级以上奖项 400 多项，学校获批安徽省“三全育人”综合改革试点高校。

学校坚持“政产学研用”一体化发展思路，深化校地、校企合作，助力地方高质量发展。现拥有 1 个博士后科研工作站，1 个国家级工程技术研究中心，11 个省厅级科研平台，校内外实习实训基地 599 个。精准对接宿州市 10 大重点产业，深入实施“4510”校地联合科创行动（即促进教育链、人才链、产业链、创新链“4 链融合”；推动专业、产业、企业、就业和事业“5 业联动”；围绕安徽省 10 大新兴产业、宿州市 10 大重点产业，建设 10 大校地联合科创平台，助推校地高质量发展），持续增强产学研用、协同创新能力，已与 500 余家市、县政府部门、事业单位、名优企业开展实质性合作，促进了校、地、企多方优势互补和协同发展，为区域经济社会发展提供了强有力的人才和智力支撑。近五年（2019—2023 年）承担省部级以上科研课题 384 项，获省部级及行业协会（学会）科研奖励 27 项；公开发表学术论文 2500 多篇，被 SCI、EI 检索收录的高水平学术论文 600 余篇；出版教材、专著 196 部；授权国际专利 39 项、国家发明专利 120 项，签订产学研合作项目 800 余项，50 篇咨询报告被省市有关部门采用。

学校深入推进富有深厚底蕴和鲜明特色的大学文化建设，建有“四馆”（孟二冬纪念馆、革命传统教育馆、赛珍珠纪念馆、皖北文化艺术馆），弘扬以我校优秀校友、全国模范教师、全国优秀共产党员孟二冬为代表的“敬业向学”精神；实施“一院一品”文化建设计划，举办校园文化艺术节、网络文化节、高雅艺术进校园等文化艺术活动，打造特色文化品牌。孟二冬纪念馆、革命传统教育馆等获批为安徽省大学生社会主义核心价值观教育实践基地、省大学生社会实践基地、宿州市青少年思想品德教育基地、宿州市党员政治学习教育基地。学校特色文化活动多次受到中央电视台、《中国教育报》、安徽电视台等权威媒体报道。

学校重视国际交流合作，与美国、新西兰、马来西亚及“一带一路”沿线及周边国家和地区的 26 所高校及科研机构建立合作关系，获批教育部中外合作办学项目 1 项。通过教师“海外研修工程”和学生出国交流学习项目，先后选派 200 多名师生赴国（境）外访学研修、攻读硕士、博士学位等，跟踪做好印度尼西亚留学生来校接受学历教育工作，积极打造“留学安徽”“留学宿州”品牌。

学校是安徽省地方应用型高水平大学立项建设单位、安徽省首批示范应用型本科高校、国家级大学生创新创业训练计划实施高校、安徽省普通高校首批大学生创新创业示范高校。连续 4 次被评为安徽省文明单位、安徽省普通高校毕业生就业工作标兵单位，2015 年获评为第一届安徽省教育系统文明单位，2019 年获评为安徽省首届文明校园，2023 年获评为安徽省党建双创示范高校，2015—2022 年 7 次获评省委年度综合考核优秀等次。

学校的建设发展得到了省、市的大力支持，安徽省教育厅把我校列入省属重点立项建设硕士学位授予单位，宿州市委市政府把支持我校“申硕”和创建大学纳入党代会报告、政府工作报告和《宿州市国民经济和社会发展第十四个五年规划和 2035 年远景目标纲要》。学校立足新发展阶段，完整、准确、全面贯彻新发展理念，服务和融入新发展格局，明确“两个建成”（建成硕士学位授予单位、建成特色鲜明的地方应用型高水平大学）的奋斗目标，深入实施“两步走”创建宿州大学战略安排，着力推进办学效益和办学层次。

全校上下坚持以习近平新时代中国特色社会主义思想为指导，坚持社会主义办学方向，扎根皖北大地办大学，落实立德树人根本任务，坚守为党育人，为国育才的初心使命，加快推进高质量发展，全力实现“两个建成”，为建设现代化美好安徽和现代化新宿州作出新的、更大的贡献。

外国语学院英语（师范）专业办学历史悠久，其前身可以追溯到宿县地区师范学校（历）史地（理）外（语）（教研）组，经过 40 余年办学积淀，历经科、系、院形态更替，展现了团结奋进、蓬勃发展的姿态。学院秉承“厚德笃行，博学融通”的育人理念，坚持以德树人，以高度的政治责任感、严谨的治学态度和良好的学风、教风，致力于办学质量和办学水平不断提升，综合竞争力和社会影响力不断增强。外国语学院成长为学习氛围浓厚、教学条件优越、师生关系融洽、充满青春活力的学院。1978 年开始招收英语教育专科生，2005 年设立英语（师范）专业招收本科生，是学校最早开设的本科专业之一。至今，本院英语（师范）专业已连续培养了 15 届毕业生。

学院现有英语（师范）和商务英语两个本科专业，在校学生 892 人。拥有一支学历结构、学院结构和职称结构配置合理的高素质、高水平教学团队，承担全校大学英语和英语专业课程的教学任务。学院现有专职教师 87 人，其中具有博士学位的教师 10 人，在读博士 15 人，副教授以上职称 20 人。其中英语（师范）专业现有全日制在校生 564 人，专任教师 40 人，其中教授 4 人，副教授 15 人，博士 3 人，在读博士 4 人，并常年聘请外籍教师、基础教育一线教师作为兼职教师。专业建有实验实训场所 7 个，校外实习实训基地 13 个，英文图书资料室 1 个，藏书共计 4100 余册，中外期刊 20 余种，教育类纸质图书62 641册，中学学科教材6673套，教育教学案例库1个。拥有1个安徽省示范实验实训中心，1个安徽省应用型本科高校联盟校企合作实践教学基地，1个校级“虚拟仿真实训中心”，2个校级本科教学团队。专业教育实践经费投入远超学校平均水平。

英语（师范）专业树立“铸师德”“厚基础”“重实践”“强师能”的人才培养理念，紧紧围绕学校“地方性、应用型”办学定位，强化学生实践能力的培养，通过开展专业课程实践活动、英语演讲、阅读与写作大赛、师范生技能大赛、英语月等形式多样的第二课堂活动，积极组织学生参加省级及以上各类学科竞赛，倡导学生参加各类职业证书考试，努力培养能力强、素质高的应用型人才。

英语（师范）专业建设立足学校应用型办学定位，体现OBE办学理念，创新之处如下：

（1）成果导向。强调立足社会发展和人才培养需求，以师范生发展成效为导向，从师范生毕业时的学习成果和就业后的职业发展能力出发，反向设计课程体系与教学环节，配置师资队伍和资源条件，评价师范类专业人才培养质量。

（2）学生中心。强调从以“教”为中心的传统模式向以“学”为中心的新模式转变，以师范生学习效果和个性发展为中心安排教学活动、配置教育资源，并根据师范生学习效果和职业发展情况不断优化、改进教学过程。

（3）持续改进。强调建立基于师范生核心能力素质要求（毕业要求）的评价改进机制，推动师范类专业人才培养质量不断提升。

专业建设路径和特色具体体现在5个方面：

（1）培养目标。面向需求确定专业办学目标定位，以规范有效的调研为基础，制订培养目标。培养目标中预期的职业能力合理、可实现。正确理解培养目标合理性的含义，建立培养目标合理性评价与培养目标修订机制并有制度保证其有效运行。

（2）毕业要求。专业毕业要求在广度和深度上覆盖认证标准。专业毕业要求对学生能力的分类描述，能够对专业培养目标预期的相关职业能力形成基础支撑。毕业要求分解指标点明确、合理、可衡量。指标点对应的教学环节（课程）能够支撑指标点达成任务并可评价。近期规范开展过毕业要求达成情况评价及毕业要求分项评价，评价依据合理，考核资料等证据能够支撑与印证。

（3）课程与教学。课程体系覆盖毕业要求且支撑合理；课程体系符合《教师专业标准》和《教师教育课程标准》要求；课程体系支撑毕业要求指标点的任务矩阵合理，每项毕业要求有关联度高的支撑课程，核心课程发挥了强支撑作用。面向产出制订课程大纲，有合理的课程目标，有制度规范与审核机制；课程目标与毕业要求指标点对应关系、课程教学及考核与课程目标对应关系清晰。课程体系合理性评价机制有制度规范及有效运行证据；学校制订课程目标达成情况评价实施办法与评价依据合理性审查制度；专业课程目标达成情况评价与审核机制健全；评价与审核机制运行情况证据能够体现课程能力目标的达成（证据包括课程评价案例，开展评价的课程清单、考核资料、课程目标达成情况评价报告，合理性审核文档等）。

（4）合作与实践。学校制订实践教学体系与实践课程建设的制度性文件；对应毕业要求制订技能训练、实验实训、专业实习、教育实践、毕业设计（论文）等实践课程教学大纲；对应毕业要求制订教育见习、教育实习与教育研习教学大纲，并涵盖师德体验、教学实践、班级管理实践和教研实践等领域。制订教育实践管理规范，建立关联毕业要求的实践环节的质量标准；依据毕业要求和《教师教育课程标准》实践要求，制订可衡量的教育实践表现性考核标准，形成教育实践能力达成情况评价与改进报告。

（5）质量保障。以毕业要求达成为质量保障目标，规范教学质量保障体系建设，并体现在相关教学质量管理文件中。制订与毕业要求相关联的主要教学环节的质量标准，并有运行记录文档。依据毕业要求，建立教学过程质量常态化监控机制，包括责任机构、监控环节、时间、过程、方法与反馈等；聚焦评价学生学习成效，定期开展专业教学质量评价；学校制订毕业要求达成情况评价实施办法，院系制订相应的实施细则；专业毕业要求达成情况的评价机制健全与规范，并有运行实施证据，包括评价制度、评价责任机构、评价对象、评价周期、评价依据、评价过程、评价方法、评价责任人，以及课程目标达成情况评价结果、毕业要求达成情况评价结果的使用情况等。建立毕业生跟踪反馈机制与制度规范（责任机构、工作周期、跟踪对象与方法、收集的信息、结果的利用），且规范有效，最近一次跟踪反馈运行情况（对象、方法和结果）合理有效；建立基础教育机构、教育行政部门等利益相关方参与的社会评价机制与制度规范（责任机构、评价周期、评价方法、信息收集渠道、结果的利用），最近一次社会评价的开展情况（对象、方法、结果）合理有效；学校制订培养目标达成情况评价实施办法，院系制订相应的实施细则，有培养目标达成情况评价报告等实施证据。制订保证评价结果用于专业持续改进的制度（责任机构、评价结果的收集、分析、反馈渠道、持续改进的责任人以及改进效果的跟踪措施）；最近一次基于培养目标、毕业要求、课程目标达成情况和课程体系合理性评价结果而开展的持续改进工作（改进依据、改进措施和改进效果）规范有效。

第二章　OBE 理念指导下的人才培养方案的修订与实践

一、人才培养方案修订的调研与论证

（一）英语（师范）专业人才需求与专业建设调研的基本思路与方法

1. 基本思路

为使英语（师范）专业人才培养目标和规格更符合市场需求，缩小毕业生与用人单位需求的距离，根据《英语类专业本科教学质量国家标准》，以市场对英语（师范）专业学生的职业岗位能力需求为标准，分析英语（师范）专业人才的培养规格、知识能力与素质结构，确定专业培养目标，优化课程体系和教学内容。

2. 具体方法与过程

为了适应社会对英语（师范）专业人才需求的不断变化，本专业迫切需要在人才培养规格、课程体系及教学内容等方面进行相应的改革和实践，通过掌握各用人单位所需英语人才的规格结构、学历层次、知识结构及能力要求，保证本院英语（师范）专业培养出适应经济发展要求的、高质量的、实用性人才，同时为 2022 版英语（师范）专业人才培养方案的调整提供可靠依据，对英语（师范）专业人才需求与专业建设情况进行了初步的调查和分析。

（1）全国英语（师范）专业人才需求的总体调研：权威部分的调查报告。（来自教育部网站）

（2）对英语（师范）专业学生的目标就业单位群进行岗位能力需求问卷调查，参与调查的有宿州、合肥、芜湖、蚌埠、黄山等安徽省内城市和上海、广州、南京、无锡等地的民办学校（调查对象主要为本院毕业生就业单位）。

（3）对开办英语（师范）专业的省内外同类型高校进行网上调研。

（4）对英语（师范）专业毕业生进行调研。

（5）对本院英语（师范）专业任课教师进行访谈。

（6）对本院在校生进行访谈。

（二）英语（师范）专业人才需求与专业建设的调研结果

1. 用人单位调研结果

（1）总体专业教育的面偏窄，需要进一步拓宽。学校的专业教育除了要学习坚实的英语（师范）专业基础知识和专业知识外，还应了解知识的实际应用背景和主要应用领域，具备良好的心理承受能力和适应能力，同时学校要做好学生实习前的教育工作。

（2）综合能力缺乏。英语（师范）专业学生不仅应具有英语听、说、读、写专业知识和实践操作技能，还应该熟悉计算机、网络等现代化工具及手段。还应培养他们的班级管理意识和开拓创新精神。

（3）文字功底较弱。提高学生的“语言、文字表达能力”是用人单位对英语（师范）专业教育提出的又一条建议。现在的大学生文字功底浅，表现出归纳总结能力差、对事件状况表述不清，甚至词不达意等问题，学校应加强这方面的培养。

（4）非智力品质亟须提高。调查同时表明，用人单位对学生的非智力品质具有强烈要求，如要求学生具有较强的心理承受能力与适应能力，良好的职业道德和责任心，吃苦耐劳的工作作风及团队协作精神。而目前，社会、家庭及学校对学生心理素质的教育都不够重视。

2. 同类高校调研结果

（1）课程体系执行环节有欠缺。例如，教师教育课程的教资不固定。

（2）课程内容碎片化。听、说、读、写技能相互割裂，且过于强调微技能的训练。

（3）语言知识教条化。语言知识类课程忽略语言的使用，只教意义，不教如何使用。

（4）技能类课程知识化。写作课程主要讲解写作知识，花大量时间讲怎样写，安排学生练习写作的实训类规划不当。

（5）技能训练僵硬化。口语课强调怎么说，而忽视说什么，为什么说。

（6）技能训练应试化。不是培养学生实际语言运用能力，而是训练学生答题能力。

3. 毕业生调研结果

（1）有些课程实用性不强，暂不要开设，建议换成将来工作用得到的课程。

（2）多给学生实训机会。锻炼学生思维能力、创新能力、思考能力、表达能力和沟通能力。

（3）教育实习最好集中，全部由学校统一安排，重视职业道德培养大于职业能力培养。

4. 任课教师座谈结果

（1）学生基本技能缺乏，基础知识掌握不牢。

（2）创造性思维、批判性思维、跨文化交际意识薄弱。

（3）实践能力较弱。

（4）综合能力有待提高。

（5）教材陈旧。

5. 在校学生座谈结果

（1）个别课程开设较晚。例如，第二外国语，大二下学期才开设，太晚了，影响考研，建议大一下学期或大二上学期开设。

（2）个别课程开设较短。听力、语音等课程太短，学生的基础知识不牢固。

（3）专业课很多，很杂，没有侧重点。

（4）实训机会太少。根据以上对利益相关方的调研，发现存在的问题与不足如下：

首先，课程设置方面。目前本专业还在沿用传统的课程设置思路，没有充分考虑和针对社会不断变化的需求，与社会需求有所脱节。没有很好地将英语知识与实践知识整合起来。课程的内容也缺乏应用性和综合关联性，造成学生学习的知识在工作中用得不多。

其次，理论与实践教学方面。在教学中过于强调英语基础课的学时比例，而忽略了该专业的应用性，实践性课程相对较少。即使设置实践性课程，也通常与实际操作脱节。

最后，教学手段和教学方法方面。英语教学成了一个辨认文字的符号，对词句进行语法分析和字母释义的过程。英语教学成了扩大学生词汇量，向学生介绍语法的手段，把阅读的重点放在了词汇辨认和语法分析上。

给予我们的启示：

第一，学校开设的课程应该具有更强的实用性，理论知识适度强调。课程开设与社会实践相结合，以增加日后参加工作的实际操作能力，避免与社会脱节。根据社会发展对英语的需求，可在教育、商务等方面开设就业指导课，配专门的指导教师。仅有英语课程的学习已经不能满足社会需求，与实际联系紧密的课程对学生来说才是最重要的。在校期间，增加实践能力的课程，增加社会经验。对于将毕业的学生开设一些如礼仪、面试技巧等方面的课程。开设职业规划课和跨文化课非常有必要，这对以后学生的就业相当有帮助。

第二，注重学生英语特色培养，突出听、说、读、写、译某一方面特长，使学生学有所长，学有所善。

第三，重视翻译和口语。建议开设与口译、笔译有关的课程，利用丰富的口译、笔译教材及网络资源培养、提高学生英语能力，也可为想考口译、笔译证书的学生打下基础。

第四，多设选修课，并且提高教学质量，用实用或有趣来吸引学生，培养出思想多元和积极向上的毕业生。

第五，第二外国语（简称“二外”）的学习同样重要，应该加强二外教学的实践和增加二外的教学语种。

（三）专家论证与建议

人才培养方案论证表

专业名称：英语（师范）专业　　　　专业负责人签字：

教学副院长签字：　　　　　　　　　教学院长签字：

表 2-1　论证人员基本信息

姓名	职称	学科领域	工作单位	评审人员签名

表 2-2 人才培养方案论证意见

<table>
<tr><th>评价要素</th><th>内涵要点</th><th colspan="2">论证结果</th></tr>
<tr><td rowspan="3">总体要求</td><td rowspan="3">文字正确、逻辑严谨、结构规范、要素完整，符合学校培养方案修订相关格式要求</td><td>符合</td><td></td></tr>
<tr><td>基本符合</td><td></td></tr>
<tr><td>符合度不高</td><td></td></tr>
<tr><td rowspan="3">专业定位及特色</td><td rowspan="3">专业定位合理、符合学校实际和社会需求，毕业生去向明确，准确体现出专业特色</td><td>准确</td><td></td></tr>
<tr><td>基本准确</td><td></td></tr>
<tr><td>准确度较差</td><td></td></tr>
<tr><td rowspan="3">培养目标</td><td rowspan="3">培养目标符合学校及专业办学定位，符合《普通高等学校本科专业类教学质量国家标准》《中学教育专业认证标准（第二级）》要求，能反映学生毕业后 5 年左右在社会与专业领域预期取得的成就</td><td>符合</td><td></td></tr>
<tr><td>基本符合</td><td></td></tr>
<tr><td>符合度不高</td><td></td></tr>
<tr><td rowspan="3">毕业要求</td><td rowspan="3">描述清晰、层次分明，符合毕业需要达到的知识、能力、素质等要求，能支撑培养目标的达成</td><td>符合</td><td></td></tr>
<tr><td>基本符合</td><td></td></tr>
<tr><td>符合度不高</td><td></td></tr>
<tr><td rowspan="3">课程设置</td><td rowspan="3">符合中学教师专业标准和教师教育课程标准要求，能有力支撑人才培养目标及毕业要求达成</td><td>符合</td><td></td></tr>
<tr><td>基本符合</td><td></td></tr>
<tr><td>符合度不高</td><td></td></tr>
<tr><td rowspan="3">课程结构</td><td rowspan="3">课程结构体现通识教育、学科专业教育与教师教育有机结合；理论课程与实践课程、必修课与选修课设置合理。各类课程学分学时比例恰当，课程先行后续衔接得当</td><td>合理</td><td></td></tr>
<tr><td>基本合理</td><td></td></tr>
<tr><td>合理性较差</td><td></td></tr>
<tr><td rowspan="3">课程对毕业要求的支撑矩阵表</td><td rowspan="3">课程对毕业要求的支撑关系科学合理</td><td>合理</td><td></td></tr>
<tr><td>基本合理</td><td></td></tr>
<tr><td>合理性较差</td><td></td></tr>
<tr><td colspan="4">主要问题与整改意见（专业人才培养目标、定位、特色，课程体系设置、实践教学体系设置、课程结构的科学合理性，培养方案实施的可行性，以及与专业办学标准是否相符合、课程对毕业要求的支撑矩阵表等方面存在的问题是否有整改意见，本页不够可加页）。</td></tr>
</table>

同行专家论证提出的建议与对策：

英语（师范）专业培养方案修订应重点关注以下五个方面。

1. 培养目标

英语（师范）专业人才培养以专业基础理论教学为主，突出“应用”为主和“够用”为辅，强调实践应用能力和综合能力。本专业的培养目标是：培养社会主义经济建设需要的，德、智、体、美、劳全面发展的，具有扎实的英语语言基础和较强的口语交际能力，掌握宽泛的英语知识，并能够熟练使用现代办公设备，能够胜任教学、翻译、外贸和研究领域的英语（师范）专业人才。

2. 培养方案特征

（1）培养方案 = 国标 + 校标 + 行标。

（2）分类卓越。

（3）增强专业应用性。

（4）打造专业差异化。

（5）突出专业特色。

（6）行业或企业具体能力要求决定专业培养目标，从而决定具体课程设置。

3. 课程设置原则

（1）打牢基础，语言基础课仍很重要（50%~70%）。

（2）突出专业特色，专业课程的设置应以就业为导向。

（3）增加实践操作性较强的课程。

（4）提高课程综合程度。

（5）增加人文课程和跨文化交际课程。

4. 加强教材建设

英语（师范）专业教材应具有以下几个特征。

（1）教学内容和语言能够反映快速发展的社会。

（2）要处理好英语知识、语言训练和相关学科知识之间的关系。

（3）教学内容有较强的实用性和针对性。

（4）充分利用计算机、多媒体、网络等现代化的技术手段。

5. 专业教学改革

（1）提高实践性教学环节的质量。

（2）鼓励“教学做”一体化的教学模式，鼓励教师探索有效的课程改革模式。

（3）教学过程以学生为中心，发挥学生的主动性和创造性。

（4）充分利用现代化教育技术。

（6）加强师资队伍建设。

（7）加强学生的就业教育，提高学生快速适应社会的能力。

二、人才培养方案修订的依据

外国语学院自 2005 年开始本科招生以来，英语（师范）专业先后修订了 2013 版、2016 版、2019 版和 2022 版人才培养方案。其中，2016 版人才培养方案建立了“本科学历教育 + 职业资格教育”的人才培养模式，制订了相对完善的普通本科英语（师范）专业人才培养方案。“本科学历教育 + 职业资格教育”的人才培养模式本着“能力为本、学以致用、合作教育、实践创新”的人才培养理念，注重知识教育，强化学科基础，培养职业素养，并按照教育部《关于大力推进教师教育课程改革的意见》（教师〔2011〕6 号）和《教师教育课程标准（试行）》（教师〔2011〕6 号）独立构建了教师教育课程模块。2019 年进一步修改和完善普通本科英语（师范）专业人才培养方案（师范），注重培养学生具备厚实的英语学科知识和教育教学知识，具有扎实的英语教学基本功及初步的英语教学研究与自主发展能力；培养能够在基础教育领域从事与英语教育教学相关工作的应用型英语教育人才。

与此同时，英语（师范）专业参照《普通高等学校外国语言文学类本科专业教学质量国家标准（2018）》和《普通高等学校师范类专业认证实施办法（暂行）》（教师〔2017〕13 号）等文件对人才培养方案进行了调整，承袭并完善了教师教育课程模块、教师教育课程改革、培养目标等方面的内容，英语（师范）专业 2021 级仍执行 2019 版人才培养方案。在此基础上，根据《本科专业人才培养方案修（制）订工作的指导意见》，英语（师范）专业组织修订《基于 OBE 理念的人才培养方案》，完成了 2022 版人才培养方案的修订完善工作。

英语（师范）专业培养目标应贯彻党的教育方针，面向国家、地区基础教育改革发展和教师队伍建设重大战略需求，落实国家教师教育相关政策要求，以符合学校办学定位。深入学习党的教育方针，以立德树人作为人才培养的根本任务，准确把握国家、地区中学教育改革发展的要求，把握毕业生服务区域的中学教师队伍建设规划，把握国家教师教育相关政策和改革要求，把握学校的办学定位与发展规划，并将其融入本专业目标定位。

（一）国家层面相关制度文件

认真组织学习《国家中长期教育改革和发展规划纲要（2010—2020 年）》《教师教育振兴行动计划（2018—2022 年）》《教育部关于实施卓越教师培养计划 2.0 的意见》《国务院关于全面深化新时代教师队伍建设改革的意见》《加快推进教育现代化实施方案（2018—2022 年》《教育部关于实施卓越教师培养计划的意见》《教育部关于加强师范生教育实践的意见》《中国教育现代化 2035》《关于深化教育体制机制改革的意见》《关于深化高等学校创新创业教育改革的实施意见》《关于全面深化新时代教师队伍建设改革的意见》（中发〔2018〕4 号）、《关于深化教育教学改革全面提高义务教育质量的意见》（中发〔2019〕26 号）、《关于全面加强新时代大中小学劳动教育的意见》《关于全面加强和改进新时代学校体育工作的意见》（中办发〔2020〕36 号）、《关于全面加强和改进新时代学校美育工作的意见》（中办发〔2020〕36 号）、《深化新时代教育评价改革总体方案》《新时代爱国主义教育实施纲要》等若干国家政策文件精神和《普通高等学校本科专业类教学质量国家标准（外国语言文学类）》《中学教师专业标准》《教师教育课程标准》等国家标准，悟透文件精神，细化人才培养方案的修订。

（二）教育部文件依据

认真学习贯彻教育部落实国家大政方针政策的文件，如《〈教师资格条例〉实施办法》（中华人民共和国教育部令第 10 号）、《高校思想政治工作质量提升工程实施纲要》（教党〔2017〕62 号）、《普通高等学校师范类专业认证实施办法（暂行）》（教师〔2017〕13 号）、《教师教育振兴行动计划（2018—2022）》（教师〔2018〕2 号）、《教育信息化 2.0 行动计划》（教技〔2018〕6 号）、《关于实施卓越教师培养计划 2.0 的意见》（教师〔2018〕13 号）、《新时代高校教师职业行为十项准则》《新时代中小学教师职业行为十项准则》（教师〔2018〕16 号）、《关于加快建设高水平本科教育全面提高人才培养能力的意见》（教高〔2018〕2 号）、《关于深化本科教育教学改革全面提高人才培养质量的意见》（教高〔2019〕6 号）、《关于切实加强新时代高等学校美育工作的意见》（教体艺〔2019〕2 号）、《关于加强和改进新时代师德师风建设的意见》（教师〔2019〕10 号）、《关于加强新时代乡村教师队伍建设的意见》（教师〔2020〕5 号）和《教育部等八部门关于加快构建高校思想政治工作体系的意见》（教思政〔2020〕1 号）等文件。熟悉相关专业和课程改革的方案，如《高等学校课程思政建设指导纲要》（教高〔2020〕3 号）、《普通高等学校本科外国语言文学类专业教学指南——英语类专业教学指南》（2020）、《大中小学劳动教育指导纲要（试行）》《关于加强和规范普通本科高校实习管理工作的意见》（教高函〔2019〕12 号）、《关于一流本科课程建设的实施意见》

（教高〔2019〕8 号）、《关于实施一流本科专业建设“双万计划”的通知》（教高厅函〔2019〕18 号）、《普通高等学校外国语言文学类本科专业教学质量国家标准》（2018）、《教师教育课程标准（试行）》等。学深悟透其中的精神，作为修订工作的指南。

（三）安徽省相关文件

宿州学院系安徽省省属本科高校，办学定位为应用型，必须熟知安徽省相关文件精神，如《安徽省人民政府关于统筹推进县域内城乡义务教育一体化改革发展的实施意见》（皖政〔2017〕37 号）、《中共安徽省委 安徽省人民政府关于全面深化新时代教师队伍建设改革的实施意见》（皖发〔2018〕22 号）、《安徽省高水平本科教育建设行动计划》（皖教高〔2019〕2 号）、《安徽省一流本科专业建设方案（2019）》《安徽省普通高等学校师范类专业认证实施方案（试行）》（皖教办〔2019〕4 号）、《安徽省人民政府办公厅关于印发安徽省智慧学校建设总体规划（2018—2022 年）的通知》（皖政办〔2019〕8 号）、《安徽省外国语言文学专业评估指标体系》（2019）、《安徽省教育厅关于实施中小学教师信息技术应用能力提升工程 2.0 的意见》（皖教〔2019〕23 号）、《安徽省深化基础教育改革全面提高育人质量行动计划》（皖发〔2020〕6 号）、《安徽省深化教育教学改革提高义务教育质量实施方案》（皖教工委〔2020〕31 号）和《中共安徽省委安徽省人民政府关于全面加强新时代大中小学劳动教育的实施意见》（皖发〔2020〕24 号），作为人才培养方案修订的政策依据。

（四）学校所在地人民政府相关文件

宿州学院坐落在皖北小城——宿州市，宿州市有着浓厚的文化底蕴，非常重视教育工作，出台了一系列关于支持基础教育发展的文件，如《宿州市人民政府关于进一步加强教师队伍建设的实施意见》（宿政秘〔2014〕101 号）、

《宿州市城区中小学布点规划（2014—2030 年）》《宿州市基础教育信息化发展规划和实施方案（2014—2020 年）》（宿政办秘〔2014〕54 号）和《宿州市人民政府关于统筹推进县域内城乡义务教育一体化改革发展的实施意见》（宿政发〔2018〕7 号）等，高校人才培养方案的修订必须和地方社会教育发展同频共振，保持步调一致。

（五）学校制订文件的依据

英语（师范）专业人才培养方案修订必须和学校的办学定位一致，遵循学校的发展规划、相关实施方案和管理办法，如《宿州学院“十三五”教育事业发展规划》（校字〔2017〕23 号）、《宿州学院大学生创新创业实践活动学分认定管理办法》（校教字〔2017〕9 号）、《宿州学院关于大学生社会责任教育培养方案（试行）》（校教学〔2017〕4 号）、《宿州学院学生学籍管理办法》（校教学〔2019〕7 号）、《宿州学院关于进一步加强教学管理工作的意见》（校教字〔2018〕31 号）、《宿州学院关于进一步加强课堂教学管理的指导意见》（教务处发〔2018〕36 号）、《宿州学院普通本科生学分制管理办法》（校教字〔2018〕29 号）、《宿州学院一流本科专业建设办法（试行）》（院教学〔2021〕21 号）、《宿州学院思想政治工作质量提升工程实施方案（修订）》（校党字〔2020〕83 号）、《宿州学院普通高等教育本科生学士学位授予办法》（校教字〔2017〕37 号）、《宿州学院振兴本科教育实施方案》（校字〔2019〕4 号）、《宿州学院教育实习工作管理办法》（校教字〔2018〕68 号）、《宿州学院本科毕业论文（设计）管理办法》（校教字〔2017〕53 号）、《宿州学院全面加强新时代学生劳动教育的实施方案（试行）》（院教字〔2021〕22 号）、《宿州学院教师职业行为负面清单及失范行为处理实施细则（试行）》（党教工字〔2020〕1 号）、《宿州学院本科新生导师制实施意见（试行）》（校教字〔2018〕67 号）、《宿州学院大学生创新实践活动学分认定管理办法》等，贯彻落实文件精神，落实、落地、落细。

总之，英语（师范）专业人才培养方案修订以习近平新时代中国特色社会主义思想为指导，以办好人民满意的教育为目标，全面贯彻党的教育方针，尊重高等教育规律和人才成长规律，落实立德树人的根本任务，坚持育人为本、德育为先的教育思想和“以学生为中心”的教育理念，围绕建设地方应用型高水平大学的奋斗目标，构建高水平人才培养体系，努力培养德智体美劳全面发展的社会主义事业建设者和接班人。

三、人才培养方案修订的基本原则

（一）面向国家，服务地方

《英语（师范）专业本科人才培养方案（2022）》的制订以习近平新时代中国特色社会主义思想为指导，全面贯彻党的教育方针，面向国家和区域基础教育改革和新时代教师队伍建设需求，立足宿州，面向安徽，培养具有良好的师德素养和人文科学素养，掌握扎实的英语语言基础知识和技能、厚实的英语（师范）专业知识和教育教学技能，较强的英语教学能力、育人能力和终身发展能力，能够熟练使用英语从事中学英语教育教学工作，培养德、智、体、美、劳全面发展的中学英语骨干教师。主动对接经济社会发展需求，深化信息技术助推教育教学改革，推进“互联网＋英语教师教育”创新行动，完善课程体系，更新教学内容，改进教学方法，强调以师范生的学习效果为导向，切实提高人才培养的目标达成度、社会适应度、条件保障度、质保有效度和结果满意度。

（二）坚持方针，落实政策

全面贯彻党的教育方针，始终坚持办人民满意的教育的办学宗旨，把立德树人作为教育的根本任务。把立德树人内化到人才培养的各领域、各方面、各环节，坚持以文化人、以德育人，不断提高学生的思想水平、政治觉悟、道德品质、文化素养，教育学生明大德、守公德、严私德。

深入领会全国高等学校本科教育工作会议精神，坚持“四个回归”，充分考虑国家经济社会发展对高素质人才的需要，深化课程教学改革，以提升教师教育质量为核心，坚持为基础教育服务，着力培养造就党和人民满意的师德高尚、教学实践能力强、综合育人有方法、自主发展有潜力的中学英语教师队伍。

（三）协同育人，强化实践

根据《中共中央　国务院关于全面深化新时代教师队伍建设改革的意见》《国家教育事业发展“十三五”规划》、教育部等五部门《教师教育振兴行动计划（2018—2022）》《安徽省高水平本科教育建设行动计划》《安徽省国民经济和社会发展第十四个五年规划和 2035 年远景目标纲要》和《中共宿州市委关于制定国民经济和社会发展第十四个五年规划和 2035 年远景目标的建议》等文件精神，紧扣学校“地方性、应用型”的办学定位，遵循“高质量、内涵式”发展主线，立足皖北，面向安徽，辐射全国，服务区域经济社会发展，创造条件吸引行业、企业全方位深度参与人才培养全过程，推动教学紧密结合基础教育英语学科实际和技术进步。优化实践教学内容，强化实践教学过程管理，构建梯度明显、逐层提高的实践教学体系，逐步形成校地、校企、校校多种形式的良性互动、合作共赢、开放共享、协同育人新机制，深化通识、专业、实践、创新创业和社会责任教育“五教融合”的人才培养模式。

（四）坚持以学生为中心，全面发展

以促进学生全面发展为中心，遵循师范生成长成才规律，以师范生为中心配置教育资源、组织课程和实施教学；既注重“教得好”，又注重“学得好”，激发学生兴趣和潜能，增强学生的社会责任感、创新精神和实践能力。

（五）反向设计，正向施工

围绕国家、安徽省和宿州市重大发展战略目标，主动服务安徽基础教育和区域经济社会发展，科学制订专业人才培养目标和毕业要求，做好人才培养方案的“反向设计”。厘清教学内容选择的适切性、教学方法的有效性、考核方式的针对性和教学资源的保障度等问题，不断优化人才培养的“正向施工”，提升人才培养能力。

（六）坚持完善机制，持续改进

以创新人才培养机制为重点，形成招生、培养与就业的联动机制。着力推进培养规模、培养结构、培养目标、课程设置、资源建设、教学团队、实践基地、职后培训、质量评价、管理机制等全流程协同育人。优化实践育人机制，着力提高实践教学质量。设置数量充足、内容丰富的实践课程，建立健全贯穿培养全过程的实践教学体系，确保实践教学前后衔接、阶梯递进，实践教学与理论教学有机结合、相互促进。强化师范生教学基本功和教学技能的训练与考核。强化质量保障机制，对师范类专业教学进行全方位、全过程评价，并将评价结果应用于教学改进，推动师范类专业人才培养质量的持续提升，形成追求卓越的质量文化。

（七）坚持特色发展

各类质量工程项目建设，把思想政治教育贯穿人才培养的全过程，围绕激发学生学习兴趣和潜能深化教学改革，全面提高教师教书育人能力，推进现代信息技术与教育教学深度融合，构建全方位、全过程、深融合的协同育人机制，加强以提高人才培养水平为核心、追求卓越的质量文化建设，形成特色鲜明的英语（师范）专业人才培养模式。

四、人才培养方案的实施路径

（一）准确定位人才培养方案的目标

本专业以习近平新时代中国特色社会主义思想为指导，全面贯彻党的教育方针，面向国家和区域基础教育改革和新时代教师队伍建设需求，立足皖北、面向安徽及周边区域，培养具有良好的师德素养和人文科学素养，掌握扎实的英语语言基础知识和技能、厚实的英语（师范）专业知识和教育教学知识，较强的英语教学能力、育人能力和终身发展能力，能够熟练使用英语从事中学英语教育教学工作，德、智、体、美、劳全面发展的中学英语骨干教师。

1. 贯彻党的教育方针及落实国家教师教育相关政策和改革要求

党的十九大和党的二十大报告明确指出，“坚持教育为社会主义现代化建设服务、为人民服务”“落实立德树人根本任务，发展素质教育，推进教育公平，培养德、智、体、美、劳全面发展的社会主义建设者和接班人”。本专业在培养目标的制订上坚持贯彻党的教育方针，紧紧围绕“培养什么人、怎样培养人、为谁培养人”这一根本问题。总体培养目标落实“立德树人”基本思想，培养“好的师德素养和人文科学素养”的毕业生体现了师德教育为先、职业认同教育的思想；“掌握扎实的英语语言基础知识和技能、厚实的英语（师范）专业知识和教育教学知识”是对师范专业学生提出的能力和专业素养要求；“较强的英语教学能力、育人能力和终身发展能力”是结合新时代教育要求和学校定位的良好体现。因此，专业培养目标与现阶段党的教育方针要求步调一致。

在制订培养目标的过程中，要全面贯彻党的教育方针，始终坚持办人民满意的教育的办学宗旨，把立德树人作为教育的根本任务。依据《国家中长期教育改革和发展规划纲要（2010—2020 年）》《中国教育现代化 2035》《关于深化教育体制机制改革的意见》《普通高等学校本科专业类教学质量国家标准（外国语言文学类）》《中学教师专业标准》《教师教育课程标准》等若干国家政策文件，深入领会全国高等学校本科教育工作会议精神，坚持“四个回归”，充分考虑国家经济社会发展对高素质人才的需要，深化课程教学改革，以提升教师教育质量为核心，坚持为基础教育服务，着力培养造就党和人民满意的师德高尚、教学实践能力强、综合育人有方法、自主发展有潜力的中学英语教师队伍；本专业培养目标完全落实国家教师教育相关政策和改革要求，对标国家教师教育政策，具体落实情况见表 2-3。

表 2-3　本专业培养目标对标国家教师教育政策落实的情况

教师教育政策	文件相关精神	专业培养目标体现
《国家中长期教育改革和发展规纲要（2010—2020 年）》	1. 建设高素质教师队伍 2. 加强师德建设 3. 提高教师业务水平	1. 良好的职业道德 2. 较强的教学能力 3. 良好的人文科学素养和英语学科素养
《教师教育振兴行动计划（2018—2022 年）》	1. 落实师德教育新要求 2. 提升培养规格层次	1. 有理想信念 2. 有道德情操 3. 有教育情怀
《教育部关于实施卓越教师培养计划 2.0 的意见》	1. 教育情怀深厚 2. 专业基础扎实 3. 勇于创新教学 4. 善于综合育人和具有终身学习能力	1. 有教育情怀 2. 较强的教学基本功 3. 较强的专业实践能力
《 中学教师专业标准》	1. 具有先进的教育理念 2. 具有良好的法律意识和职业道德 3. 具有从事教师职业所必备的科学文化素养和语言表达等基本能力 4. 掌握教育教学基本原理和知识，并能正确解决教育教学中的实际问题 5. 具备学科教学能力，能在教学实践中正确运用	1. 有理想信念 2. 有道德情操 3. 有教育情怀 4. 厚实的英语学科知识和教育教学知识 5. 扎实的英语教学基本功 6. 初步的教学研究能力
《教师教育课程标准》	1. 教育信念与责任 2. 教育知识与能力 3. 教育实践与体验	1. 有理想信念 2. 有教育情怀 3. 扎实的英语教学基本功 4. 厚实的英语学科知识和教育教学知识

续表

教师教育政策	文件相关精神	专业培养目标体现
《普通高等学校本科专业类教学质量国家标准》	1. 具有正确的世界观、人生观和价值观，较高的人文与科学素养 2. 合作精神 3. 具有良好的综合素质，扎实的外语基本功，适应外语教育与学术研究 4. 具备文学赏析能力、跨文化交际能力、创新能力、思辨能力	1. 坚定的政治信念和思想认同 2. 有较强的沟通能力和团队意识 3. 具有跨文化交际能力 4. 厚实的英语学科知识和教育教学知识 5. 较强的教学基本功和初步的教学研究能力
《国务院关于全面深化新时代教师队伍建设改革的意见》	1. 全面贯彻党的十九大精神，以习近平新时代中国特色社会主义思想为指导 2. 坚持社会主义办学方向，落实立德树人根本任务 3. 加强师德建设，培养高素质教师队伍	1. 坚定的社会主义核心价值观 2. 有道德情操，坚持立德树人 3. 有教育情怀，服务地方基础教育
《中国教育现代化2035》	1. 以习近平新时代中国特色社会主义思想为指导 2. 紧紧围绕统筹推进“五位一体”总体布局和协调推进“四个全面”战略布局，坚定“四个自信” 3. 遵循教育规律，坚持改革创新	1. 坚定的社会主义核心价值观 2. 有道德情操，以身示范，立德树人 3. 终身学习和专业发展意识
《加快推进教育现代化实施方案（2018—2022 年）》	1. 以习近平新时代中国特色社会主义思想为指导，全面贯彻党的十九大和十九届二中、三中全会精神 2. 以培养社会主义建设者和接班人为根本任务	1. 坚定的社会主义核心价值观 2. 良好的职业道德 3. 有教育情怀，服务地方基础教育
《教育部关于实施卓越教师培养计划的意见》	1. 深化教师培养模式改革 2. 建立协同培养机制 3. 培养热爱教育事业、综合素质全面、能力突出的卓越教师	1. 坚定的职业信念，坚守教师岗位 2. 良好的职业道德 3. 有教育情怀，关爱学生 4. 厚实的英语学科知识和教育教学知识 5. 较强的教学基本功和初步的教学研究能力 6. 较强的沟通能力和团队意识
《教育部关于加强师范生教育实践的意见》	1. 增强师范生的社会责任感、创新精神和实践能力，全面提升教师培养质量 2. 促进师范生逐步形成良好的师德素养和职业认同感，掌握必要的教育教学设计与实施能力、班级管理与学生指导能力	1. 有道德情操 2. 坚定的职业信念，坚守教师岗位 3. 较强的教学基本功 4. 有教育情怀 5. 较强的综合育人能力

2. 面向国家、地区基础教育改革发展和教师队伍建设重大战略需求，符合学校本科人才培养目标定位

根据《中共中央　国务院关于全面深化新时代教师队伍建设改革的意见》“全面提高中小学教师质量，建设一支高素质专业化的教师队伍……为义务教育学校侧重培养素质全面、业务见长的本科层次教师”的要求，本专业培养目标提出了“立足皖北、服务安徽及周边区域，培养适应我国基础教育改革发展要求”，“德、智、体、美、劳全面发展”的“中学英语骨干教师”。

根据《国家教育事业发展“十三五”规划》、教育部等五部门《教师教育振兴行动计划（2018—2022）》提出的“加强师德养成教育，用‘四有’好老师标准、‘四个引路人’‘四个相统一’‘四个服务’等要求，统领教师成长发展”等文件精神，本专业提出“良好的师德素养和人文科学素养，掌握扎实的英语语言基础知识和技能、厚实的英语（师范）专业知识和教育教学知识，较强的英语教学能力、育人能力和终身发展能力，能够熟练使用英语从事中学英语教育教学工作，德、智、体、美、劳全面发展的中学英语骨干教师”的培养目标，符合党的十九大精神和新时期国家基础教育改革和教师队伍建设重大战略需求。

本专业紧扣《安徽省高水平本科教育建设行动计划》《安徽省国民经济和社会发展第十四个五年规划和 2035 年远景目标纲要》《中共宿州市委关于制定国民经济和社会发展第十四个五年规划和 2035 年远景目标的建议》等文件精神，以服务安徽建设，服务宿州教育、经济、社会振兴发展为己任，确立“立足皖北，服务安徽及周边区域”的定位，呼应了国家和地区对教师队伍建设的战略需求。

本专业紧扣学校“地方性、应用型”的办学定位，遵循“高质量、内涵式”发展主线，立足皖北，面向安徽，辐射全国，服务区域经济社会发展，培养专业基础实，实践能力强，富有社会责任感和创新创业精神，培养“下得去、

用得上、留得住”的中学英语骨干英语，与学校本科人才培养目标定位高度契合。

3. 专业培养目标制订开展的调研及培养目标合理性分析

依据国家、地方教育政策，英语师资需求等方式，对专业培养目标的制订开展了调研，见表 2-4。

表 2-4　专业培养目标调研需求预测及目标定位描述

目标结构	调研需求预测	目标定位描述
服务面向	1. 根据《国务院关于统筹推进县域内城乡义务教育一体化改革发展的若干意见》《中共中央　国务院关于全面深化新时代教师队伍建设改革的意见》《安徽省人民政府关于统筹推进县域内城乡义务教育一体化改革发展的实施意见》《安徽省义务教育均衡发展基本标准》《中共安徽省委　安徽省人民政府关于全面深化新时代教师队伍建设改革的实施意见》《安徽省国民经济和社会发展第十四个五年规划和 2035 年远景目标纲要》《宿州市人民政府关于加强教师队伍建设的意见》《宿州市城区中小学布点规划（2014—2030 年）》《宿州市人民政府关于统筹推进县域内城乡义务教育一体化改革发展的实施意见》《中共宿州市委关于制定国民经济和社会发展第十四个五年规划和 2035 年远景目标的建议》等文件精神的要求，本专业人才培养满足服务国家、安徽省和宿州市的师资队伍建设需求，“到 2020 年，为形成一支师德高尚、业务精湛、结构合理、充满活力的高素质专业化教师队伍奠定坚实基础” 2. 2017—2019 年安徽省公开招聘新任中小学英语教师分别为 1828 人、1935 人、1742 人，宿州市分别为 95 人、110 人和 84 人。从调研数据分析，安徽省各地市英语教师需求量相对较大，略呈下降趋势，对中学教师需求逐年递增，小学英语教师逐年减少 3. 2016—2018 届毕业生省内生源地 179 人，占毕业生总数的 100%（宿州本地 12 人，占 6.7%），省外生源毕业生 0 人，占 0%	立足皖北，面向安徽及周边区域

续表

目标结构	调研需求预测	目标定位描述
服务面向	4. 2016—2018 届毕业生在宿州就业人数为 152 人，占毕业生总数的 22%，93 人在教育行业就业，占 14%；493 人在安徽省内就业，占 72% 5. 2016—2018 年，英语（师范）专业在安徽省 16 个地市招生 240 人，占招生人数的 100%（本地 16 人，占 6.7%） 6. 招生数据分析显示，英语（师范）专业 2016 级至 2018 级的录取分数段一直位于前列；第一志愿录取率均为 100%，与我校其他近 60 个招生专业相比，英语（师范）专业的第一志愿报录比连续多年位于我校各专业前列。综上所述，英语（师范）专业生源质量较为优秀，数量充足，需求饱满。毕业生就业以本省为主，分布在全省多个市区。中学英语教师需求量总体较大，并呈上升趋势	立足皖北，面向安徽及周边区域
职业能力特征（包括知识、能力、素质等）	《中华人民共和国教师法》《中学教师专业标准（试行）（2012）》《新时代中小学教师职业行为十项准则》《教师教育振兴行动计划（2018—2022 年）》《教育部关于实施卓越教师培养计划 2.0 的意见》均对教师的知识、能力、素质等方面做了明确要求。通过问卷调查、网络调研、研讨交流等形式对本省中小学、教育主管部门、教育企业、省内外同类高校等做了调研，相关人员认同国家及教育部的相关法律、文件、标准等限定的中学教师的知识、能力和素质要求，认为中学英语教师应具备良好的职业道德素养、广博的通识基础知识、扎实的教学基础知识、学科知识、学科教学知识、熟练的中学英语教学设计、实施、评价与反思改进等教学与综合育人能力和自我发展能力	具有良好的师德素养和人文科学素养，掌握扎实的英语语言基础知识和技能、厚实的英语（师范）专业知识和教育教学知识，较强的英语教学能力、育人能力和终身发展能力，能够熟练使用英语从事中学英语教育教学工作，德、智、体、美、劳全面发展
人才定位	本专业为本科层次师范专业，定位为"中学"，符合《中华人民共和国教师法》的规定和《教师教育振兴行动计划（2018—2022 年）》的目标任务要求；定位为"中学英语教师"，以中学英语专任教师为主体，也包括教育管理人员、教研员等人员。本专业培养目标实践度评价抽样调查结果显示，从事教育行业的毕业生中，超过半数在中学教学或管理岗位。服务面向部分的调研结果显示，安徽省对中学英语教师的需求量总体较大，并呈上升趋势	中学英语骨干教师

（二）科学界定培养目标内涵

专业培养目标是对专业培养什么样人才的总体说明，体现专业对于师范生培养理念的系统思考和深入认识。专业培养目标对接目标定位，可以从师德、教学、育人及专业发展等方面，具体分解可形成的知识、技能、情意或素养，凸显专业的特色与生命力，充分体现对于本专业的专业发展规律的认识及对专业内在价值的主动追求。培养目标需延伸到毕业要求，得到毕业要求的有效支撑，并能预测反映毕业生毕业后 5 年的发展情况。

1. 本专业学生毕业五年后的目标预期

目标 1：师德践行能力。具备过硬的思想政治素质，自觉落实党的教育方针，坚持立德树人，坚持依法执教；热爱英语教育事业，坚守教师岗位，坚持教书育人，表现出良好、稳定的教师职业形象。

目标 2：教学实践能力。具备一定的英语学科知识整合能力，能够熟练运用现代教育教学理论和教育技术，有效地组织和开展英语课堂教学，成为中学英语教师队伍的骨干力量。

目标 3：综合育人能力。具备坚定的德育为先理念，较强的班级管理与指导能力，能够通过德育和心理健康教育开展有效的班主任工作；在教育教学实践中，能够坚持言传身教、教书育人，成为学生成长的引路人。

目标 4：自主发展能力。能够主动适应国内外基础教育改革与本学科发展需求，自觉制订专业发展规划；勤于对教育教学问题开展反思和探究，能够采取有效的研究方法来解决教育教学中出现的问题；在工作中乐于与人沟通，主动参与团队协作。

本专业培养目标明确预期了毕业生三方面的技能。一是学科技能，要求具备一定的英语学科知识整合能力，能够熟练运用现代教育教学理论和教育技术，有效地组织和开展英语课堂教学；了解相关的跨学科知识，掌握语言学习的基本理论与方法，能够把英语语言和专业知识灵活运用于实践，综合运用学科知识和科学知识分析和解决学科教学内容问题；了解英语学科与相关学科及社会实践之间的联系，注重拓宽专业视野；具有开展自主、合作、探究性学习的能力和一定的国际视野及文化意识。二是教学技能，掌握现代教育教学理论、英语学科教学知识和中学生认知特点；准确理解学科课程标准内涵和要点，能够依据英语课程标准有效利用英语学科知识和现代信息技术进行教学设计与实施、评价与反思，具备初步的教学能力和教学研究能力。三是育人技能，树立德育为先理念，掌握班级管理的原则、方法和基本规律；了解班主任工作的特点，在班级管理中注重德育教育和心理健康教育；能较好地开展班级工作，在班级建设指导中获得积极体验，积累德育工作经验。

职业素养在专业技能的基础上，更加强调职业道德、敬业精神、立德树人能力等。培养目标明确预期了这方面的职业素养，要求能够在教育实践中践行社会主义核心价值观和实施素质教育，以身示范、立德树人；能够遵守中小学教师职业道德规范，关爱学生，坚守教师岗位，服务地方基础教育。忠诚党的教育事业，践行“四有”好老师。

培养目标同样明确预期了毕业生的职业发展潜力，即成为能够熟练使用英语教育教学工作的中学英语骨干教师；明确预期了毕业生发展竞争力，即能够主动适应基础教育改革发展的需要，树立稳定的终身学习和专业发展意识，在英语教学实践中具备较强的反思能力、自主学习能力和运用教育教学研究解决问题的能力，在工作中有较强的沟通能力和团队意识。

举证说明。本专业在 2022 年 3—5 月通过问卷调查、座谈会研讨、第三方机构评价等形式对毕业生进行了培养目标的预期实践评价，并邀请在校学生、毕业校友、专业教师、用人单位、教育行政部门、同行专家等利益相关方，从培养目标中的“服务面向、基本素质、专业能力、职业素养和人才定位”等方面进行了评价，结果反馈如下：

（1）毕业生。毕业生认为总体培养目标要求的能力实践度为 98.39%，各分项培养目标要求的能力实践度均高于 95.35%。

（2）用人单位。用人单位认为我校英语（师范）专业毕业 5 年左右的毕业生的能力素质与培养目标的符合程度为 98.46%，其中“很符合”占比 41.54%。

从毕业生和用人单位的评价来看，专业预期培养目标实践度均超过 95%。因此，本专业当前执行的人才培养方案总体上可以达到或实现师范生毕业 5 年的预期目标。

2. 专业培养目标体现了本专业在办学过程中形成的特色和优势

自 1978 年至 2023 年，从最初的英语系到外国语学院，经过 40 多年的励精图治和办学积淀，本学院形成了“铸师德”“厚基础”“重实践”“强师能”的人才培养特色和优势。

“铸师德”。本专业通过三课融合的模式将师德建设全过程、全方位融入全体学生的四年成长中。以课程实践周为例，以“一践行三学会”为能力培养框架，从大学一年级开设对应的实践周逐步培养学生的师德践行能力。“厚基础”。本专业根据地方院校英语（师范）专业学生的实际水平，从大学一、二年级重点强调学生的英语听、说、读、写、译等能力的培养。“重实践”。本专业秉承“知行合一”的教学理念，建立了包括专业课程实践、教育见习、教育研习、教育实习、社会实践等规范系统的实践教学体系。同时，深化二三课堂，全员参与暑期社会实践、大学生双创或产学研合活动；推动与科研院所、事业单位、行业企业协同育人。实践学分占人才培养方案总学分的 29% 以上。在教师教育方面，建立“双导师”模式，有长期稳定的教育实习基地。“强师能”。本专业以培养学生的教学能力为内核，推进课堂教学改革，并通过构建“UGSR 四位一体”的协同培养机制，推进“顶岗实习”教育实习模式；坚持师范生教师职业能力的培养四年不断线，做到教学技术操练与教学思维训练、显性教学和隐性渗透、专项训练与实战演练相结合、校内外与课内外相结合，提升学生的教学能力。

3. 采取多种途径确保培养目标为本专业师范生、教师、教学管理人员及其他利益相关方接受、认可

为了不断提高师范生培养质量，英语（师范）专业紧紧围绕“学生中心、产出导向、持续改进”的理念，本专业采取多种途径确保培养目标为相关利益方所接受和认可，主要措施如下：

（1）多方参与目标制订，强化人才培养目标认同。本专业建立了内部和外部的培养目标调研体系。结合专业优势特色和师资队伍建设情况，按照国家和学校的总体要求，由校级主管部门领导、学院教学管理人员、全体专业教师、在校生共同参与，开展内部培养目标调研。本专业邀请用人单位、中学教师、教研员、行业专家、毕业生代表共同参与人才培养目标的外部调研。参考了同类高校英语（师范）专业培养方案，制订本专业培养目标。通过广泛征求和参考利益相关方的意见与建议，群策群力，共同确定人才培养目标，并与利益相关方达成实践培养目标的共识。

（2）多途径宣传，提升人才培养目标的认同。

①积极开展在校师范生的专业认同教育。让师范生一入学就对本专业的培养目标有全面的了解，通过各种渠道和方式使其接受认同，并贯穿于四年学习生活中。这些渠道和方式包括：在外国语学院网站主动公开人才培养方案；开设专业导论课程；通过学生评教、期中教学座谈会、信息员会议、问卷等多种方式了解师范生对于培养目标的认可度，并收集意见和建议，作为修订培养目标的依据，确保培养目标被本专业师范生接受。

②专业教师和教学管理人员全程参与培养目标的制订。学院党政班子、专业负责人、教研室主任及课程负责人，承担本专业培养目标设置和修订的主要任务。学院党委书记和院长全面负责，院长主持培养方案的制订、审议、评价反馈及修订等工作，教研室主任和骨干教师分担具体的修订任务。学校分管领导和教学主管部门及时传达党和国家对教育事业尤其是师范生教育的指导性意见，并在学校发展规划中对师范生培养目标的理念与定位提出具体

要求。教务处作为职能部门，为培养方案的制订提供指导性意见，确保专业能够将立德树人作为首要目标写进培养方案。

③确保本专业的培养目标为相关利益方所接受和认同，相关利益方为：高校教师、教学管理人员、用人单位、中学教师、教研员和行业专家。把专业培养目标纳入宣传与社会评价中。一是结合教育见习、实习工作的开展，向实习单位与校外指导教师介绍专业定位、培养目标和毕业要求，获得他们的认同与支持；二是主动与教师、地方教体局、中学校长等沟通交流，使利益相关方对本专业定位、培养目标和毕业要求表示支持和认同；三是通过网络调研等形式，邀请往届毕业生参与人才培养方案的修订，理解专业定位、培养目标、毕业要求和课程体系等方面的内容。

通过以上措施，我们的人才培养目标得到了越来越多的学生、家长及用人单位的认可，报考本专业考生逐年增多，2018—2021 年录取平均分均高出录取线 25 分以上，考生第一志愿录取比例达到了 100%。2023 年起英语（师范）专业纳入安徽省普通高考本科一批次招生，成为本校第一批纳入一本招生的两个专业之一。

（三）专业培养目标的合理评价和修订情况

基于政策、现状调研、专业特性、专业未来发展趋势和就业等情况做出准确性和合理性的判断，定期开展培养目标合理性的评估与修改，并有政府主管部门、大学管理部门、专业师生、中学、毕业生等参与，培养目标修订的参与者具有代表性。

1. 专业培养目标合理性定期评价机制

包括评价制度、评价依据、评价周期、评价程序、评价责任机构和责任人、评价结果的形成过程及结果反馈等。

（1）评价依据。培养目标合理性评价以党的教育方针和国家教育政策为根本依据，以《普通高等学校外国语言文学类本科专业教学质量国家标准（2018）》《普通高等学校本科外国语言文学类专业教学指南——英语类专业教学指南（2020）》《安徽省宿州学院师范类专业人才培养质量实践度评价管理办法（试行）》《外国语学院英语（师范）专业人才培养质量实践度评价管理办法（试行）》为技术依据，以学校发展目标定位、服务面向定位和专业发展规划为内部依据，以国内外专业发展趋势和区域经济社会发展的需求为外部依据。主要包括培养目标是否符合学校发展对人才培养定位的需求、应届生的毕业出口能力和职业期待、当前执行的培养方案及课程设置、社会经济和行业发展对人才的需求、用人单位对人才素质和能力的需求、校友主流职业发展对学校教育的需求等多个要素。

（2）评价主体。从内部评价的角度，目标评价主体包括本专业的学生、教师及学校的其他职能部门的管理者；从外部评价的角度，目标评价主体包括教育主管部门的管理者、本专业毕业生、用人单位、同行专家等利益相关者。

（3）评价周期。与培养方案的修订周期相同。

（4）评价程序。

①对国家、安徽省和地方的教育政策、发展规划等进行分析；

②外部调研（通过问卷调查或访谈的方式对毕业生、用人单位、同行专家、家长等相关利益方开展培养目标合理性调研）；

③内部调研（通过问卷调查或访谈的方式对学院教学分委会、专业教师及在校学生等进行调研）；

④根据反馈结果修订、完善培养目标。

（5）评价工作责任机构。培养目标合理性评价工作小组。

（6）评价工作责任人及主要职责。外国语学院院长为培养目标合理性评价工作的责任领导，副院长为培养目标合理性评价工作的第一责任人，教研室主任（专业负责人）是培养目标合理性评价工作的直接责任人。

评价工作组主要职责：制订工作方案，确定评价对象，确定参与评价的主体，制订评价办法，统计审核评价结果，撰写报告，提出持续改进要求。

（7）评价结果反馈。学院培养目标评价工作小组对通过多种评价方法获得的评价结果进行综合分析，形成《英语（师范）专业培养目标合理性评价报告》，其中包括专业基本情况、评价依据、评价方法、评价对象、评价结果及分析、主要问题及改进措施等。学院教学分委会审议《英语（师范）专业培养目标合理性评价报告》，本专业根据评价结果制定改进措施，形成“评价—反馈—改进”闭环管理的持续改进机制，作为培养目标修订和课程教学持续改进的重要依据。

2. 最近一次培养目标合理性评价的情况

为了适应新时代基础教育改革和发展的需求，进一步满足师范专业人才培养标准，培养高素质英语师资，2021 年 11 月至 2022 年 5 月外国语学院启动了 2022 年《英语（师范）专业人才培养方案》的修订工作，通过对现行培养目标的合理性评价，重新调整了英语（师范）专业培养目标，具体论证过程包括以下两个阶段。

第一阶段。系统梳理国家教育改革与发展的重大战略，尤其是 2019 年之后有关教师教育方面的政策和文件，悟透精神实质，把握科学内涵，找准培养目标定位的政策依据和风向标，准确研判新时代基础教育英语教师队伍建设的新形势、新要求。

第二阶段。采用内部评价和外部评价相结合的方式，通过第三方机构对毕业生和用人单位进行了合理性评价，通过问卷调研对在校生、专业教师、同行专家等利益相关方，从培养目标中的“服务面向、基本素质、专业能力、职业素养和人才定位”等方面进行了评价，结果反馈如下。

（1）毕业生。毕业生认为总体培养目标的合理性达 98.08%，各分项培养目标的合理性均高于 91.84%。

（2）用人单位。用人单位认为我校英语（师范）专业总体培养目标的合理性为 100.00%，其中“很合理”占比 62.12%，英语（师范）专业各分项培养目标的合理性均达 98.51%。

（3）在校生。学院采取问卷调查的方式对在校生开展了培养目标认可度调研。共发放问卷 480 份，回收有效问卷 374 份，有效问卷回收率为 77.9%。把培养目标的认可度分为“非常认可”“比较认可”“一般认可”“不认可”四个水平，结果见表 2-5。

表 2-5 英语（师范）专业在校生对培养目标合理性的评价

培养目标	非常认可	比较认可	一般认可	不认可	认可度
整体培养目标	77.81%	17.65%	4.28%	0.27%	95.46%
分目标 1	79.68%	16.04%	4.01%	0.27%	95.72%
分目标 2	77.27%	18.45%	4.01%	0.27%	95.72%
分目标 3	77.54%	18.45%	3.74%	0.27%	95.99%
分目标 4	76.20%	19.79%	3.48%	0.53%	95.99%

（4）专业教师。针对培养目标的合理性，对 28 位专业教师进行了问卷调查，并采取个案研究的方式加以补充，反馈信息如表 2-6 所示。

表 2-6 英语（师范）专业教师对培养目标合理性的评价

培养目标	非常认可	比较认可	一般认可	不认可	认可度
整体培养目标	75.00%	25.00%	0%	0%	93%
分目标 1	82.14%	17.86%	0%	0%	94%
分目标 2	78.57%	14.29%	7.14%	0%	90%
分目标 3	75.00%	21.43%	3.57%	0%	92%
分目标 4	71.43%	25.00%	3.57%	0%	90%

（5）同行专家。2021 年 11 月，外国语学院召开 2022 版《英语师范专业人才培养方案》同行专家线上论证会。来自省内五所师范院校的外国语学院

院长应邀参会。专家依据现行教育政策和本院发展现状，在肯定 2019 版人才培养目标基本合理的情况下，对我院 2022 版人才培养目标的制订给出了相关建议。

3. 培养目标修订的相关制度

专业人才培养方案的修订制度主要依据《安徽省宿州学院本科专业人才培养方案管理办法（修订）》文件规定。修订周期为每四年进行一次全面修订，其间可根据人才培养需求的实际情况对培养方案进行局部修订。修订依据为国家和地区基础教育改革发展和教师队伍建设重大战略需求、国家教师教育相关政策和改革要求、本校及本专业办学定位和发展实际。修订程序为二级学院教学分委会根据学校培养方案制（修）订指导性意见，组织本专业按照下列程序开展培养方案的制（修）订、论证和执行，具体程序如下：

（1）明确人才培养需求。采取向已毕业的学生、行业企业、专家等发放调查问卷，组织毕业生座谈，到用人单位实地访谈等形式，充分了解行业、用人单位对专业人才培养的需求。

（2）科学确定培养目标。根据行业、用人单位对人才培养的需求，结合学校办学特色和办学定位，在国家教育方针的指引下，科学确定本专业的人才培养目标。

（3）精心研制毕业要求。根据培养目标精心制订毕业要求，毕业要求应满足"明确、公开、可衡量、可支撑"的要求，既支撑专业培养目标，又体现专业特色。

（4）合理构建课程体系。根据毕业要求构建课程体系，使课程体系能够支撑毕业要求，每门课程能够实现其在课程体系中的作用。

（5）二级学院教学分委会审定培养方案，并将论证报告、修订说明与培养方案提交教务处。

（6）教务处对二级学院提交的培养方案进行初步审核，组织行业专家、教师和学生（毕业生）代表、用人单位等相关利益方对培养方案进行全面审定，并向二级学院反馈专家组提出的修改、调整意见。

（7）二级学院教学分委会根据反馈意见修改完善，教务处整理、汇总后，报学校教学委员会审核批准，校长办公会审议，党委会审定后颁布实施。

专业人才培养方案修订的主要参与人员包括学院领导班子、学术委员会成员、教研室主任、专业负责人、骨干教师、一线教师、教务员、同行专家、毕业生代表等。

4. 最近一次本专业依据培养目标合理性评价结果及对培养目标进行修订的情况

2019 版人才培养目标为：本专业以习近平新时代中国特色社会主义思想为引导，立足皖北、服务安徽及周边区域，培养有理想信念、道德情操和教育情怀，具备厚实的英语学科知识和教育教学知识，具有扎实的英语教学基本功及初步的英语教学研究与自主发展能力，具有较强的英语运用能力和跨文化交际能力，能够在基础教育领域从事与英语教育教学相关工作的应用型英语教育人才。

根据最近一次评价结果，依据《教师教育课程标准（试行）（2012 年）》《普通高等学校本科外国语言文学类专业教学指南——英语类专业教学指南（上）（2020）》《中学教育专业师范生教师职业能力标准（试行）》等文件精神，在征求教育专家、用人单位、毕业生、在校生意见等信息反馈的基础上，2021 年启动了对 2019 版人才培养方案的修订工作，形成了 2022 版《英语（师范）专业人才培养方案》。培养目标修订情况见表 2-7。

表 2-7　英语（师范）专业培养目标修改内容及依据

修订维度	2019 版人才培养方案	2022 版人才培养方案	调整依据
服务面向	立足皖北、服务安徽及周边区域	立足皖北、服务安徽及周边区域	无修订

续表

修订维度	2019 版人才培养方案	2022 版人才培养方案	调整依据
知识	具备厚实的英语学科知识和教育教学知识	掌握扎实的英语语言基础知识和技能，厚实的英语（师范）专业知识和教育教学知识	通过毕业生和用人单位反馈，依据《普通高等学校本科外国语言文学类专业教学指南——英语类专业教学指南（上）（2020）》等文件精神，进一步强化我院学生的语言基本功
能力	具有扎实的英语教学基本功及初步的英语教学研究与自主发展能力，具有较强的英语运用能力和跨文化交际能力	具有较强的英语教学能力、育人能力和终身学习能力，能够熟练使用英语从事中学英语教育教学工作	根据在校生、行业专家及本专业教师意见，细化专业能力培养内容，突出本专业培养特色
素质	有理想信念、道德情操和教育情怀	良好的师德素养和人文科学素养，德智体美劳全面发展	强化教育情怀的养成，贯彻新时代党的教育方针，落实“立德树人、德智体美劳全面发展”的根本任务，全面提升学生的综合素质
人才定位	能够在基础教育领域从事与英语教育教学相关工作的应用型英语教育人才	培养中学英语骨干教师	根据相关文件精神，结合用人单位、校友、行业专家及本专业教师等意见，进一步明确专业人才培养目标

5. 各利益方参与专业培养目标的评价和修订工作

本专业从 2021 年 11 月起，开展培养目标的评价和修订工作。具体工作见表 2-8。

表 2-8　2022 版人才培养方案评价和修订工作内容

时间	参与人	工作内容
2021 年 11 月	学院教学管理部门 教研室主任	赴安庆师范大学开展人才培养调研
2021 年 11 月	同行专家	以腾讯会议的方式开展同行专家调研，向安徽省内五所师范大学外国语学院院长就 2022 版人才培养目标、毕业要求、课程设置等方面征求意见与建议

续表

时间	参与人	工作内容
2021 年 12 月	外国语学院英语（师范）专业教研室	召开多次会议，就培养目标、毕业要求向专业教师解读和征求意见，并安排教学大纲修订工作
2021 年 12 月	学院教学管理部门、教研室主任	讨论通过《外国语学院英语（师范）专业人才培养质量实践度评价办法（试行）》
2022 年 1 月	同行专家	以邮件的方式开展同行专家调研
2022 年 3 月	学院教学管理部门、教研室主任	赴淮南师范学院开展人才培养调研活动
2022 年 3—5 月	外国语学院英语（师范）专业教研室	外国语学院英语（师范）专业教研室开展课程教学大纲修订与完善工作
2022 年 4 月	在校学生代表	学院形成初步培养目标修订稿；召开 2019 级、2020 级、2021 级班长、学习委员会议，调研和收集学生对专业培养目标、毕业要求、课程设置、教学实施、教学保障等方面的意见与建议
2022 年 4 月	基础教育教师代表	学院形成初步培养目标修订稿；通过问卷的方式调查和收集基础教育教师对专业培养目标、毕业要求、课程设置、教学实施、教学保障等方面的意见与建议
2022 年 4—5 月	毕业生	学院形成初步培养目标修订稿；随机抽选毕业生，以个案研究的方法深度调查学生的反馈意见
2022 年 4—5 月	专业教师	学院形成初步培养目标修订稿；随机抽选专业教师代表，以个案研究的方法深度调查教师的反馈意见
2022 年 5 月	用人单位	学院形成初步培养目标修订稿；通过问卷的方式调查和收集用人单位对专业培养目标、毕业要求、课程设置、教学实施、教学保障等方面的意见与建议

如表 2-8 所示，本专业高度重视相关利益方参与培养目标合理性评价，通过制订评价和修订方案、设计调研提纲和问卷，明确目的，确定对象和方式，分别进行对用人单位、在校生、毕业生、专任教师、同行专家及省内外同类学校同类专业等不同对象的调研。一方面确保各方了解本专业的培养目标；

另一方面由于各利益相关方在培养目标评价和修订过程中的参与，本专业制订的培养目标及预期和具体目标易于被各方所接受，培养目标及预期又较为科学、合理，预期可实践、可实现，既凸显了教师教育特色与优势，又充分体现了办学过程中对专业发展规律的认识及专业的价值取向。

第三章　专业人才培养“产出”的质量

一、英语（师范）专业人才培养“产出”的质量体现：毕业要求

本专业人才培养“产出”的质量要求体现在毕业要求，重点关注四个方面：一是专业毕业要求对培养目标的支撑情况；二是专业毕业要求对国家规定的通用8条标准的覆盖情况；三是专业毕业要求的逐条分解与落实情况；四是专业毕业要求的逐条达成情况。

（一）英语（师范）专业毕业要求的内涵

英语（师范）专业制订的毕业要求应涵盖“一践行三学会”：践行师德、学会教学、学会育人、学会发展。

1. 一践行

一践行，指的是践行师德，主要包括师德规范和教育情怀。师德规范要求践行社会主义核心价值观，增进对中国特色社会主义的思想认同、政治认同、理论认同和情感认同。贯彻党的教育方针，以立德树人为己任。遵守中学教师职业道德规范，具有依法执教意识，立志成为有理想、有信念、有道德情操、有扎实学识、有仁爱之心的好教师。

师德是教师工作必须遵守的道德规范和行为准则，是引领和指导师范生学会教学、学会育人和学会发展的第一素养。该指标对应培养目标中的师德素质定位，从立德树人、师德规范、依法执教等多角度提出具体培养要求。要求中学教育专业准确把握新时代中国特色社会主义特征，贯彻落实党的教育方针，践行社会主义核心价值观，以立德树人为己任，以“职业理解与规范”为重点，系统构建正确对待职业、对待学生、对待工作和自身修养4个领域的职业认知和规范养成体系；要立足“知行合一”，创设师德践行环境，创新师德养成路径、形式和方法，注重将师德认识内化为师德认同，转化为师德行为，帮助师范生成长为思想政治信念坚定、职业发展目标明确、具有立德树人理念、理解依法执教内涵，认同师德规范并能在专业实践中积极践行的新时代好教师。

教育情怀要求具有从教意愿，认同教师工作的意义和专业性；具有积极的情感、端正的态度、正确的价值观；具有人文底蕴和科学精神，尊重学生人格，富有爱心、责任心，工作细心、耐心，做学生锤炼品格、学习知识、创新思维、奉献祖国的引路人。

教育情怀是以情系学生、胸怀育人为标志的教师核心素养，是师范生学会教学、学会育人、学会发展的心理保障。该指标对应培养目标中的师德素养定位，聚焦促进学生成长，提出具体培养规格要求。本专业要以引导师范生“做学生成长引路人”为目标，通过参与式课程学习、示范性榜样熏陶、反思性案例分析、主题性教育活动、行动性实践体验、激励性成长评价等养成途径和形式，帮助师范生树立正确的教师观，理解教师是学生学习的促进者，认同教师工作的意义和专业性在于创造条件促进学生自主和全面发展，加强自身修养，丰富人文底蕴和科学精神，养成积极向上的情感，端正奋发的态度和持续努力的行为。同时，本专业也要帮助师范生树立正确的学生观，以学生成长的引路人为职业角色预期，在教育教学实践中，能够正确处理师生关系，尊重学生人格，尊重学生的学习和发展权利及个体差异，对学生富有爱心和责任心，对工作耐心和细心，乐于为学生成长创造发展的条件和机会。

2. 三学会之一：学会教学

学会教学包括学科素养和教学能力。学科素养要求掌握所教学科的基本知识、基本原理和基本技能，理解学科知识体系基本思想和方法。了解所教学科与其他学科的联系，了解所教学科与社会实践的联系，对学习学科相关知识有一定的了解。

学科素养是从事中学教学工作的基础素养，是师范生形成教学能力的前提条件。该指标对应培养目标中的学科知识定位，就掌握学科知识内涵和内外部联系提出具体培养要求。本专业要以“扎实系统掌握学科知识”为目标，系统创新学科课程教学，突出以学生为中心，改变单一讲授教学陈规，引导师范生开展自主、合作和探究性学习，创设深度学习情境，积极推进问题解决学习、项目学习和研究性学习的进程；帮助师范生形成科学的学科观，能够立足学科思想和方法，深入把握学科知识体系的发展历史和前沿，系统扎实掌握学科基本知识、基本原理和基本技能，注重拓宽专业视野，了解本学科与其他学科的逻辑关联，理解学科在社会生活中的实践价值；能够在教育教学实践中，综合运用学科知识和学习科学知识来分析解决学科教学问题，提高学科教学的科学性和实效性。

教学能力要求在教育实践中，能够依据所教学科的课程标准，针对中学生身心发展和学科认知特点，运用学科教学知识和信息技术，进行教学设计、实施和评价；同时又要求具备教学基本技能，具有初步的教学能力和一定的教学研究能力。

教学能力是教师胜任教学工作的关键能力。该指标对应培养目标中的教学能力定位，从教学能力的知识基础和技能要素两个方面，提出具体的培养要求。本专业应以“具备初步的教学能力和一定的教学研究能力”为目标，立足全程化综合化培养，系统构建教学知识学习与教学技能训练互动、教学实践体验与问题解决研究融通的教学能力培养系统。突出在做的过程中学习，注重问题教学、案例分析和情境体验，强化表现性评价，帮助师范生了解中学生身心发展的一般规律和学科认知特点，准确理解学科课程标准的内涵和要点，初步掌握重难点教学策略、结构化学习指导和学科思维方式培养等学科教学知识，具备教学设计、课堂教学、学业评价、应用信息技术辅助教学等教学基本技能；能够在教学实践中，依据课标，分析教材，把握学情，独立备课、上课和批改作业，形成一定的教学经验，并能针对教学难点问题，进行实证化的行动研究，形成研究成果。

3. 三学会之二：学会育人

学会育人包括班级指导和综合育人。班级指导要求树立德育为先理念，了解中学德育的原理与方法。掌握班级组织与建设的工作规律和基本方法；能够在班主任工作实践中，参与德育和心理健康教育等教育活动的组织与指导，获得积极体验。

班级指导是教师从事育人工作的关键能力。该指标对应培养目标中的育人能力定位，从班级指导能力养成要素的角度出发，提出具体的培养要求。本专业要以“掌握班级指导技能与方法，具有班主任工作有效体验”为目标，以德育课程和班级实务训练为基础，以专题实践与表现评价为重点，构建班级指导能力培养系统；引导师范生树立德育为先理念，了解中学生心理发展特点，把握中学德育目标、原理、内容与方法，掌握班集体建设与管理的策略与技能，掌握共青团、党支部建设与管理的原则与方法；能够在教育实践中，担任或协助班主任工作，运用中学生世界观、人生观、价值观形成方法和青春期心理辅导技能，参与德育和心理健康等教育活动的组织与指导，获得积极有效的体验。

综合育人要求了解中学生身心发展和养成教育规律。理解学科育人价值，能够有机结合学科教学进行育人活动。了解学校文化和教育活动的育人内涵和方法，参与组织主题教育和社团活动，对学生进行教育和引导。

综合育人是体现育人为本理念，适应中学综合育人工作需要的教师专业核心能力。该指标对应培养目标中的育人能力定位，从育人环节综合化的角度，提出具体培养要求。本专业应以“初步掌握综合育人路径和方法，具有综合育人实践体验”为目标，统筹设计养成体系，通过学科类、思政类和德育类课程的综合渗透，班级指导实践和学科教学实践综合养成，帮助师范生了解中学生身心发展的一般规律与世界观、人生观和价值观形成特点，了解中学生思想品德培育、人格塑造、行为习惯养成的过程与方法；理解学科独特的情感、态度和价值观，初步掌握在教书中育人的途径与方法，以及在校园文化活动中开展德育主题和社团育人的原则和策略；能够在教育实践中，设计综合育人目标，整合学科德育、主题教育和社团活动，具有综合育人的积极体验。

4. 三学会之三：学会发展

学会发展包括学会反思和沟通合作。学会反思要求具有终身学习与专业发展意识。了解国内外基础教育改革发展动态，能够适应时代和教育发展需求的同时进行学习和职业生涯规划。学会反思要求初步掌握反思方法和技能，具有一定创新意识，运用批判性思维方法，学会分析和解决教育教学问题。

教师是反思性的实践者。学会反思是师范毕业生从事中学教育教学工作，实现专业发展的基本能力要求。该指标对应培养目标中的知识与能力素养定位，对中学教育专业毕业生的教育反思能力提出明确的培养要求。本专业应以“能够规划专业学习与职业发展，具有一定的反思能力与实践体验”为目标：一是开设专业学习与发展模块课程，帮助师范生了解专业发展核心内容、发展阶段与路径方法，形成专业发展意识，树立终身学习理念；把握国内基础教育课程改革前沿动态和国外中等教育发展趋势；指导师范生理性分析自我、明确发展目标重点、选择发展路径，制订专业学习与职业发展规划。二是系统进行批判性思维方法和反思技能训练，学会基于质疑、求证、判断中进行独立思考，掌握反思笔记、课堂观察、叙事分析和行动研究等反思方法与技能。三是重在创设反思教学实践情境，能够在教育实践中，收集信息、自我诊断、自我改进，具有积极的教学反思体验。

沟通合作具有理解学习共同体的作用，其要求具有团队协作精神，掌握沟通合作技能；具有小组互助和合作学习体验。

沟通合作是教师专业学习和发展的重要能力。该指标对应培养目标中的发展能力定位，着重从掌握技能与实践体验层面提出具体培养要求。本专业应以“体验掌握沟通合作学习方式”为目标，注重在课内外学习活动和专业实践中，引导师范生理解和体验学习共同体的特点与价值，懂得学习伙伴是重要的学习资源，系统掌握团队协作学习知识与技能，积极主动参加小组学习、专题研讨、团队互动、网络分享等协作学习活动；能够在教学实践中，深入体验观摩互助、合作研究、小组实习等，乐于与学习伙伴分享交流实践经验，共同探讨解决问题。具备与学校领导、同事、学生、家长及社区沟通交流的知识与技能，具有相关经历体验。

（二）英语（师范）专业毕业要求的具体内容

对标《普通高等学校本科专业类教学质量国家标准（外国语言文学类）》和《中学教师专业标准》，根据学校办学定位和英语（师范）专业人才培养目标，特制订本专业毕业要求。

1. 师德规范

热爱祖国，自觉践行社会主义核心价值观，在思想、政治、理论和情感上认同中国特色社会主义，具有依法执教的意识，以立德树人为己任，立志成为有理想、有信念、有道德情操、有扎实学识、有仁爱之心的好教师。

2. 教育情怀

热爱英语教育事业，认同教师职业，忠诚党的教育事业，具有坚定的教育理想、积极向上的精神风貌和良好的人文科学素养，遵循学生的身心发展规律，尊重学生的独立人格，关心爱护学生，工作尽责用心，成为学生全面发展的引路人。

3. 学科素养

理解英语学科知识体系，掌握英语语言基本知识和技能，了解相关的跨学科知识，掌握语言学习的基本理论与方法，能够把英语语言和专业知识灵活运用于实践。

4. 教学能力

掌握现代教育教学理论、英语学科教学知识和中学生认知特点，准确理解学科课程标准的内涵和要点，能够依据英语课程标准有效利用英语学科知识和现代信息技术进行教学设计与实施、评价与反思，具备初步的教学能力和教学研究能力。

5. 班级指导

树立德育为先的理念，掌握班级管理的原则、方法和基本规律，了解班主任工作的特点，在班级管理中注重德育教育和心理健康教育，能较好地开展班级工作，在班级建设指导中获得积极体验，积累德育工作经验。

6. 综合育人

了解并遵循中学生身心发展和养成教育规律，初步掌握综合育人路径和方法，理解英语学科育人功能，能够在教育教学实践中开展育人活动，挖掘和运用英语学科的德育元素和资源；了解学校环境和文化的育人价值，初步掌握在校园文化活动中开展主题德育和社团育人的原则和策略，促进学生全面发展。

7. 学会反思

具有专业发展意识和终身学习理念，能够根据教育发展需求制订专业学习和职业发展规划；具备一定的创新意识，敢于探索创新，能够运用批判性思维方法，初步学会分析和解决教育教学实际问题。

8. 沟通合作

具有共同学习提高的意识，具备良好的团队协作精神、表达与沟通能力，能够在专业学习与教学实践中与团队成员互助合作、分享经验、和谐共进。能够有效交流沟通，在跨学科、跨文化背景下的团队中发挥作用。

（三）专业毕业要求对培养目标的对应支撑情况

基于《普通高等学校本科专业类教学质量国家标准（外国语言文学类）》《中学教师专业标准》，并根据学校办学定位和英语师范专业培养目标定位，制订了8条毕业要求，其中覆盖了国家规定的通用8条标准的全部内容，包括践行师德、学会教学、学会育人和学会发展4个维度，对应师德规范、教育情怀、学科素养、教学能力、班级指导、综合育人、学会反思和沟通合作8个要素。本专业人才培养方案依据反向设计理念，对标《中学教师专业标准》，在对专业人才需求充分调研的基础上制订而成。因此，本专业毕业要求能够有效支撑专业培养目标，具体见表3-1。

培养方案的8条毕业要求能够较好地分别支撑培养目标。师德规范和教育情怀，重师德践行，从理想信念、职业操守、人文素养方面对毕业生进行要求，实践师德实践能力；学科素养和教学能力，从专业素质、学科素养、教研能力方面体现教学实践能力；班级指导和综合育人，从管理、育人方面体现综合育人能力；学会反思和沟通合作，主要从反思、沟通协作方面体现培养目标对新时代教师的要求，实践自主发展能力。

表 3-1　本专业毕业要求对培养目标的支撑矩阵

培养维度		培养目标			
		师德践行	教学实践	综合育人	自主发展
毕业要求	师德规范	√		√	
	教育情怀	√		√	
	学科素养		√		√
	教学能力		√		√
	班级指导	√		√	
	综合育人	√		√	
	学会反思		√		√
	沟通合作		√		√

二、本专业毕业要求对国家规定的通用 8 条标准的覆盖情况

本专业毕业要求与认证标准毕业要求的对照情况见表 3-2。

表 3-2　本专业毕业要求与认证标准毕业要求 8 条对照情况

本专业毕业要求	认证标准毕业要求	覆盖情况
1. 师德规范：热爱祖国，自觉践行社会主义核心价值观，在思想、政治、理论和情感上认同中国特色社会主义，具有依法执教的意识，以立德树人为己任，立志成为有理想信念、有道德情操、有扎实学识、有仁爱之心的好教师	2.1 师德规范：践行社会主义核心价值观，增进对中国特色社会主义的思想认同、政治认同、理论认同和情感认同。贯彻党的教育方针，以立德树人为己任。遵守中小学教师职业道德规范，具有依法执教意识，立志成为有理想信念、有道德情操、有扎实学识、有仁爱之心的好教师	覆盖该标准中的理想信念、师德准则、依法执教等关键点

续表

专业毕业要求	认证标准毕业要求	覆盖情况
2. 教育情怀：热爱英语教育事业，认同教师职业，忠诚党的教育事业，具有坚定的教育理想、积极向上的精神风貌和良好的人文科学素养，遵循学生的身心发展规律，尊重学生的独立人格，关心爱护学生，工作尽责用心，成为学生全面发展的引路人	2.2 教育情怀：具有从教意愿，认同教师工作的意义和专业性，具有积极的情感、端正的态度、正确的价值观。具有人文底蕴和科学精神，尊重学生人格，富有爱心、责任心，工作细心、耐心，做学生锤炼品格、学习知识、创新思维、奉献祖国的引路人	覆盖该标准中的职业认同、职业能力、关爱学生等关键点
3. 学科素养：理解英语学科知识体系，掌握英语语言基本知识和技能，了解相关 的跨学科知识，掌握语言学习的基本理论与方法，能够把英语语言和专业知识灵活运用于实践	2.3 学科素养：掌握所教学科的基本知识、基本原理和基本技能，理解学科知识体系基本思想和方法。了解所教学科与其他学科的联系，了解所教学科与社会实践的联系，对学习学科相关知识有一定的了解	覆盖该标准中的基础知识、学科知识、整合与教育知识等关键点
4. 教学能力：掌握现代教育教学理论、英语学科教学知识和中学生认知特点，准确理解学科课程标准的内涵和要点，能够依据英语课程标准有效利用英语学科知识和现代信息技术进行教学设计与实施、评价与反思，具备初步的教学能力和教学研究能力	2.4 教学能力：在教育实践中，能够依据所教学科课程标准，针对中学生身心发展和学科认知特点，运用学科教学知识和信息技术，进行教学设计、实施和评价，获得教学体验，具备教学基本技能，具有初步的教学能力和一定的教学研究能力	覆盖该标准中的理论知识、教学技能、教学实践等关键点
5. 班级指导：树立德育为先理念，掌握班级管理的原则、方法和基本规律，了解班主任工作的特点，在班级管理中注重德育教育和心理健康教育，能较好地开展班级工作，在班级建设指导中获得积极体验，积累德育工作经验	2.5 班级指导：树立德育为先理念，了解中学德育原理与方法。掌握班级组织与建设的工作规律和基本方法。能够在班主任工作实践中，参与德育和心理健康教育等教育活动的组织与指导，获得积极体验	覆盖该标准中的德育意识、班级指导、心理辅导等关键点
6. 综合育人：了解并遵循中学生身心发展和养成教育规律，初步掌握综合育人路径和方法，理解英语学科育人功能，能够在教育教学实践中开展育人活动，挖掘和运用英语学科的德育元素和资源；了解学校环境和文化的育人价值，初步掌握在校园文化活动中开展主题教育和社团育人的原则和策略，促进学生全面发展	2.6 综合育人：了解中学生身心发展和养成教育规律。理解学科育人价值，能够有机结合学科教学进行育人活动。了解学校文化和教育活动的育人内涵和方法，参与组织主题教育和社团活动，对学生进行教育和引导	覆盖该标准中的课程育人、活动育人等关键点

续表

专业毕业要求	认证标准毕业要求	覆盖情况
7. 学会反思：具有专业发展意识和终身学习理念，能够根据教育发展需求制订专业学习和职业发展规划；具备一定的创新意识，敢于探索创新，能够运用批判性思维方法，初步学会分析和解决教育教学实际问题	2.7 学会反思：具有终身学习与专业发展意识。了解国内外基础教育改革发展动态，能够适应时代和教育发展需求，进行学习和职业生涯规划。初步掌握反思方法和技能，具有一定创新意识，运用批判性思维方法，学会分析和解决教育教学问题	覆盖该标准中的职业规划、批判反思、自我改进等关键点
8. 沟通合作：具有共同学习提高的意识，具备良好的团队协作精神、表达与沟通能力，能够在专业学习与教学实践中与团队成员互助合作、分享经验，和谐共进。能够有效交流沟通，在跨学科、跨文化背景下的团队中发挥作用	2.8 沟通合作：理解学习共同体的作用，具有团队协作精神，掌握沟通合作技能，具有小组互助和合作学习体验	覆盖该标准中的共同学习、沟通合作等关键点

以上 8 条毕业要求结合专业实际对每项毕业要求的内涵进行了合理分解，形成了可检测、可操作的指标点，在广度、深度和程度上全面覆盖了中学教育专业认证的二级指标，符合师范毕业生应该达到的“一践行三学会”的综合素养要求。其中毕业要求 1 和 2 对应认证标准毕业要求 2.1、2.2，从师德规范与教育情怀两个方面对毕业生的品德、情感、态度与价值观作出明确要求，以实现“践行师德”。毕业要求 3 和 4 对应认证标准的 2.3、2.4，体现对学科素养、专业知识、信息技术、教学能力的要求，明确指出师范生在毕业时应该形成的素养和掌握的知识与能力，实现“学会教学”。毕业要求 5 和 6 对应认证标准的 2.5、2.6，从班级管理和综合育人的角度要求学生立德树人、言传身教、教书育人，成为学生成长的引路人，实现“学会育人”。毕业要求 7 和 8，对应认证标准的 2.7、2.8，要求学生通过不断反思、自主学习、参与教研及与人合作沟通来实现自主发展，提高沟通合作能力，实现“学会发展”。

三、本专业毕业要求的落实情况

英语师范专业对标中学教育认证标准，对毕业要求的内涵进行了合理分解，形成可教、可学、可评、可实践的指标点，具体分析见表 3-3。

表 3-3 本专业毕业要求的指标点分析

维度	毕业要求	指标点	能力描述
践行师德	1. 师德规范：热爱祖国，自觉践行社会主义核心价值观，在思想、政治、理论和情感上认同中国特色社会主义，具有依法执教的意识，以立德树人为己任，立志成为有理想信念、有道德情操、有扎实学识、有仁爱之心的好教师	理想信念	1.1 能够认同新时代中国特色社会主义思想，自觉践行社会主义核心价值观，传承和弘扬中华优秀传统文化
		师德准则	1.2 能够贯彻党和国家有关基础教育的方针政策，确立立德树人的职业理想，立志成为有理想信念、有道德情操、有扎实学识、有仁爱之心的好老师
		依法执教	1.3 能够履行中学教师职业道德规范，依法执教
	2. 教育情怀：热爱英语教育事业，认同教师职业，忠诚党的教育事业，具有坚定的教育理想、积极向上的精神风貌和良好的人文科学素养，遵循学生的身心发展规律，尊重学生的独立人格，关心爱护学生，工作尽责用心，成为学生全面发展的引路人	职业认同	2.1 能够热爱教师职业，对教师职业的意义和性质认识充分
			2.2 具有较好的人文科学素养，养成积极向上的精神风貌
		关爱学生	2.3 能够关爱学生，以生为本，富有爱心、责任心、耐心和细心，工作尽责用心，成为学生全面发展的引路人
学会教学	3. 学科素养：理解英语学科知识体系，掌握英语语言基本知识和技能，了解相关的跨学科知识，掌握语言学习的基本理论与方法，能够把英语语言和专业知识灵活运用于实践	基本能力	3.1 能够系统地掌握英语语言基础知识，具备良好的听、说、读、写、译等基本技能，能够比较准确、流畅、得体地使用英语
		学科素养	3.2 掌握英语语言、文学、文化等基本理论知识，能够在语言学习与教育教学实践中分析语言文化现象，解决问题
		整合知识	3.3 能够了解与语言学科相关的知识，能够整合相关知识并应用到英语语言教学实践中
		学习策略	3.4 掌握英语学习的基本方法，形成有效的学习策略

续表

维度	毕业要求	指标点	能力描述
学会教学	4. 教学能力：掌握现代教育教学理论、英语学科教学知识和中学生认知特点，准确理解学科课程标准的内涵和要点，能够依据英语课程标准有效利用英语学科知识和现代信息技术进行教学设计与实施、评价与反思，具备初步的教学能力和教学研究能力	专业知识	4.1 掌握心理学、教育学、英语学科教学等相关理论知识，了解中学生身心发展的一般规律和认知特点，理解英语课程标准的内涵和要点
		信息素养	4.2 能够掌握现代信息技术手段，具备英语教学设计、课堂教学、学业评价等基本教学技能
		教学设计	4.3 能够依据英语课程标准进行教材分析、学情分析，独立备课、上课、批改作业，形成一定的教学经验，并能够有效地将教学研究应用于教学实践
学会育人	5. 班级指导：树立德育为先的理念，掌握班级管理的原则、方法和基本规律，了解班主任工作的特点，在班级管理中注重德育教育和心理健康教育，能较好地开展班级工作，在班级建设指导中获得积极体验，积累德育工作经验	育德意识	5.1 掌握中学德育目标与内涵，学会利用班级活动对学生进行德育教育
		班级管理	5.2 掌握班级指导技能与方法，具有班主任工作体验，深刻认知班主任工作的特点
		心理辅导	5.3 熟悉中学生心理发展特征，能够有针对性地对学生进行心理辅导
	6. 综合育人：了解并遵循中学生身心发展和养成教育规律，初步掌握综合育人路径和方法，理解英语学科育人功能，能够在教育教学实践中开展育人活动，挖掘和运用英语学科的德育元素和资源；了解学校环境和文化的育人价值，初步掌握在校园文化活动中开展主题育德和社团育人的原则和策略，促进学生全面发展	课程育人	6.1 掌握中学生思想品德培育、人格塑造、行为习惯养成的过程与方法，具有促进学生全面健康发展的能力
			6.2 掌握英语学科育人功能，在英语教学实践中坚持正确的价值引领，将学生的知识学习、能力发展与德育教育有机结合
		活动育人	6.3 掌握学校文化和教育活动的育人价值，能够在教育实践中设计与指导具有英语学科特点的课外活动或社团活动，从而促进学生全面发展
学会发展	7. 学会反思：具有专业发展意识和终身学习理念，能够根据教育发展需求制订专业学习和职业发展规划；具备一定的创新意识，敢于探索创新，能够运用批判性思维方法，初步学会分析和解决教育教学实际问题	职业规划	7.1 掌握教师专业发展的核心内容、发展阶段与路径方法，把握国内外基础教育英语课程改革前沿动态，结合自身实际制订职业发展规划
		批判创新	7.2 能够在学习过程中学会质疑、求证和判断，掌握基本的批判性思维方法和反思技能
		自我改进	7.3 能够在实践中发现问题，收集信息，总结反思、自我诊断和自我改进

续表

维度	毕业要求	指标点	能力描述
学会发展	8. 沟通合作：具有共同学习的意识，具备良好的团队协作精神、表达与沟通能力，能够在专业学习与教学实践中与团队成员互助合作、分享经验、和谐共进。能够有效交流沟通，在跨学科、跨文化背景下的团队中发挥作用	共同学习	8.1 能够在课内外学习活动中理解和体验学习共同体的特点与价值，掌握团队协作学习的知识和技能
			8.2 能够在教学实践中观摩互助、合作研究、小组实习，乐于分享交流，共同分析、解决问题
		沟通合作	8.3 具有良好的社会适应性，在教育实践中获得与学校领导、同事、学生、家长及社区沟通交流的技能及体验。能够在跨学科、跨文化的团队合作中发挥积极作用

（一）专业毕业要求实践情况及最近一次专业毕业要求实践评价结果

本专业毕业要求实践评价采用定量评价和定性评价相结合、内部评价和外部评价相结合、直接评价和间接评价相结合的方法。定量评价主要基于课程目标实践评价结果和基于毕业生及用人单位的评价结果（第三方评价机构外部评价）。第三方评价又分为毕业 1 年内毕业生自评（基于学习者体验的间接评价）和用人单位评价（基于人才使用者感受的间接评价）。定性评价为基于课外活动和各类竞赛的评价（第二课堂）。

1. 基于课程目标实践的毕业要求实践度的计算方法

（1）确定支撑毕业要求指标点的课程并计算各门课程的支撑度（课程支撑度 = 课程支撑度赋值 × 课程学分数；支撑度赋值 H=3；M=2；L=1）。

（2）计算各门课程权重（课程权重 = 课程支撑度 / 毕业要求指标点所有课程支撑度之和）。

（3）计算课程对毕业要求指标点实践度的评价值（课程评价值 = 课程权重 × 课程目标实践度）。

（4）计算毕业要求各指标点的实践度值（各课程评价值相加之和），取其中的最小值为该毕业要求的实践度值。

根据《安徽省宿州学院普通本科生学分制管理办法》，学生在学校规定的弹性学制年限内，按照专业培养方案及教学计划要求修满注册专业规定的学分，德、智、体、美、劳达到毕业要求，学校颁发毕业证书；获得毕业证书且学位课程平均成绩点达 2.0（含 2.0），符合学位授予条件者，学校颁发学位证书。为此，本专业设定 0.6 以上为毕业要求基本实践度值，0.7 以上为毕业要求实践度值。

2. 基于毕业生及用人单位外部评价结果的毕业要求实践度评价

本专业毕业要求主观实践情况从“毕业生及用人单位”两个角度进行评价，采用问卷调查方法收集数据，满意率为 85% 以上视为达到实践度值。毕业生自评（基于学习者体验间接评价）：针对全部毕业要求，收集和分析学生学习体验和主观感受，判断各项毕业要求的实践情况。用人单位评价（基于人才使用者感受间接评价）：针对全部毕业要求，收集和分析用人单位对刚毕业学生（毕业 1 年内）能力的评价，判断各项毕业要求的实践情况。

3. 基于第二课堂活动毕业要求的实践度评价

梳理本专业第二课堂体系，建立第二课堂已开展的各类活动或竞赛与专业毕业要求各指标的对应关系。通过对提供的支撑材料的内容和参与学生数等信息作出“实践”或“未实践”的定性评价。

最近一次专业毕业要求实践情况评价结果见表 3-4。

表 3-4　最近一次毕业要求实践情况评价结果

毕业要求	毕业要求实践评价方法		实践情况
	直接评价	间接评价	
毕业要求 1	课堂表现测评、作业检测、期末考试	问卷调查	直接评价实践度为 70%；间接评价实践度为 96.92%
毕业要求 2	课堂表现测评、作业检测、期末考试	问卷调查	直接评价实践度为 70%；间接评价实践度为 98%

续表

毕业要求	毕业要求实践评价方法		实践情况
	直接评价	间接评价	
毕业要求 3	课堂表现测评、作业检测、期末考试	问卷调查	直接评价实践度为 70%；间接评价实践度为 97.83%
毕业要求 4	课堂表现测评、作业检测、期末考试	问卷调查	直接评价实践度为 71%；间接评价实践度为 96.39%
毕业要求 5	课堂表现测评、作业检测、期末考试	问卷调查	直接评价实践度为 71%；间接评价实践度为 95.45%
毕业要求 6	课堂表现测评、作业检测、期末考试	问卷调查	直接评价实践度为 71%；间接评价实践度为 95.45%
毕业要求 7	课堂表现测评、作业检测、期末考试	问卷调查	直接评价实践度为 70%；间接评价实践度为 96.97%
毕业要求 8	课堂表现测评、作业检测、期末考试	问卷调查	直接评价实践度为 71%；间接评价实践度为 95.45%

（二）学生和教师了解毕业要求的渠道及认知情况

外国语学院英语（师范）专业全体师生参与了毕业要求的制订与修改。在起草阶段，外国语学院英语（师范）专业培养方案制订人通过第三方调研机构针对毕业要求进行了调研，在调研基础上形成了毕业要求，并向本专业全体师生公布。在毕业要求确定以后，明确写入培养方案，以学院网页、公务微信群和 QQ 群及教师大会等为契机，向教师进行讲解，并在专业导论课中为学生讲解。

四、本专业毕业要求的达成情况：四个维度分析

（一）维度一：践行师德

1. 师德规范

（1）标准。践行社会主义核心价值观，增进对中国特色社会主义思想的

认同、政治认同、理论认同和情感认同。贯彻党的教育方针，以立德树人为己任。遵守中小学教师职业道德规范，具有依法执教意识，立志成为有理想、有信念、有道德情操、有扎实学识、有仁爱之心的好教师。

（2）师德规范。热爱祖国，自觉贯彻践行社会主义核心价值观，在思想、政治、理论和情感上认同中国特色社会主义，具有依法执教的意识，以立德树人为己任，立志成为有理想、有信念、有道德情操、有扎实学识、有仁爱之心的好教师。

师德规范分指标点实践情况评价依据见表 3-5。

表 3-5　师德规范分指标点实践情况评价依据

专业毕业要求	毕业要求指标点	用于评价的课程	评价方法	评价依据	实践评价周期 / 评价机构和责任人	形成的记录文档	实践情况
师德规范	思想规范	思想道德修养与法律基础、中国近现代史纲要、马克思主义基本原理概论、毛泽东思想和中国特色社会主义理论体系概论、习近平总书记关于教育的重要论述研究、形势与政策、军事训练、军事理论、大学生职业生涯规划、大学生创业就业指导、大学体育、专业导论、专业认知实习、中小学教师职业道德规范与教育法规、毕业论文（设计）、英语课程实践	直接评价	课堂表现测评、作业检测、期末考试	1 年 / 毕业要求实践度工作小组、张雁凌	试卷材料	70%
	师德准则	习近平总书记关于教育的重要论述研究、形势与政策、大学生创业就业指导、专业认知实习、教育学、中小学教师职业道德规范与教育法规、毕业论文（设计）、英语课程实践	直接评价	课堂表现测评、作业检测、期末考试	1 年 / 毕业要求实践度工作小组、张雁凌	试卷材料	71%

续表

专业毕业要求	毕业要求指标点	用于评价的课程	评价方法	评价依据	实践评价周期 / 评价机构和责任人	形成的记录文档	实践情况
师德规范	依法执教	思想道德修养与法律基础、毛泽东思想和中国特色社会主义理论体系概论、形势与政策、专业导论、专业认知实习、中小学教师职业道德规范与教育法规、教育见习、教育实习、英语课程实践	直接评价	课堂表现测评、作业检测、期末考试	1 年 / 毕业要求实践度工作小组、张雁凌	试卷材料	76%

第三方机构调查结果显示：本专业 2021 届毕业生自评，毕业生师德规范表现良好，师德规范的整体实践比例为 99.31%。

第三方机构对毕业生跟踪调查的结果显示：用人单位对毕业生师德规范方面的表现非常满意，认为毕业生能够坚持党的教育方针，热爱英语教育事业，能够践行社会主义核心价值观，总满意度为 96.92%。

本专业第二课堂活动丰富，且面向所有师范生，能有效支撑师德规范毕业要求的实践。通过社团活动、优秀毕业生报告、义务支教、“三下乡”等活动，加强了学生道德修养，培养了学生敬业奉献和立德树人精神，在实践中坚定了学生政治信念，践行社会主义核心价值观。

（3）结论：“师德规范”部分定量评价最终值为 0.70，定性评价结果为“实践”。

①能够认同新时代中国特色社会主义思想，自觉践行社会主义核心价值观，传承和弘扬中华优秀传统文化。支撑本指标点的教学环节共有 16 门课程（含 11 门高关联度课程），44 学分：其中通识课程（11 门）20 学分，占 45.45%；学科课程（5 门），24 学分，占 55.55%。以上教学环节的实施，让师范专业学生具有了崇高的师德意识，具备成为优秀教师的基本素质。本指标点的实践度值为 0.70。

②能够贯彻党和国家有关基础教育的方针政策，确立立德树人的职业理想，立志成为有理想有信念、有道德情操、有扎实学识、有仁爱之心的好教师。支撑本指标点的教学环节共有 8 门课程（含 4 门高关联度课程），22 学分：其中通识课程（3 门）4 学分，占 18.18%；学科课程（5 门），18 学分，占 81.82%。以上教学环节的实施，让师范专业学生坚定了新时代中国特色社会主义的思想，有利于他们在实践中理解和践行社会主义核心价值观。本指标点的实践度值为 0.71。

③能够履行中学教师职业道德规范，依法执教。支撑本指标点的教学环节共有 9 门课程（含 5 门高关联度课程），31 学分：其中通识课程（3 门）7 学分，占 22.58%；学科课程（6 门），1.5 学分，占 77.42%。以上教学环节的实施，让师范专业学生认识到党的教育方针强调“立德树人”，只有从塑造自身良好的道德品质做起，“身正为范”，才能逐步实现“立德树人”。本指标点的实践度值为 0.76。

2. 教育情怀

（1）标准。具有从教意愿，认同教师工作的意义和专业性，具有积极的情感、端正的态度、正确的价值观。具有人文底蕴和科学精神，尊重学生人格，富有爱心、责任心，工作细心、耐心，做学生锤炼品格、学习知识、创新思维、奉献祖国的引路人。

（2）教育情怀。热爱英语教育事业，认同教师职业，忠诚党的教育事业，具有坚定的教育理想、积极向上的精神风貌和良好的人文科学素养，遵循学生的身心发展规律，尊重学生的独立人格，关心爱护学生，工作尽责用心，成为学生全面发展的引路人。

教育情怀分指标点实践情况评价依据见表 3-6。

表 3-6 教育情怀分指标点实践情况评价依据

专业毕业要求	毕业要求指标点	用于评价的课程	评价方法	评价依据	实践评价周期 / 评价机构和责任人	形成的记录文档	实践情况
教育情怀	职业认同	习近平总书记关于教育的重要论述研究、形势与政策、大学生心理健康与安全教育、大学生职业生涯规划、大学生创业就业指导、专业导论、专业认知实习、教师专业发展、教育学、中小学教师职业道德规范与教育法规、现代外语教学理论与实践、教育见习、教育实习、英语课程实践	直接评价	课堂表现测评、作业检测、期末考试	1 年 / 毕业要求实践度工作小组、张雁凌	试卷材料	77%
	职业认同	思想道德修养与法律基础、中国近现代史纲要、马克思主义基本原理概论、习近平总书记关于教育的重要论述研究、形势与政策、大学生心理健康与安全教育、大学语文、专业导论、专业认知实习、英语语法、教师专业发展、普通话、中小学教师职业道德规范与教育法规、教育见习、教育实习、毕业论文（设计）、英语课程实践	直接评价	课堂表现测评、作业检测、期末考试	1 年 / 毕业要求实践度工作小组、张雁凌	试卷材料	70%
	关爱学生	中国近现代史纲要、形势与政策、专业认知实习、心理学、中小学教师职业道德规范与教育法规、中学生品德发展与道德教育、中小学生心理辅导、教育见习、教育实习、英语课程实践	直接评价	课堂表现测评、作业检测、期末考试	1 年 / 毕业要求实践度工作小组、张雁凌	试卷材料	74%

第三方机构调查结果显示：本专业 2021 届毕业生自评，毕业生拥有深厚的教育情怀，教育情怀各方面的实践度均为 100%。

第三方机构对毕业生跟踪调查的结果显示：用人单位对毕业生教育情怀方面的表现非常满意，认为毕业生热爱学生，具有教师责任感，总满意度为 98%。

本专业第二课堂活动丰富，且面向所有师范生，能有效支撑教育情怀毕业要求的实践。学院定期邀请中学优秀教师作师德报告，学生参加义务支教活动、新生入学教育等，增强了师范生的教师职业认同感。丰富多彩的校园主题教育活动和创新创业活动，培养了学生的人文和科学素养，使其养成积极向善的情感。

（3）结论。“教育情怀”部分定量评价最终值为 0.70，定性评价结果为“实践”。

①能够热爱教师职业，对教师职业的意义和性质认识充分。支撑本指标点的教学环节共有 14 门课程（含 9 门高关联度课程），36 学分：其中通识课程（5 门）7 学分，占 19.44%；学科课程（9 门），29 学分，占 80.56%。以上教学环节的实施，让师范专业学生了解了教师工作的意义和性质，促进其对教师职业的认同和热爱。本指标点的实践度值为 0.77。

②具有较好的人文科学素养，养成积极向上的精神风貌。支撑本指标点的教学环节共有 17 门课程（含 10 门高关联度课程），50 学分：其中通识课程（7 门）15 学分，占 30.00%；学科课程（10 门），35 学分，占 70.00%。以上教学环节的实施，让师范专业学生具备了崇高而坚定的教育理想和良好的人文科学素养，形成了积极向上的精神风貌。本指标点的实践度值为 0.70。

③能够关爱学生，以生为本，富有爱心、责任心、耐心和细心，工作尽责用心，成为学生全面发展的引路人。支撑本指标点的教学环节共有 10 门课程（含 8 门高关联度课程），32.5 学分：其中通识课程（2 门）4 学分，占 12.31%；学科课程（8 门），28.5 学分，占 87.69%。

以上教学环节的实施，让师范专业学生学会关爱学生的重要性，懂得以生为本，对学生富有爱心、责任心、耐心和细心，在工作中做到尽心尽责。本指标点的实践度值为 0.74。

（二）维度二：学会教学

1. 学科素养

（1）标准。掌握所教学科的基本知识、基本原理和基本技能，理解学科知识体系基本思想和方法。了解所教学科与其他学科的联系，了解所教学科与社会实践的联系，对学习学科相关知识有一定的了解。

（2）学科素养。理解英语学科知识体系，掌握英语语言基本知识和技能，了解相关的跨学科知识，掌握语言学习的基本理论与方法，能够把英语语言和专业知识灵活运用于实践。

第三方机构调查结果显示：本专业 2021 届毕业生自评，毕业生学科素养良好，学科素养整体实践比例为 97.83%。

第三方机构对毕业生跟踪调查的结果显示：用人单位对毕业生学科素养方面的表现非常满意，认为毕业生基本功扎实，总满意度为 98%。

学科素养分指标点实践情况评价依据见表 3-7。

表 3-7　学科素养分指标点实践情况评价依据

专业毕业要求	毕业要求指标点	用于评价的课程	评价方法	评价依据	实践评价周期 / 评价机构和责任人	形成的记录文档	实践情况
学科素养	基本能力	专业导论、英语国家概况、英语学习策略、英汉语言对比、综合英语、英语听力、英语视听说、英语口语、翻译理论与实践、英语阅读、英语阅读与写作、英语语法、英语演讲、实用跨文化交际、教育见习、毕业论文（设计）、英语课程实践、英文短篇小说赏析、英语诗歌赏析、同声传译入门、应用翻译	直接评价	课堂表现测评、作业检测、期末考试	1 年 / 毕业要求实践度工作小组、张雁凌	试卷材料	70%

续表

专业毕业要求	毕业要求指标点	用于评价的课程	评价方法	评价依据	实践评价周期 / 评价机构和责任人	形成的记录文档	实践情况
学科素养	学科素养	专业导论、英语国家概况、英语学习策略、英汉语言对比、综合英语、英语听力、英语视听说、翻译理论与实践、英语阅读、英语阅读与写作、英国文学、美国文学、英语语言学、实用跨文化交际、毕业论文（设计）、英语课程实践、中西文化导论、中国文化概论、英文短篇小说赏析、英语诗歌赏析、英语教学研究方法	直接评价	课堂表现测评、作业检测、期末考试	1 年 / 毕业要求实践度工作小组、张雁凌	试卷材料	70%
	整合知识	第二外语、计算机应用技术、大学语文、英汉语言对比、综合英语、英语阅读、英语阅读与写作、英语语言学、普通话、现代教育技术、现代外语教学理论与实践、毕业论文（设计）、英语课程实践、商务礼仪、旅游英语、英语外贸函电、实用电子商务、商务英语、中西文化导论、中国文化概论	直接评价	课堂表现测评、作业检测、期末考试	1 年 / 毕业要求实践度工作小组、张雁凌	试卷材料	71%
	学习策略	英汉语言对比、语言与逻辑、综合英语、英语听力、英语口语、英语阅读、英语阅读与写作、现代教育技术、毕业论文（设计）、英语课程实践、商务礼仪、旅游英语、英语外贸函电、实用电子商务、商务英语	直接评价	课堂表现测评、作业检测、期末考试	1 年 / 毕业要求实践度工作小组、张雁凌	试卷材料	71%

学院数量充足、形式丰富、面向所有师范生的第二课堂活动能较好地支撑学科素养毕业要求的实践。学院为学生创建了读书园、班级读书角，定期开展读书活动；英语演讲、口译、翻译、辩论等各类学科竞赛的开展，提升了他们的学科素养。

（3）结论。“学科素养”部分定量评价最终值为0.70，定性评价结果为“实践”。

①能够系统地掌握英语语言基础知识，具备良好的听、说、读、写、译等基本技能，能够比较准确、流畅、得体地使用英语。支撑本指标点的教学环节共有21门课程（含19门高关联度课程），50学分：其中通识课程（0门）0学分，占0%；学科课程（21门），50学分，占100%。以上教学环节的实施，让师范专业学生能够系统地掌握英语语言的基础知识，具备扎实的基本技能，在交际中可以准确、流畅并且得体地使用英语。本指标点的实践度值为0.70。

②掌握英语语言、文学、文化等基本理论知识，能够在语言学习与教育教学实践中分析语言文化现象，解决问题。支撑本指标点的教学环节共有21门课程（含14门高关联度课程），44学分：其中通识课程（0门）0学分，占0%；学科课程（21门），44学分，占100%。以上教学环节的实施，为师范专业学生提供关于英语语言及其相关的文学、文化、国别与区域等知识，帮助学生学会在教育教学实践中处理各种实际问题。本指标点的实践度值为0.70。

③能够了解与语言学科相关的知识，能够整合相关知识并应用到英语语言教学实践中。支撑本指标点的教学环节共有21门课程（含16门高关联度课程），48学分：其中通识课程（3门）7学分，占14.58%；学科课程（18门），41学分，占85.42%。以上教学环节的实施，帮助师范专业学生了解英语学科与相关学科，将整合的相关知识应用于英语教学实践。本指标点的实践度值为0.71。

④掌握英语学习的基本方法，形成有效的学习策略。支撑本指标点的教学环节共有15门课程（含12门高关联度课程），35学分：其中通识课程

（0 门）0 学分，占 0%；学科课程（15 门），35 学分，占 100%。以上教学环节的实施，帮助师范专业学生掌握基本的英语学习方法，掌握有效可行的学习策略，并具备一定的国际视野和文化，尤其是跨文化交际意识。本指标点的实践度值为 0.71。

2. 教学能力

（1）标准。在教育实践中，能够依据所教学科课程标准，针对中学生身心发展和学科认知的特点，运用学科教学知识和信息技术，对教学进行设计、实施和评价，获得教学体验，具备教学基本技能，具有初步的教学能力和一定的教学研究能力。

（2）教学能力。掌握现代教育教学理论、英语学科教学知识和中学生认知特点，准确理解学科课程标准的内涵和要点，能够依据英语课程标准有效利用英语学科知识和现代信息技术进行教学设计与实施、评价与反思，具备初步的教学能力和教学研究能力。

教学能力分指标点实践情况评价依据见表 3-8。

表 3-8　教学能力分指标点实践情况评价依据

专业毕业要求	毕业要求指标点	用于评价的课程	评价方法	评价依据	实践评价周期 / 评价机构和责任人	形成的记录文档	实践情况
教学能力	专业知识	计算机应用技术、英汉语言对比、心理学、教育学、现代教育技术、中小学生心理辅导、现代外语教学理论与实践、教育见习、教育研习、教育实习、毕业论文（设计）、英语课程实践、中西文化导论、班级管理、英语课程与教学论、英语教师口语与礼仪、中学英语教材研究与设计	直接评价	课堂表现测评、作业检测、期末考试	1 年 / 毕业要求实践度工作小组、张雁凌	试卷材料	71%

续表

专业毕业要求	毕业要求指标点	用于评价的课程	评价方法	评价依据	实践评价周期 / 评价机构和责任人	形成的记录文档	实践情况
教学能力	信息素养	计算机应用技术、第二语言习得、心理学、现代教育技术、教育见习、教育实习、毕业论文（设计）、英语课程实践、英语课程与教学论	直接评价	课堂表现测评、作业检测、期末考试	1 年 / 毕业要求实践度工作小组、张雁凌	试卷材料	71%
	教学设计	英汉语言对比、现代教育技术、现代外语教学理论与实践、教育研习、教育实习、毕业论文（设计）、英语课程实践、英语课程与教学论、英语教师口语与礼仪、中学英语教材研究与设计	直接评价	课堂表现测评、作业检测、期末考试	1 年 / 毕业要求实践度工作小组、张雁凌	试卷材料	71%

第三方机构调查结果显示：本专业 2021 届毕业生自评，毕业生教学能力突出，教学能力的整体实践比例为 96.39%。

第三方机构对毕业生跟踪调查的结果显示：用人单位对毕业生教学能力方面的表现非常满意，认为毕业生教学基本功扎实，能有效使用现代化教学手段和技术，总满意度为 100%。

学院组织师范生进行“三字一话 / 画”训练，参加师范生教学技能大赛、义务支教、英语（师范）专业技能竞赛、实习经验交流会、通读中学英语教材等第二课堂活动，为师范生教学能力毕业要求的实践提供了有力支撑。

（3）结论。“教学能力”部分定量评价最终值为 0.71，定性评价结果为“实践”。

①掌握心理学、教育学、英语学科教学等相关理论知识，了解中学生身心发展的一般规律和认知特点，理解英语课程标准的内涵和要点。支撑本

指标点的教学环节共有 17 门课程（含 6 门高关联度课程），51.5 学分：其中通识课程（1 门）2 学分，占 3.88%；学科课程（16 门），49.5 学分，占 96.12%。以上教学环节的实施，帮助师范专业学生掌握基础教育学、心理学和英语学科教学的相关理论知识，了解中学生身心发展的一般规律和认知特点，深刻理解英语课程标准内涵的要点。本指标点的实践度值为 0.71。

②能够掌握现代信息技术手段，具备英语教学设计、课堂教学、学业评价等基本教学技能。支撑本指标点的教学环节共有 9 门课程（含 5 门高关联度课程），39 学分：其中通识课程（1 门）2 学分，占 5.13%；学科课程（8 门），37 学分，占 94.87%。以上教学环节的实施，帮助师范专业学生掌握及熟练使用现代教育手段，并能科学地进行英语教学设计、课堂教学和学业评价。本指标点的实践度值为 0.71。

③能够依据英语课程标准进行教材分析、学情分析，独立备课、上课、批改作业，形成一定的教学经验，并能够有效地将教学研究应用于教学实践。支撑本指标点的教学环节共有 10 门课程（含 8 门高关联度课程），40 学分：其中通识课程（0 门）0 学分，占 0%；学科课程（10 门），40 学分，占 100%。以上教学环节的实施，帮助师范专业学生学会依据英语课程标准分析教材、学情，能够独立备课、上课和批改作业，具有一定的教学经验并独立有效地进行教学研究。本指标点的实践度值为 0.71。

（三）维度三：学会育人

1. 班级指导

（1）标准。树立德育为先的理念，了解中学德育原理与方法。掌握班级组织与建设的工作规律和基本方法。能够在班主任工作实践中，参与德育和心理健康教育等教育活动的组织与指导，获得积极体验。

（2）班级指导。树立德育为先理念，掌握班级管理的原则、方法和基本规律，了解班主任工作的特点，在班级管理中注重德育教育和心理健康教育，能较好地开展班级工作，在班级建设指导中获得积极体验，积累德育工作经验。

班级指导分指标点实践情况评价依据见表 3-9。

表 3-9　班级指导分指标点实践情况评价依据

专业毕业要求	毕业要求指标点	用于评价的课程	评价方法	评价依据	实践评价周期 / 评价机构和责任人	形成的记录文档	实践情况
班级指导	育德意识	教育学、中学生品德发展与道德教育、现代外语教学理论与实践、教育见习、教育研习、教育实习、毕业论文（设计）、英语课程实践、班级管理	直接评价	课堂表现测评、作业检测、期末考试	1 年 / 毕业要求实践度工作小组、张雁凌	试卷材料	71%
	班级管理	心理学、中学生品德发展与道德教育、中小学生心理辅导、教育实习、英语课程实践、班级管理	直接评价	课堂表现测评、作业检测、期末考试	1 年 / 毕业要求实践度工作小组、张雁凌	试卷材料	74%
	心理辅导	心理学、中学生品德发展与道德教育、中小学生心理辅导、教育研习、教育实习、英语课程实践、班级管理、英语教师口语与礼仪	直接评价	课堂表现测评、作业检测、期末考试	1 年 / 毕业要求实践度工作小组、张雁凌	试卷材料	74%

第三方机构调查结果显示：本专业 2021 届毕业生自评，毕业生班级指导能力较强，班级指导能力的整体实践比例为 99.27%。

第三方机构对毕业生跟踪调查的结果显示：用人单位对毕业生班级指导方面的表现比较满意，认为毕业生班级管理能力较强，能有效开展班级活动，总满意度为 95.45%。

班级定期开展主题班会、主题团日、义务支教活动，培养师范生体验班级文化建设和组织主题班会的能力，为班级指导毕业要求的实践提供有力支撑。

（3）结论。“班级指导”部分定量评价最终值为 0.71，定性评价结果为“实践”。

①掌握中学德育目标与内涵，学会利用班级活动对学生进行德育教育。支撑本指标点的教学环节共有 9 门课程（含 5 门高关联度课程），37 学分：其中通识课程（0 门）0 学分，占 0%；学科课程（9 门），37 学分，占 100%。以上教学环节的实施，帮助师范专业学生了解中学德育的目标和内涵及班主任工作的方式和方法，学会将班级活动与德育教育相结合。本指标点的实践度值为 0.71。

②掌握班级指导技能与方法，具有班主任工作体验，深刻认知班主任工作的特点。支撑本指标点的教学环节共有 6 门课程（含 6 门高关联度课程），26.5 学分:其中通识课程（0 门）0 学分，占 0%;学科课程（6 门），26.5 学分，占 100%。以上教学环节的实施，帮助师范专业学生掌握班级指导的技能与方法，能够有效体验班主任的具体工作，了解班主任的工作特点。本指标点的实践度值为 0.74。

③熟悉中学生心理发展特征，能够有针对性地对学生进行心理辅导。支撑本指标点的教学环节共有 8 门课程（含 6 门高关联度课程），29.5 学分：其中通识课程（0 门）0 学分，占 0%；学科课程（8 门），29.5 学分，占 100%。以上教学环节的实施，帮助师范专业学生掌握中学生心理发展的特征与规律，在教育实习实践教学中，有针对性地对学生进行科学的心理辅导。本指标点的实践度值为 0.74。

2. 综合育人

（1）标准。了解中学生身心发展和养成教育规律。理解学科育人价值，能够有机结合学科教学进行育人活动。了解学校文化和教育活动的育人内涵和方法，参与组织主题教育和社团活动，对学生进行教育和引导。

（2）综合育人。了解并遵循中学生身心发展和养成教育规律，初步掌握综合育人路径和方法，理解英语学科育人功能，能够在教育教学实践中开展育人活动，挖掘和运用英语学科的德育元素和资源；了解学校环境和文化的育人价值，初步掌握在校园文化活动中开展主题教育和社团育人的原则和策略，促进学生全面发展。

综合育人分指标点实践情况评价依据见表 3-10。

表 3-10 综合育人分指标点实践情况评价依据

专业毕业要求	毕业要求指标点	用于评价的课程	评价方法	评价依据	实践评价周期 / 评价机构和责任人	形成的记录文档	实践情况
综合育人	课程育人	军事训练、军事理论、大学体育、英语国家概况、教师专业发展、心理学、教育学、中学生品德发展与道德教育、教育研习、教育实习、毕业论文（设计）、英语课程实践	直接评价	课堂表现测评、作业检测、期末考试	1 年 / 毕业要求实践度工作小组、张雁凌	试卷材料	71%
	课程育人	第二外语、英语国家概况、综合英语、现代外语教学理论与实践、教育实习、毕业论文（设计）、英语课程实践	直接评价	课堂表现测评、作业检测、期末考试	1 年 / 毕业要求实践度工作小组、张雁凌	试卷材料	71%
	活动育人	军事训练、专业导论、英语国家概况、英语演讲、教育学、教育实习、毕业论文（设计）、英语课程实践	直接评价	课堂表现测评、作业检测、期末考试	1 年 / 毕业要求实践度工作小组、张雁凌	试卷材料	71%

第三方机构调查结果显示：本专业 2021 届毕业生自评，毕业生综合育人能力较强，整体实践比例为 97.07%。

第三方机构对毕业生跟踪调查的结果显示：用人单位对毕业生综合育人方面的表现比较满意，认为毕业生在英语教学中能关心学生成长，做到既教书又育人；能够参与组织各类活动，对学生进行教育和引导，总满意度为 95.45%。

学院定期开展主题班会、团日活动、义务支教及其他主题教育活动，如志愿者活动、雷锋月实践等，实现了校园文化活动育人的目标，为综合育人毕业要求的实践提供了有力支撑。

（3）结论。“综合育人”部分定量评价最终值为 0.71，定性评价结果为“实践”。

①掌握中学生思想品德培育、人格塑造、行为习惯养成的过程与方法，具有促进学生全面健康发展的能力。支撑本指标点的教学环节共有 14 门课程（含 8 门高关联度课程），43 学分：其中通识课程（3 门）5 学分，占 11.63%；学科课程（11 门），38 学分，占 88.37%。以上教学环节的实施，帮助师范专业学生学会如何培育中学生良好的思想品德、帮助中学生塑造健全的人格、养成良好的行为习惯，可以促进学生全面健康发展。本指标点的实践度值为 0.71。

②掌握英语学科育人功能，在英语教学实践中坚持正确的价值引领，将学生的知识学习、能力发展与德育教育有机结合。支撑本指标点的教学环节共有 7 门课程（含 2 门高关联度课程），37 学分：其中通识课程（1 门）3 学分，占 8.11%；学科课程（6 门），34 学分，占 91.89%。以上教学环节的实施，帮助师范专业学生掌握英语学科育人的功能，在实习实践教育中坚持正确的价值导向，将学生的知识学习、能力发展和德育教育有机结合。本指标点的实践度值为 0.71。

③掌握学校文化和教育活动的育人价值，能够在教育实践中设计与指导具有英语学科特点的课外活动或社团活动，从而促进学生全面发展。支撑本指标点的教学环节共有 8 门课程（含 3 门高关联度课程），28 学分：其中通识课程（1 门）2 学分，占 7.14%；学科课程（7 门），26 学分，占 92.86%。以上教学环节的实施，帮助师范专业学生学会如何利用学校文化和教育活动进行育人，进而促进学生的全面发展。本指标点的实践度值为 0.71。

3. 学会反思

（1）标准。具有终身学习与专业发展意识。了解国内外基础教育改革发展动态，能够适应时代和教育发展需求，进行学习和职业生涯规划。初步掌握反思方法和技能，具有一定创新意识，运用批判性思维方法，学会分析和解决教育教学问题。

（2）学会反思。具有专业发展意识和终身学习理念，能够根据教育发展需求制订专业学习和职业发展规划；具备一定的创新意识，敢于探索创新，能够运用批判性思维方法，初步学会分析和解决教育教学实际问题。

学会反思分指标点实践情况评价依据见表 3-11。

表 3-11　学会反思分指标点实践情况评价依据

专业毕业要求	毕业要求指标点	用于评价的课程	评价方法	评价依据	实践评价周期 / 评价机构和责任人	形成的记录文档	实践情况
学会反思	职业规划	大学生职业生涯规划、专业导论、学术论文写作、教育见习、教育研习、英语课程实践	直接评价	课堂表现测评、作业检测、期末考试	1 年 / 毕业要求实践度工作小组、张雁凌	试卷材料	78%
	批判创新	马克思主义基本原理概论、形势与政策、第二外语、专业导论、英语学习策略、英汉语言对比、语言与逻辑、第二语言习得、英语口语、英语语法、英语演讲、英国文学、美国文学、英语语言学、学术论文写作、毕业论文（设计）、英语课程实践、英语教学研究方法	直接评价	课堂表现测评、作业检测、期末考试	1 年 / 毕业要求实践度工作小组、张雁凌	试卷材料	71%

续表

专业毕业要求	毕业要求指标点	用于评价的课程	评价方法	评价依据	实践评价周期 / 评价机构和责任人	形成的记录文档	实践情况
学会反思	自我改进	毛泽东思想和中国特色社会主义理论体系概论、专业导论、第二语言习得、学术论文写作、教育见习、教育研习、教育实习、毕业论文（设计）、英语课程实践、英语教学研究方法、中学英语教材研究与设计	直接评价	课堂表现测评、作业检测、期末考试	1 年 / 毕业要求实践度工作小组、张雁凌	试卷材料	70%

第三方机构调查结果显示：本专业 2021 届毕业生自评，毕业生反思能力较强，学会反思能力的整体实践比例为 98.51%。

第三方机构对毕业生跟踪调查的结果显示：用人单位认为毕业生具有一定的创新意识和独立思考能力，能够就教学中的实际问题进行探究，在教学中不断总结反思，改进教学，总满意度为 96.97%。

本专业学生参加校内外社团、社会实践活动，如“互联网 +”大学生创新创业大赛等，强化了师范生职业发展意识和创新意识；学生参加辩论赛、师范生技能大赛、教师教科研项目等活动，将所学知识和能力运用于问题解决，培养了其反思意识和批判性思维能力，为学会反思毕业要求的实践提供了有力支撑。

（3）结论。“学会反思”部分定量评价最终值为 0.70，定性评价结果为“实践”。

①掌握教师专业发展的核心内容、发展阶段与路径方法，把握国内外基础教育英语课程改革前沿动态，结合自身实际制订职业发展规划。支撑本指标点的教学环节共有 6 门课程（含 2 门高关联度课程），25 学分：其中通识课程（1 门）1 学分，占 4.00%；学科课程（5 门），24 学分，占 96.00%。以上教学环节的实施，帮助师范专业学生了解教师专业发展的核心内容、发展阶段与路径，熟悉国内外基础教育英语课程改革的动态，并根据自身特征制订科学的职业发展规划。本指标点的实践度值为 0.78。

②能够在学习过程中学会质疑、求证和判断，掌握基本的批判性思维方法和反思技能。支撑本指标点的教学环节共有19门课程（含10门高关联度课程），43学分:其中通识课程（3门）8学分，占18.60%;学科课程（16门），35学分，占81.40%。以上教学环节的实施，帮助师范专业学生培养批判性思维能力、质疑权威的精神和反思的技能，并学会求证和判断。本指标点的实践度值为0.70。

③能够在实践中发现问题，收集信息，总结反思、自我诊断和自我改进。支撑本指标点的教学环节共有10门课程（含8门高关联度课程），38学分：其中通识课程（1门）2学分，占5.26%；学科课程（7门），36学分，占94.74%。以上教学环节的实施，帮助师范专业学生在实习实践教育过程中主动发现问题，并学会根据信息进行反思总结，自我诊断，并进行自我改进，解决问题。本指标点的实践度值为0.71。

（四）维度四：学会发展

沟通合作

（1）标准。理解学习共同体的作用，具有团队协作精神，掌握沟通合作技能，具有小组互助和合作学习体验。

（2）沟通合作。具有共同学习提高的意识，具备良好的团队协作精神、表达与沟通能力，能够在专业学习与教学实践中与团队成员互助合作、分享经验，和谐共进。能够有效交流沟通，在跨学科、跨文化背景下的团队中发挥作用。

第三方机构调查结果显示：本专业2021届毕业生自评，毕业生沟通合作能力较强，整体实践比例为98.52%。

第三方机构对毕业生跟踪调查的结果显示：用人单位认为毕业生具有较好的人际沟通能力和团队合作能力，能与学生家长、同事进行有效交流沟通，总满意度为95.45%。

沟通合作分指标点实践情况评价依据见表3-12。

表 3-12 沟通合作分指标点实践情况评价依据

专业毕业要求	毕业要求指标点	用于评价的课程	评价方法	评价依据	实践评价周期 / 评价机构和责任人	形成的记录文档	实践情况
沟通合作	共同学习	中国近现代史纲要、形势与政策、第二外语、军事训练、军事理论、大学生职业生涯规划、大学生创业就业指导、创新创业教育、专业导论、英语听力、英语视听说、英语口语、教师专业发展、毕业论文（设计）、英语课程实践、同声传译入门、应用翻译、中学英语教材研究与设计	直接评价	课堂表现测评、作业检测、期末考试	1 年 / 毕业要求实践度工作小组、张雁凌	试卷材料	71%
	共同学习	中国近现代史纲要、毛泽东思想和中国特色社会主义理论体系概论、大学生心理健康与安全教育、军事理论、大学生创业就业指导、创新创业教育、英语演讲、普通话、教育学、现代外语教学理论与实践、教育见习、教育研习、教育实习、毕业论文（设计）、英语课程实践、班级管理、英语教学研究方法、中学英语教材研究与设计	直接评价	课堂表现测评、作业检测、期末考试	1 年 / 毕业要求实践度工作小组、张雁凌	试卷材料	71%
	沟通合作	思想道德修养与法律基础、马克思主义基本原理概论、大学生心理健康与安全教育、创新创业教育、大学语文、英语口语、中小学生心理辅导、教育见习、教育研习、教育实习、毕业论文（设计）、英语课程实践、商务礼仪、旅游英语、英语外贸函电、实用电子商务、商务英语、中西文化导论	直接评价	课堂表现测评、作业检测、期末考试	1 年 / 毕业要求实践度工作小组、张雁凌	试卷材料	71%

学生参加义务支教、教学开放日、志愿者活动、公益活动、“三下乡”活动、暑期社会实践调查等，培养了学生的团队协作与沟通能力，为沟通合作毕业要求的实践提供了有力支撑。

（3）结论。“沟通合作”部分定量评价最终值为0.71，定性评价结果为“实践”。

①能够在课内外学习活动中理解和体验学习共同体的特点与价值，掌握团队协作学习的知识和技能。支撑本指标点的教学环节共有17门课程（含5门高关联度课程），37学分：其中通识课程（8门）15学分，占40.54%；学科课程（9门），22学分，占59.46%。以上教学环节的实施，帮助师范专业学生通过课内外活动提高团队意识，理解和体验学习共同体的特点与价值，学会如何在团队中有效合作。本指标点的实践度值为0.71。

②能够在教学实践中观摩互助、合作研究、小组实习，乐于分享交流，共同分析、解决问题。支撑本指标点的教学环节共有18门课程（含8门高关联度课程），49学分：其中通识课程（6门）11学分，占22.45%；学科课程（12门），38学分，占77.55%。以上教学环节的实施，帮助师范专业学生在实习实践教育过程中开展观摩互助、合作研究、小组实习，共同探讨并解决问题。本指标点的实践度值为0.71。

③具有良好的社会适应性，在教育实践中获得与学校领导、同事、学生、家长及社区沟通交流的技能及体验。能够在跨学科、跨文化的团队合作中发挥积极作用。支撑本指标点的教学环节共有18门课程（含7门高关联度课程），58.5学分:其中通识课程（5门）12学分，占20.51%;学科课程（13门），46.5学分，占79.49%。以上教学环节的实施，帮助师范专业学生在实习实践教育过程中学会与学校领导、同事、学生、家长及社区沟通交流。本指标点的实践度值为0.71。

第四章　OBE 理念的课程开设与教学实施

一、OBE 理念的课程设置

课程开设与教学实施体现国家对专业人才培养体系和运行过程的质量要求，对毕业要求具有重要的支撑作用。课程是专业建设的核心要素，本书中所称的课程，包括课堂教学、实验实习、实践教学、第二课堂、国内外游学、访学等所有的教学环节。重点关注三个方面：一是课程体系对毕业要求的支撑情况；二是课程教学对毕业要求的落实情况；三是课程与教学的评价与改进情况。具体包括课程设置、课程结构、课程内容、课程实施和课程评价5个二级指标。

课程设置应符合中学教师专业标准和教师教育课程标准的要求，能够支撑毕业要求的达成。

合理设置课程并有效实施是提高师范人才培养质量的关键。该指标要求依据《中学教师专业标准（试行）》和《教师教育课程标准（试行）》所规定的关于中学教师素质能力的要求，构建能够覆盖和有效支撑专业毕业要求的课程体系，体现“师德为先、学生为本、能力为重、终身学习”的基本理念，以“专业理念与师德、专业知识、专业能力”为基本内容，加强课程设置的综合性与整体性，促进师范生全面发展，形成乐教适教的综合素质，具备终身学习与持续发展的潜能。

第一，专业课程体系对毕业要求的支撑关系清晰明确，每个毕业要求的指标点均有课程和相应的教学环节支撑，并以课程矩阵的形式呈现。

第二，课程设置符合《中学教师专业标准（试行）》对中学教师专业素质能力的要求；能够按照《教师教育课程标准（试行）》和《教育部关于加强师范生教育实践的意见》的要求，开设教师教育课程和教育实践类课程。

第三，专业课程（含主要教学环节）教学大纲完备，课程目标清晰合理，能够准确表达课程学习后学生的知识获得和能力发展，课程目标与毕业要求指标点间有明确的对应关系。

课程内容注重基础性、科学性、实践性，将社会主义核心价值观、师德教育有机融入课程教学中。选用优秀教材，吸收学科前沿知识，引入课程改革和教育研究最新成果、优秀中学教育教学案例，并能够结合师范生学习状况及时更新、完善课程内容。

课程内容的选择决定着学习内容，规定着学习者“知什么、会什么”，直接影响着毕业要求的达成。该指标要求将毕业要求与课程内容对接，注重课程内容选择的专业性，系统设计和选择专业特点鲜明并能够体现中学教师职业要求的课程内容；注重课程内容选择的思想性，坚持正确的价值取向，将社会主义核心价值观、师德教育有机融入课程教学内容；注重课程内容选择的前瞻性，关注学科发展动态，吸收学科前沿知识，引入中学课程改革和教育研究最新成果、优秀教育教学案例等，及时更新、完善课程内容；注重优质课程资源开发，选用优秀教材进行专业教学。

明确专业课程与相关毕业要求的对应关系，以此为基础设计和确定课程目标，按照课程目标选择课程内容，使每项毕业要求都有相应的课程和教学内容予以支撑。

课程内容选择能够体现社会主义核心价值观、师德教育等方面内容，在课堂教学、教育实践等教学环节中，能够多途径融入师范生思想政治教育和师德养成教育。

能够根据学科发展、基础教育课程教学改革和学生学习需要，及时更新、丰富和优化课程内容，形成课程内容动态调整机制。

建立教材选用和管理制度，包括教材使用申报制度、教材遴选审核制度、国外优秀教材的引入制度等，专业教材开发和建设取得一定成绩。

课程评价，定期评价课程体系的合理性和课程目标的达成度，并能够根据评价结果进行修订，评价与修订过程应有利益相关方参与。

课程评价反映课程目标实现程度和师范生的学习成效，是对课程与教学环节毕业要求达成情况的有效监控。该指标要求建立科学合理的课程评价制度，包括评价原则、评价标准、评价组织、评价方法、评价反馈与改进等方面；要定期对课程体系的合理性和课程目标的达成度进行评价，并根据评价结果及时修订培养方案，推进课程建设和教学改革；要改革教师课堂教学评价和学生学业评价，注重过程评价和多元评价，以调动教师教学和学生学习的积极性；在课程教学评价过程中，教学管理者、教师、学生和用人单位及其他利益相关方能够积极参与，并提出合理意见。

一是本专业从评价原则、评价标准、评价组织、评价方法、评价反馈与改进等方面，建立较为健全的课程评价制度，形成评价信息收集、整理、分析、反馈和改进的课程评价闭路循环机制。

二是对照毕业要求指标点定期开展课程体系的合理性评价，证明课程对毕业要求的支撑作用，课程目标与毕业要求指标点的对应关系。通过举证，发现薄弱环节和存在问题，及时修订人才培养方案，优化课程体系。

三是能够紧扣毕业要求指标点和课程目标定期开展课程目标达成度评价，查找教学活动短板并改进提高，评价方法合理，可操作。有专业负责人、任课教师、学生自身、中学教师等多元评价主体参与实施课程评价。有对学生各类学习表现和成果的定性评价信息，以及各类课程考核的定量数据，采用定性与定量相结合的评价方法，对每项课程目标达成情况进行评价。评价过程记录完整，可追踪。

四是立足学生学习成效与质量，改革教师课堂教学评价和学生学业评价方式，注重过程评价和多元评价，以发现课程教学中存在的问题，采取持续改进措施，努力提高课程教学质量。

五是在课程教学评价和修订过程中，有教学管理者、教师、学生和用人单位及其他利益相关方参与，并提出合理意见。

课程设置符合中学教师专业标准和教师教育课程标准的要求，能够支撑毕业要求实践。

（一）现行培养方案中课程体系整体架构与特点，学分认定的规则，专业课程设计一览表及课程拓扑图

1. 课程体系整体架构与特点概况

英语（师范）专业人才培养方案基于“铸师德”“厚基础”“重实践”“强师能”的人才培养特色和优势，课程体系由三平台、九模块构成。结构清晰，指向明确，占比合理，详见表 4-1。

表 4-1　专业课程体系整体架构

平台	课程模块		修读学分安排	学时安排			修读性质	占总学分（%）	
				理论学时	实践学时	总计			
通识教育	必修课程		38	505	128	633	必修	22	30
	限选课程		6	32	128	160	限选	8	
	选修课程		7	96	16	112	选修		
专业教育	专业核心课程		56	648	520	1168	必修	33	50
	专业拓展课程		10	160	0	160	选修	6	
	教师教育课程		14	180	59	239	必修	8	
	教师教育拓展课程		5	64	58	122	选修	3	
实践教学	专业实践	专业实习	10				必修	6	20
		专业实践课程	3				必修	2	
		毕业论文	6				必修	4	
	综合拓展课程	素质拓展实践课程	13				必修	8	
总计			168	1685	909	2594		100	

续表

平台	课程模块	修读学分安排	学时安排			修读性质	占总学分（%）
			理论学时	实践学时	总计		
选修课程学分及学分比例	通识教育选修课程 13 学分 + 专业选修课程 10 学分 + 教师教育选修课程 5 学分 =28 学分，占总学分 17%						
实践总学分及学分比例	专业实践 19 学分 + 素质拓展实践课程 13 学分 + 实践课时"42 学分 =64 学分"，占总学分 44%						

2. 学分认定规则

英语（师范）专业 2022 版《人才培养方案》的毕业总学分要求为 168。原则上理论课 16 课时计 1 学分，实验、实训、上机操作等实践课 32 课时计 1 学分。集中进行的教师教育类专业技能考核、研习、见习、实习和英语课程实践等环节，2 周计 1 学分。

3. 课程设置一览表

具体的课程设置见表 4-2。

表 4-2　课程设置

课程平台	课程模块	课程编号	课程名称	总学分	总学时	理论学时	课内实验学时	课内实训或技能学时	独立设置实验学时	集中实践学时	开设学期	考核类型
专业课程平台	专业核心课程	22ZH011401	专业导论	1	16	16					1	考查
		22ZH011402	综合英语（一）	3	64	32	32				1	考试
		22ZH011403	英语语法（一）	2	32	32					1	考试
		22ZH011404	英语语音	1	32	8	24				1	考查
		22ZH011405	英语口语（一）	1	32	8	24				1	考查
		22ZH011406	英语视听说（一）	1.5	32	16	16				1	考查
		22ZH011407	英语阅读（一）	1.5	32	16	16				1	考试

续表

课程平台	课程模块	课程编号	课程名称	总学分	总学时	理论学时	课内实验学时	课内实训或技能学时	独立设置实验学时	集中实践学时	开设学期	考核类型
专业课程平台	专业核心课程	22ZH011408	综合英语（二）	3	64	32	32				2	考试
		22ZH011409	英语语法（二）	2	32	32	0				2	考试
		22ZH011410	英语口语（二）	1	32	8	24				2	考查
		22ZH011411	英语视听说（二）	1.5	32	16	16				2	考查
		22ZH011412	英语演讲与辩论（一）	1.5	32	16	16				2	考查
		22ZH011413	英语阅读（二）	1.5	32	16	16				2	考试
		22ZH011414	英语写作（一）	1.5	32	16	16				2	考试
		22ZH011415	综合英语（三）	3	64	32	32				3	考试
		22ZH011416	英语视听说（三）	1.5	32	16	16				3	考查
		22ZH011417	英语演讲与辩论（二）	1.5	32	16	16				3	考查
		22ZH011418	英语阅读（三）	1.5	32	16	16				3	考查
		22ZH011419	英语写作（二）	1.5	32	16	16				3	考试
		22ZH011420	西方文明史	2	32	32					3	考查
		22ZH011421	综合英语（四）	3	64	32	32				4	考试
		22ZH011422	英语写作（三）	1.5	32	16	16				4	考查
		22ZH011423	英汉 / 汉英笔译（一）	1.5	32	16	16				4	考试
		22ZH011424	高级英语（一）	3	64	32	32				5	考试
		22ZH011425	英汉 / 汉英笔译（二）	1.5	32	16	16				5	考查
		22ZH011426	英语文学导论	2	32	32					5	考试
		22ZH011427	语言学导论	2	32	32					5	考试
		22ZH011428	高级英语（二）	3	64	32	32				6	考试
		22ZH011429	英汉 / 汉英口译	1.5	32	16	16				6	考查
		22ZH011430	跨文化交际	1.5	32	16	16				6	考试
		22ZH011431	研究方法与学术写作	1.5	32	16	16				6	考试
		小计		56	1168	648	520					

续表

课程平台	课程模块	课程编号	课程名称	总学分	总学时	理论学时	课内实验学时	课内实训或技能学时	独立设置实验学时	集中实践学时	开设学期	考核类型
专业课程平台	教师教育课程	22JS011401	教师专业发展	1	15			15			1	考查
		22JS011402	普通话	1	16	16					2	考查
		22JS011403	心理学	3	48	48					3	考试
		22JS011404	教育学	3	48	48					4	考试
		22JS011405	现代教育技术	2	32	20	12				4	考查
		22JS011406	中小学教师职业道德规范与教育法规	1	16	16					5	考查
		22JS011407	现代外语教学理论与实践	1.5	32	16	16				5	考试
		22JS011408	班级管理理论与实务	1.5	32	16	16				6	考查
		小计		14	239	180	44	15				
实践教学环节	教育实践	22ZS011401	教育见习（一）	0.5						1 周	3	考查
		22ZS011402	教育见习（二）	0.5						1 周	4	考查
		22ZS011403	教育见习（三）	0.5						1 周	5	考查
		22ZS011404	教育见习（四）	0.5						1 周	6	考查
		22ZS011405	教育实习	7						14 周	7	考查
		22ZS011406	教育研习	1						2 周	7	考查
		小计		10						21 周		
	专业实践课程	22ZS011407	英语课程实践（一）	1						2 周	2	考查
		22ZS011408	英语课程实践（二）	0.5						1 周	3	考查
		22ZS011409	英语课程实践（三）	0.5						1 周	4	考查
		22ZS011410	英语课程实践（四）	0.5						1 周	5	考查
		22ZS011411	英语课程实践（五）	0.5						1 周	6	考查
		小计		3						6 周		

续表

课程平台	课程模块	课程编号	课程名称	总学分	总学时	理论学时	课内实验学时	课内实训或技能学时	独立设置实验学时	集中实践学时	开设学期	考核类型
实践教学环节	毕业论文（设计）	22ZS011412	学术论文	6						12 周		考查
			翻译作品									
			实践报告									
			调研报告									
			案例分析									
		小计		6						12 周		
	以上合计			19						39 周		

4. 专业课程体系拓扑图

专业课程体系拓扑图见图 4-1。

（二）课程体系对专业毕业要求的支撑矩阵

毕业要求的实践通过所关联课程的目标实践来实现。本专业的各课程能较好地对接相应的毕业要求与指标点。同一项毕业要求有几门不同模块、不同课程关联度的支撑。关联度根据课程性质、目标与内容有高（H）、中（M）之分。各课程与毕业要求的关联矩阵具体见表 4-3。

（三）课程体系设置符合中学教师专业标准、教师教育课程标准和专业教学相关标准要求，跟踪对接国际基础教育改革新趋势、新动向

本专业课程体系以通识教育课程、专业教育课程、实践教学课程三大平台构成，注重培养学生在师德品质、专业能力、教学能力和终身学习等全方面发展，同时注意跟踪对接国内外基础教育英语课程改革与发展前沿动态，

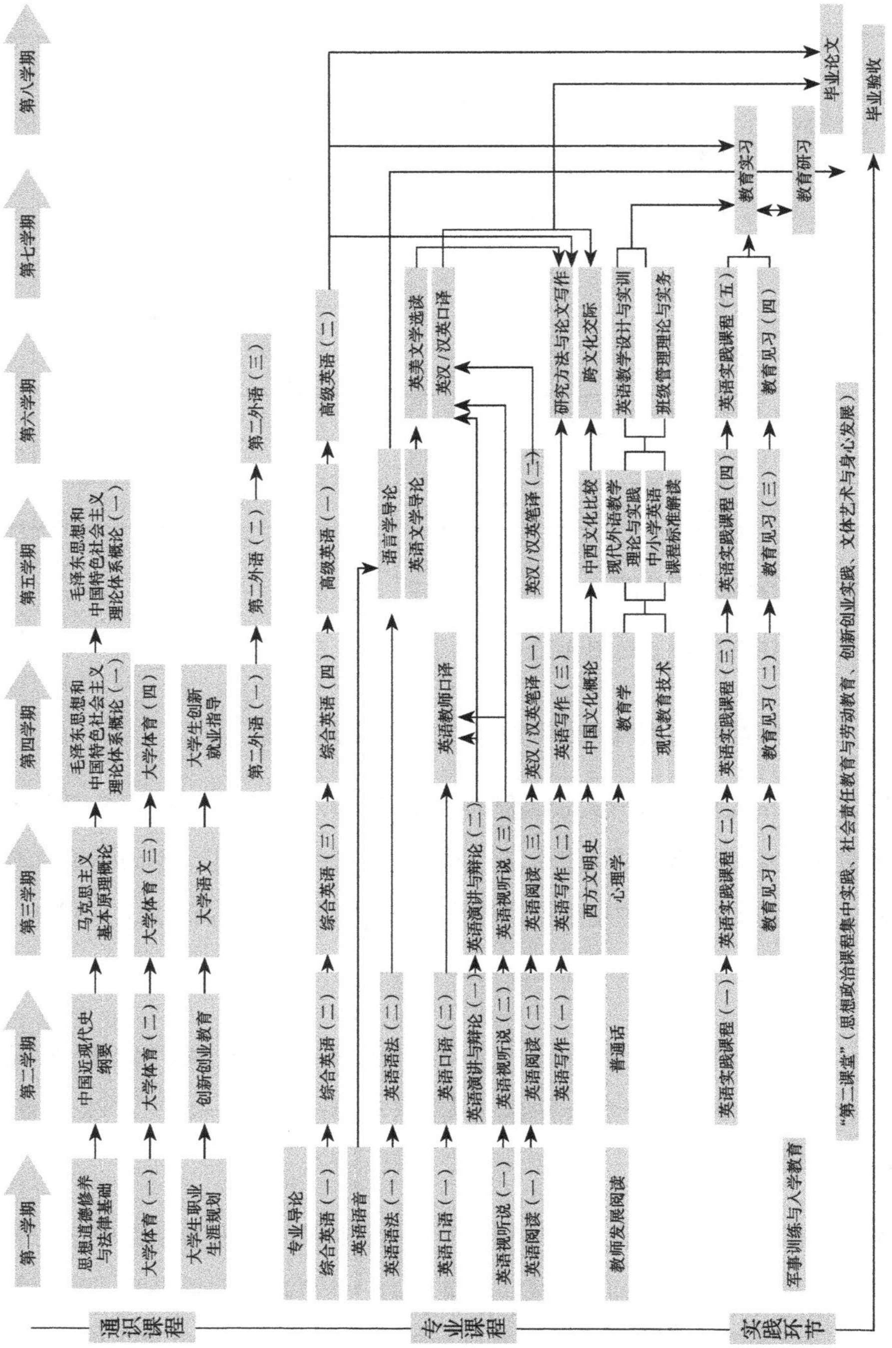

图 4-1 专业课程体系拓扑

表 4-3 课程设置对毕业要求的支撑矩阵

课程名称	1. 师德规范			2. 教育情怀			3. 学科素养				4. 教学能力			5. 班级指导			6. 综合育人			7. 学会反思			8. 沟通合作		
	1.1	1.2	1.3	2.1	2.2	2.3	3.1	3.2	3.3	3.4	4.1	4.2	4.3	5.1	5.2	5.3	6.1	6.2	6.3	7.1	7.2	7.3	8.1	8.2	8.3
通识课程																									
思想道德修养与法律基础	H		H																						M
中国近现代史纲要	H																						M	M	
马克思主义基本原理概论	H																				M				M
毛泽东思想和中国特色社会主义理论体系概论	H																				M				M
习近平总书记关于教育的重要论述研究	M	H																		M	M				
形势与政策	H	H	M																						
第二外语								H										M			M		M		
计算机应用技术					H				H			H													
大学生心理健康与安全教育				M	H																				
军事训练	M																H		H				H		
军事理论	H																H						H	M	
大学生职业生涯规划				H																H			M		
大学生创业就业指导	H	M		M																			M	M	
创新创业教育																							H	M	M
大学语文					H				M																M
大学体育	M																M								

续表

课程名称	1. 师德规范			2. 教育情怀			3. 学科素养				4. 教学能力			5. 班级指导			6. 综合育人			7. 学会反思			8. 沟通合作		
	1.1	1.2	1.3	2.1	2.2	2.3	3.1	3.2	3.3	3.4	4.1	4.2	4.3	5.1	5.2	5.3	6.1	6.2	6.3	7.1	7.2	7.3	8.1	8.2	8.3
专业课程																									
专业导论				H					M											M					
综合英语★							H		H	H								M							
英语语法★							H	M																	
英语语音★							H		M																
英语口语							H		M																M
英语视听说★							H		M																
英语阅读★							H		M	M															
英语演讲与辩论★							H												M		H				
英语写作★							H		M																
英汉 / 汉英笔译★							H		M																
英汉 / 汉英口译★							H		M																
高级英语★							H		H	H								M							
西方文明史★					H			H	H																
英语文学导论★							H	H	M																
语言学导论★								H	H									M							
跨文化交际★							H	H																	
研究方法与学术写作★																				H	H	M			
中国文化概论★	H				H				M																

续表

课程名称	1. 师德规范			2. 教育情怀			3. 学科素养				4. 教学能力			5. 班级指导			6. 综合育人			7. 学会反思			8. 沟通合作		
	1.1	1.2	1.3	2.1	2.2	2.3	3.1	3.2	3.3	3.4	4.1	4.2	4.3	5.1	5.2	5.3	6.1	6.2	6.3	7.1	7.2	7.3	8.1	8.2	8.3
英汉语言对比								H	H	H											M				
中外文化比较								H	M																H
教师专业发展★				H													H			H			M		
普通话									H																M
心理学★											H				M	H	H								
教育学★		M		H							H			H	H		H		M						
现代教育技术					H				H			H													
中小学教师职业道德规范与教育法规	M	H	H			H																			
现代外语教学理论与实践★				M					H		M		H	H				M						M	
中小学英语课程标准解读									M				H							H					
班级管理理论与实务														H	H	H	M								
英语教师口语							M						H												
英语教学设计与实训★									H		H	M	H											M	
实践教学																									
教育见习		H		H		M																	M	M	M
教育研习																				H	H	H	M	M	M
教育实习				H										M	M	M	H	H	H			H	M	H	H
毕业论文（设计）																					H	H	M	M	H
英语课程实践							H		H	H		H	H		M		M	M	M			H	H	H	M

注：★为专业核心课，**灰度** H 为高支撑。

突出课程设置的师范性、实践性、导向性和前瞻性，能够满足国家和地方基础教育英语教师培养的要求，符合《中学教师专业标准（试行）》《教师教育课程标准》《外国语言文学类专业本科教学质量国家标准》的要求。

本专业课程体系体现了《中学教师专业标准（试行）》中的基本理念：师德为先、学生为本、能力为重和终身学习。

1. 课程体系与中学教师专业标准

课程体系对中学教师专业标准的支撑关系见表 4-4。

表 4-4　课程体系对中学教师专业标准的支撑关系

《中学教师专业标准（试行）》		本专业课程设置
维度	领域	
专业理念与师德	（一）职业理解与认识	必修：思想道德修养与法律基础、马克思主义基本原理、毛泽东思想和中国特色社会主义理论体系概论、习近平总书记关于教育的重要论述研究、中国近现代史纲要、形式与政策、教育学、中小学教师职业道德规范与教育法规、教师专业发展、现代教育技术、心理学、班级管理理论与实务、专业导论、大学语文、大学体育 实践环节：教育见习、教育实习、教育研习 选修：英语学习心理与策略、中国英语教育史、中小学英语课程标准解读、现代外语教学名著导读
	（二）对学生的态度与行为	
	（三）教育教学的态度与行为	
	（四）个人修养与行为	
专业知识	（五）教育知识	必修：教育学、心理学、教师专业发展、思想道德修养与法律基础、中小学教师职业道德规范与教育法规、班级管理与实务 选修：英语学习心理与策略、英语教学研究方法、现代外语教学名著导读
	（六）学科知识	必修：综合英语、英语语音、英语阅读、英语口语、英语写作、高级英语、英汉 / 汉英笔译、英语语法、英语视听说、英语文学导论、语言学导论、英语演讲与辩论、英汉 / 汉英口译、西方文明史、跨文化交际、计算机基础、第二外语、大学语文、研究方法与论文写作、第二课堂 选修：中国文化概论、英汉语言对比、翻译简史、第二语言习得、翻译理论与实践、英美文学选读、英语文体学、中国文化概论、中外文化比较、英语小说选读

续表

《中学教师专业标准（试行）》		本专业课程设置
维度	领域	
专业知识	（七）学科教学知识	必修：现代教育技术、现代外语教学理论与实践、班级管理理论与实务 选修：英语学习心理与策略、多媒体教学课件设计、中国英语教育史、中小学英语课程标准解读、英语教学研究方法、英语教学设计与实训
	（八）通识性知识	必修:计算机应用技术、西方文明史、英语文学导论、跨文化交际、二外 选修:中国文化概论、英汉语言对比、英美文学选读、英语文体学、中外文化比较、英语小说选读
专业能力	（九）教学设计	必修：现代教育技术、现代外语教学理论与实践、班级管理理论与实务、英语课程实践周教育实习 选修：英语学习心理与策略、英语教学研究方法、现代外语教学名著导读、多媒体教学课件设计、中国英语教育史、中小学英语课程标准解读
	（十）教学实施	必修：教师专业发展、班级管理理论与实务 实践环节：英语课程实践（一）~（五）、教育见习、教育实习、教育研习
	（十一）班级管理与教育活动	必修：班级管理理论与实务、心理学、教育学、现代外语教学理论与实践、英语综合实践活动设计 选修：英语学习心理与策略、英语教学设计与实训、英语教学研究方法教材、英语教师口语 实践环节：教育见习、教育实习、教育研习
	（十二）教育教学评价	必修：教育学、心理学 选修：英语学习心理与策略、英语教学设计与实训、英语教学研究方法教材、英语教师口语 实践环节：教育见习、教育实习、教育研习
	（十三）沟通与合作	必修：教育学、心理学、教师专业发展、中小学教师职业道德规范与教育法规、班级管理理论与实务 选修：英语教师口语与礼仪 实践环节：社会实践、教育见习、教育实习、教育研习
	（十四）反思与发展	必修：专业导论、教育学、心理学、中小学教师职业道德规范与教育法规 实践环节：教育见习、教育实习、教育研习、创新创业实践

2. 课程设置与教师教育课程标准

专业课程体系符合《教师教育课程标准（试行）》要求，涵盖了教育信念与责任、教育知识与能力、教育实践与体验三个目标领域，体现了育人为本、实践取向、终身学习的基本理念（表 4-5）。

表 4-5　教师教育课程设置与《教师教育课程标准（试行）》

学习领域	标准建议模块	设置课程
儿童发展与学习	儿童发展；中学生认知与学习等	心理学、英语学习心理与策略等
中学教育基础	教育哲学；课程设计与评价；有效教学；学校教育发展；班级管理等	教育学、英语教学设计与实训、班级管理理论与实务等
中学学科教育与活动指导	中学学科课程标准与教材研究；中学学科教学设计；中学综合实践活动等	现代教育技术、现代外语教学理论与实践、多媒体教学课程设计、英语教学案例分析、英语教学设计与实训、英语学习心理与策略、中小学英语课程标准解读等
心理健康与道德教育	中学生心理辅导；中学生品德发展与道德教育等	思想道德修养与法律基础、中小学教师职业道德规范与教育法规、现代外语教学名著导读、心理学、教育学等
职业道德与专业发展	教师职业道德；教师专业发展；教育研究方法；教师语言；现代教育技术应用等	普通话、教师专业发展、中国英语教育史、英语教师口语、英语教学研究方法、英语测试与评价、研究方法与学术论文写作等
教育实践	教育见习；教育实习	英语课程实践（一）~（五）、教育见习、教育实习、教育研习、毕业论文等
教师教育课程最低总学分数（含选修课程）		≥19

说明：

① 1 学分相当于学生在教师指导下进行课程学习 36 课时，并经考核合格。

② 学习领域是每个学习者都必修的；建议模块供教师教育机构或学习者选择或组合，可以是必修也可以是选修；每个学习领域或模块的学分数由教师教育机构按相关规定自主确定。

3. 课程体系与《普通高等学校本科外国语言文学类专业教学指南（上）》

本专业课程体系严格对照《普通高等学校本科专业类教学质量国家标准（外国语言文学类）》而设置，其总体框架、结构和课程设置符合其要求（见表 4-6）。

表 4-6　专业核心课程与《普通高等学校本科外国语言文学类专业教学指南（上）》

课程类别	课程名称（指南）	总学时	学分数	开课学期	周学时	课程名称（2022 版）	总学时	学分数	开课学期	周学时
专业核心课程	综合英语（一）	64	4	1	4	综合英语（一）	64	3	1	6
	综合英语（二）	64	4	2	4	综合英语（二）	64	3	2	6
	综合英语（三）	64	4	3	4	综合英语（三）	64	3	3	6
	综合英语（四）	64	4	4	4	综合英语（四）	64	3	4	6
						高级英语（五）	64	3	5	4
						高级英语（六）	64	3	6	4
	英语语法	32	2	2	2	英语语法（一）	32	2	1	2
						英语语法（二）	32	2	2	2
	英语视听说（一）	32	2	1	2	英语视听说（一）	32	1.5	1	2
	英语视听说（二）	32	2	2	2	英语视听说（二）	32	1.5	2	2
	英语视听说（三）	32	2	3	2	英语视听说（三）	32	1.5	3	2
	英语口语	32	2	1	2	英语口语（一）	32	1	1	2
						英语口语（二）	32	1	2	2
	英语演讲与辩论（一）	32	2	2	2	英语演讲与辩论（一）	32	1.5	2	2
	英语演讲与辩论（二）	32	2	3	2	英语演讲与辩论（二）	32	1.5	3	2
	英语阅读（一）	32	2	1	2	英语阅读（一）	32	1.5	1	2
	英语阅读（二）	32	2	2	2	英语阅读（二）	32	1.5	2	2
	英语阅读（三）	32	2	3	2	英语阅读（三）	32	1.5	3	2
	英语写作（一）	32	2	2	2	英语写作（一）	32	1.5	2	2
	英语写作（二）	32	2	3	2	英语写作（二）	32	1.5	3	2
	英语写作（三）	32	2	4	2	英语写作（三）	32	1.5	4	2
	英汉 / 汉英笔译（一）	32	2	4	2	英汉 / 汉英笔译（一）	32	1.5	4	2
	英汉 / 汉英笔译（二）	32	2	5	2	英汉 / 汉英笔译（二）	32	1.5	5	2
	英语文学导论	32	2	4	2	英语文学导论	32	2	5	2
	英汉 / 汉英口译	32	2	5	2	英汉 / 汉英口译	32	1.5	6	2
	西方文明史	32	2	4	2	西方文明史	32	2	3	2

续表

课程类别	课程名称（指南）	总学时	学分数	开课学期	周学时	课程名称（2022 版）	总学时	学分数	开课学期	周学时
专业核心课程	中国文化概要	32	2	5	2					
	跨文化交际	32	2	6	2	跨文化交际	32	1.5	6	2
	语言学导论	32	2	4	2	语言学导论	32	2	5	2
	研究方法与学术写作	32	2	7	2	研究方法与学术写作	32	1.5	6	2
	合计	960	60				1168	56		

4. 有充分课程支撑的专业人才培养特色和优势

本专业建设的特色是“铸师德”“厚基础”“重实践”“强师能”。这些特色均有一定的课程支撑。“铸师德”方面，本专业的课程体系中包含了通识教育课程和教师教育课程。其中通识教育课程注重师范生的人文底蕴和科学精神的培养，如跨学科选修课程和“计算机应用技术”等课程；教师教育课程注重对中学教师职业素养和拓展技能的培养，如《现代教育技术》等课程。教师教育课程中既有理论教学又有实践环节，贯穿教师培养全过程，形成理论与实践、选修与必修相结合的学分充足的合理体系。“厚基础”方面，本专业根据地方院校英语（师范）专业学生的实际水平，从一、二年级重点强调学生的英语听、说、读、写、译等能力的培养，如“综合英语”“英语语法”“英语视听说”等课程。“重实践”方面，本专业秉承“知行合一”的教学理念，31 门专业核心课程中，设置课内实训的课程占 81%，如“英语口语”“英语语音”等课程；同时还建立了专业课程实践、教育见习、教育研习、教育实习等规范系统的实践教学体系。“强师能”方面，本专业坚持师范生教师职业能力的培养四年不断线，如“专业导论”“教师专业发展”“英语课程实践一～五”等课程，做到教学技术操练与教学思维训练、显性教学和隐性渗透、专项训练与实战演练相结合，提升学生的教学能力。

二、OBE 理念的课程结构

课程结构体现通识教育、学科专业教育与教师教育有机结合；理论课与实践课、必修课与选修课设置合理。各类课程学分比例恰当，通识教育课程中的人文社会与科学素养课程学分不低于总学分的 10%，学科专业课程学分不低于总学分的 50%，教师教育课程达到教师教育课程标准规定的学分要求。

课程结构是课程体系的骨架，应契合师范生的应知应会，支撑毕业要求"一践行三学会"的素质能力结构。该指标要求关注中学教育专业课程结构的合理性和各类课程的比例关系，要求专业课程结构能够反映中学教师教育人才培养模式改革趋势，体现通识教育、学科专业教育与教师教育的有机结合；能够遵循高等教育的基本规律，合理设置理论课程与实践课程、必修课与选修课，各类课程学分比例符合专业认证标准的具体要求。

专业课程结构体系能够支撑"一践行三学会"的毕业要求，人才培养方案中人文与科学素养课程，学科专业课程和教师教育课程结构合理、比例恰当，符合《中学教师专业标准（试行）》对中学教师知识能力素养的要求。

落实《教师教育课程标准（试行）》要求，开设模块化、选择性和实践性的教师教育课程，逐步扩大选修课程比例，有利于师范生合理的知识能力结构的形成与自主学习能力的培养。

（一）课程结构体现通识教育和专业教育有机融合的情况

通识课与专业课同步设置，贯穿一至八学期，遵循"时间关联 + 内容关联"原则的同时，将通识教育整个纳入专业培养体系，将通识教育的思想和理念融入教育教学全环节，突出专业课程与通识课程内容互补、相互兼容的理念。通识教育课程注重培养学生的健全人格和社会责任感，培养学生的思想政治素质、道德素质、人文素养和科学精神、身心健康素质、交流沟通能力和基本的信息技术能力，从宏观视野上为专业教育提供指导和辅助，最终建构成熟、开明、宽容、健全的人生观与价值观。大学语文（鉴赏）、大学语文（写作）与专业核心课程英语写作和英汉/汉英笔译等在内容上具有较强的相关度，达到了通识教育与专业教育的深度融合，打破了通识教育和专业教育之间的壁垒。在专业课程中，很多课程本身就具有丰富的通识元素，如英语文学导论、西方文明史、跨文化交际等能带领学生领略中华民族与西方国家的精神风貌，形成多元文化观，培养学生的文化自信、家国情怀、国际视野。如此将通识教育理念贯穿于专业知识的传授中，通过对专业知识的学习和思考来提升学生的人生境界和思想品质。由此促成通识教育与专业教育形成互补和融合的关系。

（二）专业教育课程与教师教育课程的有机融合

本专业推行课程教师教育环节，在英语语音、英语语法、英语视听说、英语口语、英语阅读、英语写作、英汉/汉英口笔译和综合英语课程中置入课程教师教育环节，将原来由英语教师口语或英语教学设计与实训课程承担的英语语音教学、英语词汇教学、英语语法教学、英语听力教学、英语口语教学、英语阅读教学、英语写作教学、翻译教学和英语综合技能教学等理论与实践的教学任务植入上述课程，由各课程在教学过程中安排相关理论与实践教学任务。

将《义务教育英语课程标准》和《普通高中英语课程标准》植入毕业要求和学科专业教育课程，加强学科专业教育课程与基础教育阶段英语课程的性质、目标、内容和方法等方面的联系，提升英语语音、英语语法、语言学导论等学科素养课程对师范生学会开展中学英语语言知识教学设计、实施、评价与反思，研究引导中学生学习英语语言知识和思维品质等方面所起到的支撑作用；提升英语语音、英语视听说、英语口语、英语教师口语、英语演讲与辩论、英汉/汉英口笔译、英语阅读、英语写作、综合英语、高级英语等英语语言技能课程对师范生学会开展中学英语语言技能教学设计、实施、评价与反思，研究培养中学生语言技能等方面所起到的支撑作用；提升中外文化比较、跨文化交际、中国文化概论等学科素养课程对师范生学会培养中学生文化意识和跨文化交际能力等方面所起到的支撑作用；提升学科专业课程对师范生学会引导中学生发展思维品质和学习能力等方面所起到的支撑作用；提升学科专业教育课程思政对师范生学会课程育人等方面所起到的支撑作用；提升学科专业课程对师范生学会引导中学生锤炼品格、学习知识、创新思维和奉献祖国所起到的支撑作用。

（三）本专业理论课程与实践课程、必修课与选修课设置情况及合理性

本专业课程体系的总学分为 168 学分，其中理论课程 136 学分，占总学分的 80%，实践课程 32 学分，占总学分的 20%；必修课为 140 学分，占总学分的 83%，选修课为 28 学分，占总学分的 17%。理论课程与实践课程、必修课与选修课结构比例合理，理论课程中部分课时包含课内实践。整体符合英语（师范）专业教育的特点，符合人才培养目标和学校应用型人才的办学定位。

（四）本专业各类课程设置与学分比例达到认证标准，并能够满足“一践行三学会”的养成教育要求

本专业课程设置与学分比例达到认证标准，各类课程设置与学分比例达标情况见表 4-7。

表 4-7 各类课程设置与学分比例达标情况

专业认证要求		本专业课程设置				
监测指标	参考标准	课程类别	必修学分	选修学分	合计学分	学分占比
教师教育课程学分	必修课 ≥10 学分，总学分 ≥14 学分	教师教育课程	14	5	19	11%

续表

专业认证要求		本专业课程设置				
监测指标	参考标准	课程类别	必修学分	选修学分	合计学分	学分占比
人文社会与科学素养课程学分占总学分比例	≥10%	通识教育课程	16	13	29	17%
学科专业课程学分占总学分比例	≥50%	专业教育课程	70	15	85	51%

本专业课程设置符合“一践行三学会”养成教育要求，具体见表 4-8。

表 4-8　课程设置满足“一践行三学会”养成教育要求的情况

“一践行三学会”		英语（师范）专业课程体系	
		课程类别	主要支撑课程
践行师德	师德规范	通识教育课程 教师教育课程 教育实践	思想道德修养与法律基础、中国近现代史纲要、马克思主义基本原理概论、毛泽东思想和中国特色社会主义理论体系概论、形势与政策、军事训练、军事理论、大学生创业就业指导、大学体育、中国文化概论、教育学、中小学教师职业道德规范与教育法规、教育见习
	教育情怀	通识教育课程 教师教育课程 专业核心课程 教育实践 素质拓展实践课程	计算机应用技术、大学生心理健康与安全教育、大学生职业生涯规划、大学生创业就业指导、大学语文、专业导论、西方文明史、教师专业发展、教育学、现代教育技术、中小学教师职业道德规范与教育法规、现代外语教学理论与实践、教育见习、教育实习
学会教学	学科素养	通识教育课程 专业核心课程 专业拓展课程 教师教育课程 教师教育拓展课程 专业实践课程	第二外语、计算机应用技术、大学语文、专业导论、综合英语、英语语法、英语语音、英语口语、英语视听说、英语阅读、英语演讲与辩论、英语写作、英汉 / 汉英笔译、英汉 / 汉英口译、高级英语、西方文明史、英语文学导论、语言学导论、跨文化交际、中国文化概论、英汉语言对比、中外文化比较、普通话、现代教育技术、现代外语教学理论与实践、中小学英语课程标准解读、英语教师口语、英语教学设计与实训、英语课程实践（一）~（五）

续表

“一践行三学会”		英语（师范）专业课程体系	
		课程类别	主要支撑课程
学会教学	教学能力	通识教育课程 教师教育课程 教师教育拓展课程 专业实践课程	计算机应用技术、英语阅读、心理学、教育学、现代教育技术、现代外语教学理论与实践、中小学英语课程标准解读、英语教师口语、英语教学设计与实训、英语课程实践（一）~（五）
学会育人	班级指导	教师教育课程 教育实践 专业实践课程	心理学、教育学、现代外语教学理论与实践、班级管理理论与实务、教育实习、英语课程实践（一）~（五）
	综合育人	通识教育课程 教师教育课程 专业核心课程 专业实践课程 教育实践	第二外语、军事训练、军事理论、大学体育、综合英语、英语演讲与辩论、高级英语、语言学导论、教师专业发展、心理学、教育学、现代外语教学理论与实践、班级管理理论与实务、教育实习、英语课程实践
学会发展	学会反思	通识教育课程 专业核心课程 专业实践课程 教师教育课程 素质拓展实践课程 教育实践	马克思主义基本原理概论、毛泽东思想和中国特色社会主义理论体系概论、二外、大学生职业生涯规划、专业导论、英语演讲与辩论、研究方法与学术写作、英汉语言对比、教师专业发展、中小学英语课程标准解读、教育研习、教育实习、英语课程实践
	沟通合作	通识教育教育课程 教师教育课程 教师教育拓展课程 专业实践课程 教育实践 素质拓展实践课程	思想道德修养与法律基础、中国近现代史纲要、马克思主义基本原理概论、毛泽东思想和中国特色社会主义理论体系概论、二外、军事训练、军事理论、大学生职业生涯规划、大学生创业就业指导、创新创业教育、大学语文、英语口语、中外文化比较、教师专业发展、普通话、现代外语教学理论与实践、英语教学设计与实训、教育见习、教育研习、教育实习、英语课程实践

三、OBE 理念的课程内容

课程内容注重基础性、科学性、实践性，把社会主义核心价值观、师德教育有机融入课程教学中。选用优秀教材，吸收学科前沿知识，引入课程改革和教育研究最新成果、优秀中学教育教学案例，并能够结合师范生学习状况及时更新、完善课程内容。

（一）课程内容体现英语学习教育的专业性，注重综合性

本专业课程教学以基础教育需求为依据，科学设计课程内容体系，切合中学教师职业的要求

1. 课程内容体现中学教育专业性

以 OBE 为导向，课程内容围绕“一践行三学会”的总体要求设置，涵盖了教师必备的专业理念与师德（对中学教师职业的理解与认识、对学生的态度与行为、对教育教学的态度与行为、个人修养与行为）、专业知识（教育知识、学科知识、学科教学知识和通识性知识）和专业能力（教学设计、教学实施、班级管理与教育活动、教育教学评价、沟通与合作、反思与发展）等方面的内容，体现了教育的专业性。

2. 课程内容基础性与科学性并重

在课程内容的基础性方面，本专业课程内容的选择，秉持《中学教师专业标准（试行）》提出的“师德为先”“学生中心”“能力为重”“终身学习”四大基本理念，紧紧围绕“专业理念与师德”“专业知识”“专业能力”三大基本内容维度，使其掌握教育基本理论、基础知识和基本技能，具备未来从事教育教学必备的基本能力。在课程内容的科学性方面，本专业将课程内容与课程目标、培养目标及毕业要求有效衔接，以“教育信念与责任”“教育知识与能力”“教育实践与体验”为基本目标，择取相关课程内容，注重课程内容的前沿性，确保课程内容科学合理、循序渐进。

3. 课程内容注重综合性

本专业课程内容注重综合性，主要表现在以下几个方面。

（1）三教融合。如上所述，本专业深入落实学校三教融合人才培养模式，将通识教育、专业教育、实践教育融为一体，实现综合育人。按照新时代党的教育方针，增设了劳动教育课程和劳动周，在专业教育课程和教

师教育课程中明确了在综合英语、英语阅读、英语文学导论、中国文化概论、班级管理理论与实务、中小学英语课程标准解读、英语教学设计与实训等课程内容中增加了劳动素养教育的内容，引导学生理解和形成马克思主义劳动观，牢固树立劳动最光荣、劳动最崇高、劳动最伟大、劳动最美丽的观念。

（2）英语语言综合运用能力。在英语语音、综合英语、英语语法课程后开设语言学导论，从更加宏观和全面的视角综合审视英语语言知识，并通过课程实践环节，引导学生更好地运用语言学理论指导教学实践；在英语视听说、英语口语、英语教师口语、英语演讲与辩论、英汉 / 汉英笔译、英语阅读、英语写作、英汉 / 汉英口译等单项技能课程开设的同时，开设贯穿第 1~3 学年的综合英语和高级英语课程，提高学生英语语言综合运用能力。

（3）全课程思想政治教育。本专业推行全课程思想政治教育，把思想政治工作贯穿教育教学全过程。其特点，除了基本的思政课程之外，还积极开展教师的课程思政的融合工作。结合课程特点将政治认同、家国情怀、科学精神、公民品格、生态文明、法治意识、文化自信与全球视野等方面的课程思政元素植入课程内容。将专业教育课程转化为社会主义核心价值观具体化、生动化的有效教学载体，使学生在学习中首先认可自己的国家与民族，认可自己的文化，具有文化自信的态度，这样才能成为合格的外语学习者及教学者。

（4）课程内容注重实践性。本专业课程内容注重实践性，本专业设置的总学时为 2594 个，其中理论学时 1685 个，实践学时 909 个，分别占总学时的 65% 和 35%。可见学校非常重视学生通识教育课程的实践课时量；每学期有两周 18 课时的实践周，教师将教学实践融入教学中，为学生打下良好的理论实践基础。英语口语、英语教师口语、英语演讲与辩论、英语阅读、英语写作、综合英语、英汉 / 汉英笔译、研究方法与学术写作、现代外语教学理论与实践等课程均属专业技能课程，所有课程贯穿第 1 至第 4 学年，引导学生在听、说、读、写、译等语言实践中形成英语语言综合运用能力。本专业在知识课程和专业技能课程中植入相关知识与教育教学技能训练的内容，与贯穿第 1 至第 4 学年的教育见习、教育实习和教育研习等实践教学环节相辅相成，引导学生在学中教、教中学，形成中学英语教育教学能力。

（二）教材建设和管理制度情况

1. 教材选用规范化

根据《安徽省宿州学院教材建设与管理办法的通知》，教务处及外语学院负责制订审定教材建设规划和年度计划，指导学校教材选用和评估工作。专业课程的教材选用由课程负责人提出建议，教研室审核，二级学院审定，报教务处备案。教务处设教材科，教材的征订、入库、保管、发放、结算工作由教材科具体执行。

2. 教材选用的原则与要求

学院为开设的课程选用高质量教材，选定原则是在关注意识形态内容的基础上，着重于专业培养目标的适用性。优先选用马工程重点教材、国家级、省部级规划教材、获奖教材，以及教育部相关专业教学指导委员会推荐的教材。出于专业的特殊性，为了保证学生使用教材的实效性，教务处和外国语学院会在每学期更新教材，确保师范英语（师范）专业使用与时俱进的英语学习教材。

（三）课程内容引入课程改革和教育研究最新成果、青少年发展与教育研究最新成果、优秀中学教育教学案例的情况

1. 课程内容引入课程改革和教育研究最新成果和青少年发展与教育研究的最新成果

（1）对课程改革的理论基础进行深入探讨，在教学内容中引入青少年发

展与教育研究的最新成果。本专业在课程内容中，根据习近平新时代中国特色社会主义思想，进课堂、进教材、进头脑（“三进”）和《习近平谈治国理政》多语种版本进高校、进教材、进课堂（“三进”）工作的引领下，把习近平总书记著作中蕴含的丰富思想智慧融入课堂教学中，为本专业学生打底塑形，夯实他们听党话、跟党走的思想根基，与新时代我国教育改革发展目标相适应，与培养堪当民族复兴重任的时代新人要求相契合。同时将注重学生生成性学习方式的转变、实践能力的培养、综合素质的提升等理念融入课堂教学中。在《翻译理论与实践》等课程中融入《习近平谈治国理政》英文版本，为世界了解中国、读懂中国打开了一扇“思想之窗”，这是培养高素质跨文化传播人才最好的智慧滋养。从深度教学上，解决了课程思政和专业教育的有机融合，通过深度教学，学生既了解我国国情又善于运用语言优势讲好中国故事。

（2）将“立德树人”“课程思政”等时代元素融入课程内容。本专业在最新版教学大纲的修订中，全课程融入“课程思政”目标，将社会主义核心价值观、立德树人、师德规范、教育情怀有机融入课程内容与教学。

（3）开发符合基础教育改革与发展需要的课程。近几年，英语（师范）专业结合专业特色和优势，陆续开设了“教师专业发展”“现代外语教学理论与实践”等教师教育课程。教师在教学的全过程中，按照各个教学阶段和各种课程的要求，分析研究中学外语教材改革后的教学现状，博采众家之长的独特教学方法，使之与英语（师范）教学紧密结合，较好地适应新教材的教与学。同时还介绍各类课程或不同教学内容的教学方法，作好教学示范，引导学生注意进行教学方法的研究。

2. 专业课程及实践环节贯穿优秀中学教育教学案例

积极鼓励教师在专业课程和实践环节的教学和指导中贯穿优秀中学教育教学案例。“现代外语教学理论与实践”“英语课程实践一～五”等课程鼓励教师在课程内容选择过程中积极选用优秀教育教学案例开展教学活动，同时安排本专业教师与中学优秀教师进行合作教学。此外，本专业的学科教学将聘请优秀中学教师承担实践环节的技能训练和指导工作，以在课程中更好地反映基础教育研究领域的新进展，吸纳实践经验，增强教师教育课程的针对性和实效性。

（四）课程内容更新、动态调整机制及执行情况

为了及时更新、动态调整课程内容，本专业形成了良好的动态调整机制。相关机制如下：《安徽省宿州学院“十四五”课程建设规划》《外国语学院“十四五”教育事业发展规划》等文件对教师及时更新课程内容、不断改进教学作出了相关规定，为课程内容的及时更新、动态调整提供政策支持。

教研室（教学团队）定期开展有关课程建设、课程内容更新的专题研讨会，组织集体备课，吸收基础教育改革和教育研究最新成果，结合学生基础、实际教学情况及教师教育发展的新趋势，适时适度地修订课程教学大纲，更新教学内容。通过师生座谈会，结合督导听课、同行评价、学生评教结果，多渠道收集有关课程内容的意见和建议，并据此作为专业调整课程内容的重要依据。

本专业鼓励教师教学与科研相结合，将最新研究成果融入课程教学，发挥科研对教学的反哺作用，促进课程内容的更新与动态变化，使课程内容具有良好的前瞻性。

四、OBE 理念的课程实施

重视课堂教学在培养过程中的基础作用。依据毕业要求制订课程目标和教学大纲，教学内容、教学方法、考核内容与方式应支持课程目标的实现；能够恰当运用案例教学、探究教学、现场教学等方式，合理应用信息技术，

提高师范生学习效果；课堂教学、课外指导和课外学习的时间分配合理，技能训练课程实行小班教学，使师范生养成自主学习能力和掌握“三字一话”等从教基本功。

课程实施直接决定着师范生的培养效果。该指标要求合理设置课程，在做好对毕业要求指标点支撑的基础上，优化课程实施，保证毕业要求的达成。要明确课程设计和教学实施的逻辑思路，切实做到依据毕业要求制订课程目标，根据课程目标确定教学内容、教学方法、考核方式与内容等；能够积极推进课堂教学方式改革，使用灵活多样的教学方式，合理应用信息技术，提高学生学习效果；形成课内课外结合、正规学习与社团活动互补的多途径课程实施模式，培养学生自主学习、自我管理的能力；要加强教师基本技能和中学教师从教基本功的训练，保证相关课程的教学要求和质量。

课程目标与教学内容、教学方法相关联，与考核内容、考核方式、评分标准的关系明确。课程教案与主要教学环节活动方案能够体现教学内容和方法对课程目标的支撑与促进作用。

能够根据学生学习需求及时调整授课模式及教学方法，采取案例教学、探究教学、现场教学等多种教学方法，运用慕课、翻转课堂等信息技术手段，拓展课堂教学的空间，激励师范生主动参与、自我反思和团队合作学习，保证课堂教学质量。

合理安排课堂教学、课外学习和学生社团等各种学习活动，加强教师基本技能和中学教师从教基本功训练，创设教师养成教育的环境和氛围，培养学生自主学习、自我管理能力。

课程考核内容、方法和评分标准能够证明学生相关能力达成情况。理论课程笔试试题与知识掌握的课程目标匹配，分数分布应体现课程目标的权重，及格标准是课程目标达成的“底线”。探究课程的学习报告（包括毕业论文）与学科知识、教育教学知识运用的课程目标匹配，评分标准明确，及格标准是课程目标达成的“底线”，分数有区分性。技能课程的学生表现或作品符合课程目标，及格标准与目标要求对应。实践教学任务（包括教育实习等）能体现课程目标，及格标准与目标要求对应，分数有区分性。其他课内外活动等学习任务的评分方式有可操作性，标准明确，分数有区分性。

（一）重视与发挥课堂教学基础作用的制度建设和规范管理情况

1. 制度建设

学校主管教学副校长、教务处负责全校教学工作；教学委员会和教学督导委员会负责学校教学方面建设、咨询和督导工作。为加强教学过程建设和管理，学校主要制订了与课堂教学有关的文件，见表 4-9。

表 4-9　主要的课堂教学建设和管理制度文件列表

序号	文件名称
1	《安徽省宿州学院振兴本科教育实施方案》
2	《安徽省宿州学院本科教学工作规范》
3	《安徽省宿州学院关于进一步深化课程考核方法改革的指导意见》
4	《安徽省宿州学院课程考核管理办法》
5	《安徽省宿州学院教学质量保障体系实施办法（修订）》
6	《安徽省宿州学院关于进一步加强教学管理工作的意见》
7	《安徽省宿州学院关于进一步加强课堂教学管理的指导意见》
8	《安徽省宿州学院教学工作检查制度》
9	《安徽省宿州学院教师教学质量学年度考核办法》
10	《安徽省宿州学院校院两级教学督导工作条例》

另外，在新冠病毒感染高发期间，学校还制订了《安徽省宿州学院 2020 年春季线上教育教学实施方案》《安徽省宿州学院线上教学和返校开学的教学衔接计划》等文件，确保线上教学正常有序开展，保证任课教师能够保质保量地完成线上教学。

外国语学院由分管教学的院长全面负责，教学办公室和教研室负责教学日常管理工作；设立了院级教学分委会和教学督导组，院级教学分委会负责指导各教学环节的实施和评价工作，教学督导组对有关教学方面的决策起咨询和参谋作用，并负责各教学环节的监督指导，及时反馈教学过程中存在的问题。

为发挥课堂教学基础作用，落实人才培养中心地位，外国语学院编制了《外国语学院教学管理规章制度汇编》，明确了教学各环节的管理制度，规范教学管理。

2. 规范管理

英语（师范）专业严格执行学校及学院上述有关课堂教学相关管理规定，强化日常教学运行管理，主要表现在以下几个方面。

（1）坚持教学日常巡查制度；实施期初、期中和期末三段式教学检查。

（2）坚持教学信息员制度，定期召开学生和教师座谈会，及时了解教学信息，着力解决信息员反映的突出问题。

（3）坚持院领导听课、校院两级督导听课和教研室同行听课制度。

（4）坚持学生评教、教师评学、同行评教、领导评教、督导评教等教学评价制度，在评职、评优工作中，学院坚决执行教学质量考核一票否决制。

（5）坚持班级日志等制度，实时了解师生出勤与教学状态。

（6）组建学院督导组参与学院教学质量管理工作。

（7）严格执行学校和学院有关各教学环节质量标准和管理制度。

（8）坚持新进教师导师制度。

（二）通过教学大纲修订与审核制度，指导教师依据毕业要求制订课程目标和教学大纲的情况

内容包括课程目标能够合理对应毕业要求指标点，课程内容与教学方式

能够有效实现课程目标、课程考核内容、方式与评分标准能够证明课程目标的实践情况，并从核心课程大纲中举例说明。

1. 外国语学院课程教学大纲修订与审核

基于《安徽省宿州学院课程教学大纲管理办法》，外国语学院发布了修订英语（师范）专业课程教学大纲的通知，修订并完善了外国语学院课程教学大纲模板，对教学大纲的编写要求和注意事项做了具体规定。

英语（师范）专业教研室组织开展了英语（师范）专业（师范类）人才培养方案开设课程的教学大纲的具体修订工作。各课程群负责人统筹安排本课程群中的课程教学大纲修订任务，并负责教学大纲的初审工作，初审完毕后递交教研室主任，由教研室主任组织本教研室全体课程群负责人集体审核。如需修改，由课程群负责人向课程负责人反馈修改意见，课程负责人组织同课程教师完成修改后再次递交课程群负责人审核，审核通过后再递交教研室主任，经全体课程群负责人审核通过后递交学院教学分委会终审，终审不通过，返回再修改直至审核通过。如无须修改，递交学院教学分委会审核、定稿，学校教务处备案后执行。

此外，学院积极邀请师范专业认证专家通过报告会、线上线下讲座、专题培训、专题调研、经验交流等形式指导专业教师开展人才培养方案修（制）订、基于 OBE 理念的课程教学大纲的修（制）订工作。

2. 依据毕业要求制订课程目标和教学大纲的情况

首先，依据毕业要求细化课程目标，实现课程目标合理对应毕业要求指标点。本专业每门课程的目标数量设定在 3~5 个，力求实现对毕业要求从“践行师德、学会教学、学会育人、学会发展”这四个维度全覆盖。每门课程不仅要服务于“学会教学”“学会育人”维度下学科素养、教学能力、班级指导和综合育人等毕业要求的相关指标点的实践，还应服务于“践行师德”“学会发展”维度下师德规范、教育情怀、学会反思和沟通合作的相关指标点的实践。每门课程的课程目标既包括与其他课程协同育人的共性部分——协同目标，又包括本课程独特贡献的个性部分——核心目标。一般来说，支撑度为 M 或 L 的目标为协同目标，支撑度为 H 的目标为核心目标。

其次，教学内容对课程目标的实现通过一门课程各模块内容对该课程目标的支撑度来体现，根据课程模块对课程目标的实际贡献度来确定。课程考核内容、方式与评分标准突出学生在评价中的主体地位，重视形成性评价的功能，关注学生的学习过程和过程性发展，保证课程目标的实现。

3.《现代外语教学理论与实践》课程教学大纲

（1）课程目标的析出规则及其分类。按照反向设计的原则，课程组根据毕业要求支撑需求提出了《现代外语教学理论与实践》的课程目标。《现代外语教学理论与实践》的毕业要求包括四个维度、六个毕业要求、七个指标点描述。

（2）课程目标的内容。《现代外语教学理论与实践》有四个课程目标，主要体现为：要热爱英语教师职业，对教育工作和专业有认同感和自豪感；具有扎实的中学英语教学基本理论，熟悉中学英语教材；掌握班级管理的规律和方法，具备班级管理与建设的基本能力；形成终身学习意识，养成自我反思、自主学习习惯，具备自我管理能力。

（3）教学内容。紧扣上述课程目标，结合课程性质及其在课程体系中的地位，《现代外语教学理论与实践》课程在教学内容上设计了语言与语言学习、交际原则和任务型教学、课堂设计、课堂管理、语音教学、语法教学、词汇教学、听力教学、口语教学、阅读教学、写作教学、听说读写技能、思想道德教学等 14 个模块。各模块根据课程目标的支撑需求拟定本模块的学习目标、教学内容、教学重点和难点、课堂讨论、教学资源、教学方法和考核内容等。

（4）教学方法。以《现代外语教学理论与实践》为例，通过课例视频、反思教学、课堂讨论等活动，帮助英语（师范）专业师范生将理论联系实际教学，把学到的理论应用于实际教学中，达到解决教学中出现的实际问题的目的。通过教案撰写、课堂观摩、模拟教学等形式为学生提供训练语言技能和教学技能的机会，使学生亲身经历英语教学，体验英语课堂教学，不断反思教学，提高教学认识，逐步完善和形成个人特有的教学能力。

（5）考核方式与成绩评定。《现代外语教学理论与实践》课程考核采用形成性评价和终结性评价相结合的方式，以产出为导向，以学生为中心，突出学生在评价中的主体地位，重视形成性评价的功能，关注学生的学习过程和过程性发展。主要采取平时出勤、课堂讨论、教案撰写、授课表现和期末考试等方式综合评定学生的成绩。

具体的课程目标与考核内容、评价依据的对应关系如表 4-10 所示。

表 4-10 《现代外语教学理论与实践》课程目标与考核内容、评价依据的对应关系

课程目标	考核内容	评价依据
课程目标 1	语言学习，教学目标，德育	1. 出勤；2. 课堂讨论；3. 授课表现；4. 教案撰写；5. 期末考试
课程目标 2	语法、词汇、听、说、读、写的教学	1. 出勤；2. 课堂讨论；3. 授课表现；4. 教案撰写；5. 期末考试
课程目标 3	课堂管理，教学目标，德育	1. 出勤；2. 课堂讨论；3. 授课表现；4. 教案撰写；5. 期末考试
课程目标 4	教学评价与反思，教学实践表现	1. 出勤；2. 课堂讨论；3. 授课表现；4. 教案撰写；5. 期末考试

（三）改革课程教学方法的措施，各类课程的主要教学方法

描述教学中学生参与、互动、研讨的情况，结合课程目标，恰当运用案例教学、探究教学、现场教学等教学方式。

1. 改革课程教学方法的措施

（1）推进教与学研究。在教学实践中，英语（师范）专业全体教师不断更新观念，加大力度研究学生在具体的学习环境中所面对的各种情境要素，立足于学生的立场看待问题，理解学生的学习体验，聚焦各课程交互教学范

式构建及应用研究，根据自己对学生所处情境的理解改变或调整自己的教学方法，提高学生学习质量。

（2）改革教学方式。改变以讲授为主的教学方式，积极开展启发式、探究式、讨论式、参与式和混合式等教学方式，充分调动学生学习的积极性，激励学生自主学习。强化实践教学环节，推进基于现场或模拟现场的教学，以问题为中心，以任务为驱动，通过教学观摩、教学设计、调查研究、学科竞赛、公开课、同课异构、问题研讨、经验交流与特色分享等实践性教学方式，让学生活学活用，融会贯通，及时把新的理念付诸实践。

（3）提升课堂教学的支持条件。学校和学院不断加大教学硬软件设施的建设力度，为课堂教学提供新的符合教学方式要求的支持条件。鼓励和引导教师积极开展基于信息技术环境下的教学改革，利用网络教学平台建设线上课程，开展线上线下混合式教学；借助外国语学院实习实训中心的英语（师范）专业师范生综合技能实训室、口译和笔译实训室、智慧教室、语言实验室等开展各项教学实践能力训练，为培养学生有效的学习方法创造条件，同时也为学生提供更加灵活、方便、实用和广阔的学习和实践空间，提高学习效率和学习质量。

2. 各类课程主要教学方法

本专业各类课程的主要教学方法如表 4-11 所示。

表 4-11　各类课程主要教学方法

序号	课程类型	主要的教学方法
1	通识教育课	知识讲授、课堂讨论、现场教学、线上线下混合式教学、自主学习等
2	专业核心课	知识讲授、课堂讨论、合作学习、探究式学习、案例分析、文献收集整理、线上线下混合式教学、反思式学习、创新式学习等
3	教师教育课	知识讲授、课堂讨论、案例分析、小组讨论、反思式学习、探究式学习、创新式学习、合作学习、文献收集整理、线上线下混合式教学等
4	实践课	示范指导、专家报告、现场观摩、合作学习、实践训练、现场实践等

3. 课堂教学运用信息技术的范围、程度、方式与成效

人才培养方案明确设置了教师教育课程，建立了课程群团队，在引导学生进行线下学习的同时，利用学习通、e 会学等网络学习平台自建网络课程。截至目前，英语（师范）专业绝大多数专业课程和教师教育课程都采用了线上线下混合式教学方式；能够充分合理地利用现代教育技术、网络资源、在线学习平台等建设网络课程，为学生提供丰富的学习材料和资源，开展符合课程需要和学生特点的教学活动，实时监控学生学习进度，促进师生线上线下实时互动。

4. 教学中学生参与、互动、研讨的情况

学生对课堂的参与度、师生间的互动等方面都有较大改观，以下仅以“英语阅读与写作”“翻译理论与实践（二）”“语音”课程为例说明。

（1）英语阅读与写作。“英语阅读与写作”课程团队自 2018—2019 学年第二学期开始在学习通平台开展网络课程建设，截至目前已开课 5 学期。课程统计信息显示，课程累计选课人数 825 人，累计页面浏览量为 646 523 次，累计互动次数 1894 次，发布课程公告 210 次，教师发帖 106 次，学生发帖 1788 次。

（2）翻译理论与实践（二）。“翻译理论与实践（二）”课程团队自 2019—2020 学年第一学期开始在学习通平台开展网络课程建设，截至目前已开课 4 学期。课程统计信息显示，课程累计选课人数 1583 人，累计页面浏览量为 381 903 次，累计互动次数 378 次，发布课程公告 110 次，教师发帖 87 次，学生发帖 291 次。

（3）语音。“语音”课程团队自 2021—2022 学年第二学期开始在学习通平台开展网络课程建设，截至目前已开课 1 学期。课程统计信息显示，课程累计选课人数 152 人，累计页面浏览量为 403 903 次，累计互动次数 252 次，发布课程公告 161 次，教师发帖 48 次，学生发帖 204 次。

（四）课堂教学、课外指导和课外学习的整体实施与时间分配，教师基本技能、中学教师“三字一话”等基本功训练与实施效果

1. 课堂教学、课外指导和课外学习的整体实施与时间分配

（1）总体规划。本专业严格执行学校有关课程教学主要环节的质量标准，整体推进课堂教学、课外指导和课外学习的有机融合。课堂教学时间由课程学分决定，课程学分按照人才培养方案执行。

本专业积极通过教学信息员、学生座谈会、督导信息反馈等方式深入了解学生的学习情况、存在的疑难问题及对教学的意见和要求，教师有针对性地安排集中答疑和线上答疑。课外学习主要是利用学习通或 e 会学等学习平台布置学习任务，由学生自主学习，教师进行监控。

（2）推进“三全育人”工作。根据《安徽省宿州学院关于进一步推深做实“三全育人”工作实施方案》等文件要求，本专业聚合校内外各类育人资源，推深做实“三全育人”工作。

（3）推进劳动教育 。根据《安徽省宿州学院全面加强新时代学生劳动教育的实施方案（试行）》相关要求，把劳动教育纳入人才培养全过程，与通识教育、专业教育和创新创业教育有机结合，作为必修课程不少于 32 学时，包括劳动教育课程和劳动教育实践两个方面。

劳动教育课程主要以《对话大国工匠　致敬劳动模范》为依托，弘扬劳动精神、劳模精神、工匠精神，帮助学生树立正确的劳动价值观和爱岗敬业的态度。此外，创新创业教育、大学生创业就业指导、现代教育技术、中小学生心理辅导、英语教师口语与礼仪、班级管理、中学英语教材研究与设计等课程也是英语师范生劳动教育的主要依托课程。

劳动教育实践主要以“第二课堂”的形式进行，学生在校期间需通过“第二课堂”开展至少 28 学时的劳动教育实践。英语师范生的劳动教育实践主

要围绕英语学科的专业特色，结合师范专业的见习、研习和实习，以校内外劳动教育实践基地为依托，组织学生到劳动教育实践基地参加与教学相关的劳动实践活动。也组织学生深入城乡社区和公共场所，通过参与“教育帮扶”“赛事翻译服务”等志愿服务，进行劳动教育实践。

（4）开展实践教育和教师教育。根据《安徽省宿州学院教育实习工作管理办法》《安徽省宿州学院专业实习工作管理办法》和外国语学院相关规定，在学校的统一规划下，不断强化实践教学环节，以实践、实习、实训等第一课堂为核心，以创新创业训练、社会实践、学科竞赛等第二课堂为辅助，不断完善从学科专业基本技能、专业综合实践能力到职业适应能力的培养，课内外、校内外一体化的实践教学体系。

通过教育见习、实习和研习，完成学生对教师职业的体验、实践、反思，掌握教学技能，培养学生的师德规范，树立专业情趣，养成教育教学实施能力。同时以创新创业教育为核心，以学科技能竞赛、专利发明、社团活动、文体活动竞赛、创新创业训练项目等为形式，不断完善与课内实践教学互为支撑的课外实践教学体系，提高学生的实践能力。

2. 教师基本技能、中学教师“三字一话”基本功训练等实践课程的建设与实施效果

（1）从教基本功训练 。本专业在教师教育模块设置了“教师专业发展”“普通话”“心理学”“教育学”“现代教育技术”“中小学教师职业道德规范与教育法规”“中学生品德发展与道德教育”“中小学生心理辅导”“现代外语教学理论与实践”等课程，在专业实践课程模块设置了“英语课程实践（一）（二）（三）（四）（五）”来培养学生的课件制作能力、钢笔字、毛笔字和粉笔字的书写能力、英语口语等教学基本功。另外，本专业还通过组织学生参加“三字一话”比赛、“教资模拟面试”“中英文打字比赛”“单词挑战赛”、英语晨读、英语演讲比赛等活动提升学生的教学基本功。

（2）实践课程建设。本专业重点推进实践课程改革。该课程以“现代外语教学理论与实践”“现代教育技术”“中学英语教材研究与设计”“英语教学研究方法”等课程为基础，通过组建由校内教师、中小学优秀教师、教研员、校外专家、企业导师等构成的教学团队，采用专题讲座、研讨交流、实践周等形式，沿着理论先行、实践紧随的路径，对学生的各项教学技能进行渐进式训练，引导学生养成开展中学英语教学设计、实施、评价与反思改进的能力。本专业融课堂教学、课外指导和课外学习于一体的全程教师教育课程体系基本成型。学生可以通过理论学习、实践训练、教育见习、教育实习、教育研习、校企合作在四年内不断提升教学基本功。

（3）实施效果。自 2017 年以来，在省级以上师范生教学技能竞赛中取得二等奖两项、三等奖四项；校级师范生教学技能竞赛中获得一等奖五项、二等奖五项、三等奖九项。英语（师范）专业组建由校内专业教师组成的指导团队对学生进行精心指导，以赛代练，有效地形成了课堂教学、课外指导和课后学习的良性互动，提升了师范生教学基本功。自 2018 年以来，共有 30 名学生在学校组织的教育实习中表现突出，被评为教育实习优秀实习生。

五、OBE 理念的课程评价

定期评价课程体系的合理性和课程目标的实践度，并能够根据评价结果进行修订。评价与修订过程应有相关利益方参与。

（一）课程体系合理性评价机制

本专业根据《外国语学院课程体系合理性评价办法（试行）》，在学校和学院的统一部署下，每四年对培养方案的课程体系进行评价。外国语学院组成课程体系合理性评价工作小组，由外国语学院党委书记、院长、党委副书记、副院长、专业负责人、教研室主任、教学督导和专业骨干教师等组成。评价主体涵盖专业负责人、毕业生、教师、外国语学院党政负责人和教学管理人员、外国语学院教学督导、用人单位、学生实习实践单位等相关利益方。

实践合理性评价采用校内与校外评价主体相结合的方法对课程体系设置进行合理性评价。校内主要通过课程目标实践情况评价及改进报告、毕业要求实践情况评价报告、专业教师问卷调查、在校生问卷调查等多种方式进行评价。校外主体主要通过企业 / 行业专家、用人单位、毕业生调研反馈意见等进行评价，具体见表 4-12。

表 4-12　课程体系合理性评价方法及依据

<table>
<tr><th colspan="2">评价指标</th><th>评价内容</th><th>评价依据</th></tr>
<tr><td rowspan="2">对毕业要求指标点的支撑</td><td>单个指标点的支撑情况</td><td>1. 课程设置是否符合专业标准和课程标准要求，课程结构是否合理，且能够全面支撑毕业要求的指标点，每项毕业要求有关联度高的支撑课程；
2. 课程体系是否支撑所有的毕业要求，核心课程是否发挥了强支撑作用</td><td rowspan="3">1. 毕业要求实践情况评价报告；
2. 主要课程目标实践情况评价及改进报告（学期 / 年度报告）；
3. 专业教师问卷调查、在校生问卷调查；
4. 用人单位调研反馈意见；
5. 毕业生调研反馈</td></tr>
<tr><td>单门课程支撑指标点的情况</td><td>1. 课程教学能否落实相关毕业要求的支撑任务；
2. 课程考核能否证明相关毕业要求的实践情况</td></tr>
<tr><td colspan="2">总体合理性</td><td>1. 课程设计能够保证毕业要求的能力实践；
2. 课程安排有利于学生能力的形成；
3. 先后修读关系明确，衔接合理</td></tr>
</table>

（二）课程体系合理性评价机制的运行情况

2022 年 2—5 月，本专业结合教育部师范类专业认证要求，对课程体系合理性进行了评价，评价结果见《安徽省宿州学院外国语学院英语（师范）专业 2022 版人才培养方案论证报告》（表 4-13）。

表 4-13　2022 版人才培养方案课程体系合理性评价结果

评价内容	专业教师	中学教师和管理部门	用人单位	毕业生	在校生
课程设置	课程设置合理、能满足专业认证和本科专业类教学质量国家标准	符合中学教师专业标准和教师教育课程标准要求，能有力支撑人才培养目标及毕业要求实践	课程设置合理	97.39% 的毕业生认为所学专业的课程体系能支撑毕业要求实践	课程设置合理
课程结构	先修后续关系合理、学分比例恰当	体现通识教育、学科专业教育与教师教育有机结合；理论课与实践课程、必修课与选修课设置合理。各类课程学分学时比例恰当，课程先行后续衔接得当	课程结构合理、学分比例恰当	98.13% 的毕业生认为所学专业的课程能将通识教育、学科专业教育与教师教育有机结合	课程结构合理、学分比例恰当
课程内容	无缺课或设置无关课程的现象，各学期学习任务均衡	课程内容合理	课程内容合理	98.86% 的毕业生认为所学专业课程内容能体现师范教育专业性、注重基础性	课程内容合理
课程实施	教学方式多样	认可	认可	98.48% 的毕业生认为其所学专业的课程实施能运用多种教学方式	教学方式多样
课程评价	认可	认可	认可	98.86% 的毕业生认为其所学专业课程和公共课程符合专业相关工作	认可
对毕业要求的支撑程度	合理	合理	合理	合理	合理

该课程体系总体上得到了在校生、毕业生、用人单位、同行专家、教育主管部门、专业任课教师等的认同。课程体系与毕业要求指标点及其能力描述的关联关系能够实现全覆盖，课程矩阵总体较为合理。课程目标与指标点

及其能力描述的对应总体较为合理，课程主要内容设计总体形成了对指标点的支撑。课程体系中各模块课程设计能够保证毕业要求的能力实践。课程安排总体有利于学生能力的形成。课程先后修读关系明确，衔接合理。

（三）课程目标实践情况评价机制

根据外国语学院英语（师范）专业人才培养质量实践度评价管理办法（试行），课程目标实践情况评价方法如下。

1. 课程目标实践情况评价办法

课程目标实践度评价采用定量评价或定量与定性相结合的综合评价两种方式，定量评价可以采用标准化测试、过程性考核、学习档案等方法进行，定性评价可采用访谈、问卷调查、学生座谈会、学生评教、督导评价、同行评价、教师评学、领导评价等方式进行。采用综合评价的方式，定量评价不高于 70%，定性评价不低于 30%。单独采用定量评价的方式应至少包括过程性考核和标准测试两种类别。过程性考核可包括出勤、课堂参与度、作业、小组学习和网络学习等；标准测试可包括平时测验、课程实践成绩、期中 / 期末考试成绩、课程论文、教学设计等。

课程目标实践情况定量评价法：

$$\text{课程目标达成度}=\frac{\text{目标考试实际平均得分}}{\text{目标考试应得总分}}\times\text{考试权重系数}+\frac{\text{目标平时实际平均得分}}{\text{目标平时应得总分}}\times\text{平时成绩权重系数}$$

公式中所有权重系数之和等于 1，通过比较每个目标的实践度，可以对课程实践情况作出评价，并给出改进措施。

2. 数据内容与来源

（1）考试课程。试卷审批表、学生平时记录及成绩单、学生综合成绩单、试卷、标准答案及评分标准、课程目标实践度分析表。

（2）实践教学。实践报告、实践成绩、课程目标实践度分析表。

（3）教育实习。实习报告、实习成绩、课程目标实践度分析表。

（4）毕业论文。毕业论文各项资料、毕业论文答辩汇总、毕业论文成绩、课程目标实践度分析表。

课程目标实践情况定性评价法主要包括问卷法、座谈交流法、专家评价法等。要求课程负责人通过定性评价法掌握课程目标实践情况，了解学生对课程目标实践情况的认可度，思考同行专家对课程目标实践情况的评价与意见，及时总结并持续改进。

依据本专业招生的质量，课程目标实践度高于 0.6 表示该课程目标基本实践，高于 0.7 表示该课程目标有效实践。

（四）课程目标实践情况评价机制的运行情况

根据《外国语学院英语（师范）专业人才培养质量实践度评价管理办法（试行）》，最近本专业开展了一次课程目标实践度评价，英语（师范）专业教研室对师范专业课程目标实践情况进行评价，以下列出 10 门课程的课程目标实践情况，如表 4-14 所示。

表 4-14　课程目标实践情况评价结果

序号	课程名称	综合成绩	实践值	实践情况
1	思想道德修养与法律基础	79.2	0.79	有效实践
2	中国近现代史纲要	77.05	77.05	有效实践
3	大学语文	82.88	0.83	有效实践
4	综合英语（一）	76.13	0.76	有效实践
5	综合英语（二）	74.77	0.75	有效实践
6	英语口语（二）	92.41	0.92	有效实践

续表

序号	课程名称	综合成绩	实践值	实践情况
7	英国文学	79.48	0.79	有效实践
8	美国文学	75.26	0.75	有效实践
9	英语语言学	80.17	0.80	有效实践
10	英语阅读（一）	74.52	0.74	有效实践

第五章　OBE 理念下的实践教学与“四位一体”协同育人机制

一、“四位一体”协同培养机制的建立和运行情况

（一）协同育人

在我国教师教育体系重构过程中，国家对教师教育培养机制改革和教育实践的质量要求体现在合作与实践，这是课程教学运行的重要组成部分和人才培养质量的重要保障机制，对毕业要求具有重要支撑作用。重点关注三个方面：一是“四位一体”协同培养机制的建立和运行情况；二是实践教学体系的建立和管理评价情况；三是教育实践“双导师”制度落实情况。具体包括协同育人、基地建设、实践教学、导师队伍和管理评价。

与地方教育行政部门和中学建立权责明晰、稳定协调、合作共赢的“四位一体”协同培养机制，基本形成教师培养、培训、研究和服务一体化的合作共同体。

协同育人是毕业要求达成的重要保障，从培养机制上支撑毕业要求的达成。要求中学教育专业充分认识地方教育行政部门和中学在师范生培养中的重要作用，建立起教育行政部门、高校、地方中小学和科研院所“四位一体”协同培养机制，合力培养中学师资；要对“四位一体”协同培养机制进行常态化的运行管理，做到权责明晰、稳定协调和合作共赢，能够有效促进学生

教育实践、专业课程开发和人才培养模式改革；高校要按照教师教育职前、职后一体化的要求，坚持为基础教育和中学在职教师专业发展服务，基本形成教师培养、培训、研究和服务一体化的合作共同体。

高校与政府及中学建立了稳定的协作关系，校院两级围绕专业培养目标和课程教学实施要求，与地方教育行政部门和中学签订合作协议，落实协同育人具体措施，形成“四位一体”协同育人机制，并有规范的协议、常态化组织实施措施。

高校与中学按照教师教育职前、职后一体化的要求，搭建系列教师专业发展平台，基本形成中学教师培养、培训、研究和服务一体化的合作共同体。协同主体之间有明确的工作目标、协同制度、协同措施。

高校建立协同育人管理机构，能够做到管理制度健全，管理责任明确，管理文档齐全。

1.“四位一体”协同培养机制

学校与宿州市教育行政部门、宿州地方中学及从事教育行业的相关企业建立权责明晰的协同培养机制，即“教育行政部门—高校—地方中小学—科研院所”四位一体的协同培养机制，初步形成教师培养、培训、研究和服务的合作共同体——“英语教育创新学院”。2018 年 6 月，宿州市教体局、安徽省宿州学院及宿州一中、宿州二中等地方中学共同成立了“英语教育创新学院”。英语教育创新学院是安徽省宿州学院高等教育和地方中小学教育相互协同发展的尝试，是高等教育和地方中小学有效衔接的开拓，是高校和地方中小学联合创新、协同发展、产教融合的举措，符合我校本科办学定位，具有较好的示范作用。2021 年 9 月，外国语学院与宿州市埇桥区蒿沟中心校和宿州格瑞学校签署了实践基地共建。2021 年 11 月 10 日，宿州格瑞学校与外国语学院深入开展校企合作共建工作并举行共建英语师范专业签约仪式。2022 年 2 月 4 日，我校与泗县教体局校地合作，共建教育实习基地签字仪式，我校高度重视与地方之间的合作与交流，通过校企合作和校地合作等多种形式服务地方，助力宿州市经济发展和基础教育能力提升。

2. 学校与中学合作搭建教师专业发展平台，形成中学教师培养、培训、研究和服务一体化的合作共同体

学校重视院校协作及校际互动共同体，通过联手协作、共同研究，构建教师专业发展平台——“英语创新教育学院”，为宿州市教育教学发展提供决策咨询和支持。外国语学院长期与宿州市中学教学管理人员、教师沟通联系，进行中学教师培养、培训、研究和服务一体化活动。

2018 年 11 月，为进一步提升宿州市中小学英语阅读素养和英语教学质量，“英语教育创新学院”对全市共 240 余名英语骨干教师进行英语阅读教学培训。同月，“英语教育创新学院”举办宿州市中学英语学科教学研讨会，邀请了华中科技大学博士生导师徐锦芬教授、江苏南通沈晓彦教研员对共 200 余名中学英语骨干教师进行培训。2019 年 10 月，“英语教育创新学院”在灵璧县中学召开英语教学研讨会，邀请上海外国语大学的郑新民教授对如何培养中学生的阅读能力进行了相关培训。2022 年 6 月，安徽省宿州学院举办了“宿州市初中英语学科——新课标与未来教师云教研活动”，邀请上海外国语大学束定芳教授，以“理解新课标，做面向未来的英语教师”为主题的讲座，积极探索高校—政府—地方中学融合教研及线上线下混合教研模式。

学校成立了教师教学能力发展中心，进行教育专家库专家的遴选和管理，加强英语教师教学能力的培养，积极与宿州市教体局和宿州市中学深入合作，定期组织开展英语师范生实践培训工作，选派英语（师范）专业教师到中学挂职锻炼或兼职教学，邀请宿州市中学教师来我校定期讲座。

3. “四位一体”协同育人工作成效

（1）校企合作开发课程工作初见成果。“四位一体”协同育人工作，进

一步促进人才培养模式的转变。外国语学院利用优势资源，把教学改革转化为教学工作和社会服务能力，努力提升课程开发、建设和社会服务能力。通过与宿州格瑞学校的合作，实现理论教学与实践相结合，校内学习与实际工作对接的校企合作开发课程。开展配套教学改革与建设，根据人才培养方案，结合实际对教学计划进行修订，重点建设《英语教学研究方法》等课程。

（2）课程教学与实践指导有机结合，效果显著。外国语学院组建了由英语专任教师、宿州市教研员和中学优秀教师构成的专业实践团队，聘任中学英语骨干教师担任英语师范专业核心课程的兼职教师和主讲教师，指导学生毕业教育实习、见习、研习的工作。同时对学生的毕业论文、学科竞赛进行指导，提升了课堂教学效果和师范生技能水平

（3）教师培训与教学研究取得较好成果。我校在积极承担地方中学教师职后培训的同时，构建了院校协作及校际教研共同体。外国语学院长期与宿州市中小学管理人员或教师合作，申报各类省校级质量工程项目，取得较好的研究成果。

“四位一体”协同育人工作不仅提升了外国语学院专业教师的教科研能力，也促进了宿州市地方中学教师的教研能力，使他们取得优异的教学业绩和教学成果。

（二）实践基地建设

教育实践基地相对稳定，能够提供合适的教育实践环境和实习指导，满足师范生教育实践需求，每 20 个实习生不少于 1 个教育实践基地。

教育实践基地是促进师范生“一践行三学会”毕业要求达成的支撑平台。要求本专业与中学密切合作并建立稳定的教育实践基地，帮助师范生获得一线优秀教师的经验性指导、榜样示范，助力师范生完成从实习学生到合格教师的适应性转变；要注重实践基地的建设，明确标准和质量要

求，使专业教育实践基地的数量和质量符合标准要求，满足专业实践教学的需要。

本专业重视教育实践基地的建设，建立中学实践基地建设和管理的规章制度，明确实践基地的遴选标准，加强对实践基地的检查、监督和管理。

本专业建立的中学教育实践基地数量充足，质量较高，相对稳定，具有明显的师资优势、管理优势、课程资源优势和教改实践优势，在师范生实践教学和教育教学能力培养方面发挥重要作用。

1. 共建实习实训基地，满足教育实践要求

外国语学院重视实践基地的建设工作，基地建设扩展到乡村中学，有力支撑了宿州市本地的教育事业发展。目前外国语学院共有实践教学基地 9 所（表 5-1），教育实践基地充足稳固，能够提供较好的教育实习、见习及研习的要求，能够满足师范生教育实践需求。2022 届本科毕业生 122 人，约每 14 个实习生 1 个教育实践基地。

表 5-1 实习实训基地

序号	学校名称	运行机制	基地容纳	承担任务
1	宿州第九中学	公办中学	20	教育实习、见习及研习
2	宿州市十一中集团（校本部）	公办中学	20	教育实习、见习及研习
3	宿州市十一中集团（八中校区）	公办中学	20	教育实习、见习及研习
4	宿州市实验中学	公办中学	20	教育实习、见习及研习
5	泗县第三中学	公办中学	15	教育实习、见习及研习
6	安徽省灵璧师范学校	公办中专	15	教育实习、见习及研习
7	宿州市第十一小学	公办小学	20	教育实习、见习及研习
8	宿州市蒿沟中学	公办中学	20	教育实习、见习及研习
9	宿州市格瑞学校	民办学校	25	教育实习、见习及研习

外国语学院立足师范专业人才培养，在宿州市共建立 9 个实践教学基地，实践教学基地充足稳固。一方面，实习生有效得到英语师范技能训练；另一

方面，学生利用实习机会，补充了部分中小学师资力量薄弱的问题，获得当地的好评。实践基地具有良好的学习和实践氛围、较强的指导实习师资力量、较明显的学科优势和管理优势。

2. 教育实践管理制度

（1）教育实践管理制度。为确保师范生培养的质量，学校高度重视教育实践基地的建设，制订了《安徽省宿州学院实践教学基地建设与管理办法（试行）》《安徽省宿州学院实习教学管理过程和评价体系》《安徽省宿州学院实践教学小学期制实施办法（试行）》等文件，对建立实践教学基地的条件、途径、程序及双方的权利义务等进行明确规定。

同时，为确保学生在实践基地开展专业实践教育的成效，外国语学院在学校的文件支撑下，成立了实践工作领导小组，制订了教育实习实施方案、教育实习管理制度，确保学生实践教育中取得较好成效。学院加强实践环节的教学和训练，开展同教育实践基地的合作培养。强化纪律教育，要求学生从思想上高度重视实习工作，熟悉教育实习工作的基本内容和各个环节，学会自我管理、自我约束、遵守纪律。学生认真撰写和整理教育实习手册、实习总结，教师认真撰写实习指导教师听课记录。注重档案保存，工作总结与表彰及存在的问题梳理与持续改进。建立实践教学领导工作小组，制订实践活动的计划、实施、指导和管理评价等工作。实行常态化检查实习生的实习情况，保持和实习基地的负责人的联系，确保外国语学院实习的质量。学院实行常态化的引导和检查教育实习、研习、见习的课程考核，根据活动内容采取适当的形式安排，注重过程性评价，收集和听取指导教师对学生的评价意见，对学生的学习能力、学科素养、教学能力进行综合考评。监控学生的纪律落实，要求学生严格遵守实习基地有关规章制度和纪律，服从教师的安排，尊重实习学校的师生，悉心听取指导教师的意见和建议，认真完成教育见习、实习、研习各项任务。

（2）教育实践活动统一组织，成效明显。学校能够严格执行人才培养方案，能够做到指导教师随点指导，“双导师”制遴选的指导教师跟踪指导，能够保障实习质量与时间。在实习过程中，学生得到了实习基地教师和校内指导教师的耐心指导，提升了实践技能。实习结束后，依据评价标准，根据实习生实习过程的整体表现，全面评价实习生的教育实习成效。实习生具有扎实的专业基础知识和实践动手能力，具有较强的责任心和事业心，能够很快转换角色，适应工作岗位的要求，能够将在学校学习的知识应用到实际工作当中。

学生素质得到有效的提升。英语师范生具有优秀的英语（师范）专业素养，提升了就业竞争力，毕业生考研率、就业率逐年稳定上升，绝大部分学生在毕业前能获得教师资格证，见表 5-2。

表 5-2　我校实习生毕业前教师资格证通过率

<table>
<tr><th>序号</th><th>班级名称</th><th>人数</th><th>通过人数</th><th>比例</th><th>备注</th></tr>
<tr><td>1</td><td>2019 届毕业生</td><td>81</td><td>66</td><td>81.48%</td><td></td></tr>
<tr><td>2</td><td>2020 届毕业生</td><td>82</td><td>30</td><td>36.59%</td><td>2020 年，因客观原因，教师资格证通过率大幅度下降</td></tr>
<tr><td>3</td><td>2021 届毕业生</td><td>95</td><td>44</td><td>46.32%</td><td rowspan="2">2021—2022 年，客观原因有所缓解，但仍对教师资格证通过率有较大影响，学院已采取多种措施，通过率逐步提升</td></tr>
<tr><td>4</td><td>2022 届毕业生</td><td>122</td><td>80</td><td>65.57%</td></tr>
</table>

二、实践教学体系的建立和管理评价情况

学校的实践教学体系完整，专业实践和教育实践有机结合。教育见习、教育实习、教育研习贯通，涵盖师德体验、教学实践、班级管理实践和教研实践等，并与其他教育环节有机衔接。教育实践时间累计不少于一学期。学校集中组织教育实习，保证师范生实习期间的上课时数。

实践教学是帮助学生深化专业知识理解、形成专业实践能力、养成专业

态度和情感的关键环节。该指标要求中学教育专业重视实践教学工作，建立、健全完整的实践教学体系，能够做到学科专业实践与教育教学实践有机结合，教育见习、教育实习、教育研习互相贯通，师德体验、教学实践、班级管理和教育研究一体，并能够与课堂教学、理论学习等其他教育环节有机衔接；实践教学所占的学分比例和时间安排要符合《教师教育课程标准（试行）》和《教育部关于加强师范生教育实践的意见》的规定，实践教学安排科学合理，能够满足师范生对教育教学体验的需要，有利于师范生实践能力的提高和实践智慧的生成；专业教育实习实行集中统一组织与管理，教育实习期间有足够的课时数，能够初步形成中学教育教学的基本能力。

中学教育见习、实习、研习和其他教育实践活动的目标与毕业要求的相关指标点具有明确的对应关系，形成对毕业要求的有效支撑，在教学大纲中阐述清晰、准确。

按照教育实践目标设计实践内容、实践方法、考核内容、考核方式、评分标准等，能够形成对实践目标的有效支撑，促成目标达成。实践内容涵盖师德体验、教学实践、班级管理实践和教研实践等领域。教育实践考核要求和考核方式与实践内容一致，包括对师范生教育实践表现的评价和学习成果的评价。

（一）实践教学体系建设情况及实施成效

1. 实践教学体系建设情况

学校重视实践教学工作，拥有完整的实践教学体系。实践教育模块能够与教育实践有机结合，模块相互贯通，涵盖师德体验、教学实践、班级管理等。实践教育模块由专业实习、专业实践课程、毕业论文（设计）、毕业汇报和毕业教育构成。其中专业实习由教育见习、教育实习、教育研习毕业论文（设计）等构成，具体见表 5-3。

表 5-3　实践教学模块与教学计划

项目	第一学年		第二学年		第三学年		第四学年		总计周数
	第 1 学期	第 2 学期	第 1 学期	第 2 学期	第 1 学期	第 2 学期	第 1 学期	第 2 学期	
教育见习			1	1	1	1			4
教育实习							14		14
教育研习							2		2
英语课程实践		2	1	1	1	1			6
毕业论文（设计）								12	12
毕业汇报								1	1
毕业教育								1	1

（1）教育见习 4 周，安排在第三至第六学期进行。

（2）教育实习 14 周，安排在第七学期进行。

（3）教育研习 2 周，安排在教育实习之后两周内进行。

（4）毕业设计（论文）时间为 12 周，安排在第八学期进行。

（5）专业实践课程安排在第二至第六学期集中进行。

（6）毕业教育和毕业汇报各 1 周，安排在第八学期集中进行，不计学分。

如表 5-4 所示，英语（师范）专业在专业核心课程、专业拓展课程、教师教育课程、教师教育拓展课程中设置理论学时和实践学时，做到理论学习与实践动手相互结合。

表 5-4　实践教学课程学时学分统计

平台	课程模块	修读	学时安排			修读性质	占总学分（%）	
			学分安排	学时安排	总计			
通识教育	必修课程	38	505	128	633	必修	22	30
	限选课程	6	32	128	160	限选	8	
	选修课程	7	96	16	112	选修		

续表

<table>
<tr><th rowspan="2">平台</th><th rowspan="2" colspan="2">课程模块</th><th rowspan="2">修读
学分安排</th><th colspan="3">学时安排</th><th rowspan="2">修读
性质</th><th rowspan="2" colspan="2">占总学分
（%）</th></tr>
<tr><th>理论
学时</th><th>实践
学时</th><th>总计</th></tr>
<tr><td rowspan="4">专业教育</td><td colspan="2">专业核心课程</td><td>56</td><td>648</td><td>520</td><td>1168</td><td>必修</td><td>33</td><td rowspan="4">50</td></tr>
<tr><td colspan="2">专业拓展课程</td><td>10</td><td>160</td><td>0</td><td>160</td><td>选修</td><td>6</td></tr>
<tr><td colspan="2">教师教育课程</td><td>14</td><td>180</td><td>59</td><td>239</td><td>必修</td><td>8</td></tr>
<tr><td colspan="2">教师教育拓展课程</td><td>5</td><td>64</td><td>58</td><td>122</td><td>选修</td><td>3</td></tr>
<tr><td rowspan="4">实践教学</td><td rowspan="3">专业
实践</td><td>专业实习</td><td>10</td><td></td><td></td><td></td><td>必修</td><td>6</td><td rowspan="4">20</td></tr>
<tr><td>专业实践课程</td><td>3</td><td></td><td></td><td></td><td>必修</td><td>2</td></tr>
<tr><td>毕业论文</td><td>6</td><td></td><td></td><td></td><td>必修</td><td>4</td></tr>
<tr><td>综合拓
展课程</td><td>素质拓展实践
课程</td><td>13</td><td></td><td></td><td></td><td>必修</td><td>8</td></tr>
<tr><td>总计</td><td colspan="2"></td><td>168</td><td>1685</td><td>909</td><td>2594</td><td></td><td colspan="2">100</td></tr>
<tr><td>实践总学分
及学分比例</td><td colspan="9">专业实践 19 学分 + 素质拓展实践课程 13 学分 = 20% + 实践课时学分 22.89%
占总学分 42.89%</td></tr>
</table>

实践体系层次分明，能够有效促进师范生形成良好的教育情怀和职业素养。课程实践先行切入、教育见习、实习紧随其后，教育研习及毕业论文统一安排在第七学期和第八学期进行。学生在教师指导下，能够有效结合教育实践，选定相关教学实践课题进行研究，撰写毕业论文。

2. 实践教学体系实施成效

实践教学体系较为完整，能够做到三习贯通。我校实践教学体系完整，专业实践和教育实践能够进行有机结合。在教育实践方面，英语（师范）专业第二学年至第三学年开展教育见习。其中，第三学期培养师德规范，树立专业情意；第四学期培养职业体验，感知各类教学案例；第五学期至第六学期进行技能演练，训练专业技能；第七学期实习践行和研习反思，养成教育教学实施能力和班级管理能力，提高学生持续改进能力。教育见习、教育实习、教育研习不断线，三习贯通，涵盖了实习体验、教学实践、班级管理实践和教研实践等。

实践教学环节提升了学生的竞赛能力，在省内英语师范生大赛、英语写作、演讲、阅读、翻译等各种专业大赛中获得较好的成绩。

完整的实践教学体系提升学生的就业竞争力。用人单位对外国语学院毕业生的基本功、业务能力、专业水准、创新精神、团队意识、综合素质等给予了很高的评价。通过用人单位满意度调查反馈发现：2016—2021 届英语（师范）专业毕业生社会评价调研中，用人单位对我校就业服务的满意度评价的满意度为 100%，其中“很满意”占比 50%。通过英语（师范）专业 2019—2021 届毕业生毕业要求实践与人才培养反馈评价报告内容（312 份有效问卷），用人单位对我校英语（师范）专业毕业五年左右的毕业生非常满意，认为我校学生具有较强的教学能力、教学管理能力和教科研能力。

（二）对应毕业要求

对应毕业要求，制订技能训练、专业实践、教育实践、毕业设计（论文）等实践课程教学大纲；教育见习、教育实习、教育研习教学大纲对应毕业要求制订及覆盖师德体验、教学实践、班级管理实践和教研实践等领域的内容。

本专业实践课程体系对毕业要求的支撑关系如表 5-5 和表 5-6 所示，能够实现师德体验、教学实践、班级管理实践和教研实践等领域的覆盖和支撑。

表 5-5　实践教学课程体系

类别	实践教学环节	支撑毕业要求指标点
专业核心课程与拓展课程	综合英语、语音、英语口语、英语视听说、英语阅读、英语写作、英语语法、英语演讲与辩论、英语文学导论、语言学导论、跨文化交际、英汉 / 汉英笔译、英汉 / 汉英口译、研究方法与学术写作、现代外语教学理论与实践等	对以下指标点形成关键支撑：对应毕业要求中“践行师德”的指标点“践行师德”和“教育情怀”；对应毕业要求中“学会教学”的指标点“学科素养”和“知识整合”；对应毕业要求中“教学能力”指标点“语言运用能力”“思辨能力”；对应毕业要求中“学会育人”的指标点“综合育人”；对应毕业要求中“学会发展”的指标点“学会反思”和“沟通合作”

续表

类别	实践教学环节	支撑毕业要求指标点
教师教育课程与拓展课程	教师专业发展、普通话、心理学、教育学、现代教育技术、中小学教师职业道德规范与教育法规、现代外语教学理论与实践、班级管理理论与实务	对以下指标点形成关键支撑：对应毕业要求中“践行师德”的指标点“师德规范”和“教育情怀”；对应毕业要求中“学会教学”指标点“语言运用能力”和“教学能力”；对应毕业要求中“学会育人”指标点“综合育人”；对应毕业要求中“反思研究”与“交流合作”
专业实践	教育见习、教育实习、教育研习等	对以下指标点形成关键支撑：对毕业要求中“师德规范”“教育情怀”“教学能力”的指标点:思辨能力、教学能力、劳动能力、班级指导、综合育人、学会反思及沟通合作
英语课程实践	共六周，安排在第二至第六学期集中进行	对以下指标点形成关键支撑：对应毕业要求中“师德规范”“教育情怀”“教学能力”的指标点：思辨能力、教学能力、劳动能力；对应毕业要求中“综合育人”和“沟通合作”
毕业设计（论文）	包括选题、开题报告、论文写作、文献检索答辩等环节，论文形式包含翻译作品、实践报告、调研报告、案例分析等	对以下指标点形成关键支撑：对应毕业要求“践行师德”的指标点“师德规范”和“教育情怀”；对应毕业要求“学科素养”指标点“自我发展”；对应毕业要求“学会教学”指标点“教学能力”

三、教育实践“双导师”制度落实情况

（一）导师队伍

实行高校教师与优秀中学教师共同指导教育实践的“双导师”制度。有遴选、培训、评价和支持教育实践指导教师的制度与措施。“双导师”数量充足，相对稳定，权责明确，有效履职。

高校教师与中学优秀教师共同指导师范生教育实践是实现协同育人的根本要求，是确保师范生获得知识与提升教育实践智慧不可或缺的环节。高校建立师范生教育实践的“双导师”制度，对导师遴选、工作要求、业务培训、实践指导、条件保障、考核标准均有明确规定；通过出台与评先评优、

表 5-6　实践教学课程对毕业要求的支撑关系

课程名称	1. 师德规范			2. 教育情怀			3. 学科素养				4. 教学能力			5. 班级指导			6. 综合育人			7. 学会反思			8. 沟通合作		
	1.1	1.2	1.3	2.1	2.2	2.3	3.1	3.2	3.3	3.4	4.1	4.2	4.3	5.1	5.2	5.3	6.1	6.2	6.3	7.1	7.2	7.3	8.1	8.2	8.3
通识课程																									
专业导论				H					M											M					
英语语法★							H	M																	
英语语音★							H		M																
英语口语							H		M																M
英语视听说★							H		M																
英语阅读★							H		M	M															
英语演讲与辩论★							H												M		H				
英语写作★							H		M																
英汉 / 汉英笔译★							H		M																
英汉 / 汉英口译★							H		M																
高级英语★							H		H	H								M							
跨文化交际★							H	H																	
研究方法与学术写作★																				H	H	M			
英汉语言对比								H	H	H											M				
中外文化比较								H	M																H
教师专业发展★				H													H			H			M		

续表

课程名称	1. 师德规范			2. 教育情怀			3. 学科素养				4. 教学能力			5. 班级指导			6. 综合育人			7. 学会反思			8. 沟通合作		
	1.1	1.2	1.3	2.1	2.2	2.3	3.1	3.2	3.3	3.4	4.1	4.2	4.3	5.1	5.2	5.3	6.1	6.2	6.3	7.1	7.2	7.3	8.1	8.2	8.3
现代外语教学理论与实践★				M					H		M		H	H				M						M	
中小学英语课程标准解读									M				H							H					
班级管理理论与实务														H	H	H	M								
英语教师口语							M						H												
英语教学设计与实训★									H		H	M	H											M	
实践教学																									
教育见习		H		H		M																	M	M	M
教育研习																				H	H	H	M	M	M
教育实习				H										M	M	M	H	H	H			H	M	H	H
毕业论文（设计）																					H	H	M	M	H
英语课程实践							H		H	H		H	H		M		M	M	M			H	H	H	M

注：★指专业核心课，H 代表高支持，M 代表中支撑。

职称晋升等支持教育实践指导教师的专门制度与措施，打造数量足够、责任心强、教学经验丰富、熟悉中学教学实践的校内教育实践指导教师队伍；采取驻校指导、巡回指导和远程指导等多种方式，通过专题研究、协同教研、定期培训等多种形式，不断提高“双导师”的专业化水平和实践指导能力。

学校出台了支持教育实践指导教师的制度与措施，把对中学的教科研和实践指导及培训纳入教师的工作范围并计算工作量。“双导师”数量足、稳定性强、权责明确，一般每 2 个实践基地配备不少于 1 个高校导师，每 4 个实习生配备不少于 1 个基地导师，高校导师、中学导师、实习小组签订责权利明确的三方协议。

学校定期对“双导师”有效履职情况进行考核，按照考核结果动态调整“双导师”队伍成员。通过专题培训、合作研究、现场研讨、网络研修等方式组织对“双导师”进行定期业务指导和专业培训。

1.“双导师”定期业务指导和专业培训开展的情况及其成效

学校加大对实践指导教师的培训，在条件上保障教育实践顺利开展，主要通过学校和中学双向互动的形式开展业务指导和专业培训。

（1）校内实习指导教师。进入中学观摩实习，提升中学教学业务能力；通过锻炼，提升对整体中学教学业务的熟悉度；积极与中学合作，开展基础教育信息调查整理与研究工作，向合作学校提供教师教育信息资源、基础教育信息资源等，提升校内指导教师的实践能力。

（2）校外教学实践指导教师。邀请校外导师讲授相关课程、举办专题讲座、指导本科生毕业论文、指导学生参加师范生技能竞赛等，针对性地指导学生提升从师技能，同时更新校外指导教师的专业知识结构。

学校定期到实习基地走访，了解学生的实习情况，听取实习指导教师及基地学校的意见及建议，并进行业务指导。通过“双导师”制度，校内指导教师和中学教学指导教师的素质和业务水平指导能力得到提升，取得了良好的实践指导效果。

2.“双导师”协同育人、有效履职定期考核及动态调整的情况

学校从履职情况、教学效果、责任心等方面对中学兼职导师进行评价，实行动态调整。本专业聘任的兼职教师工作责任心强，教学水平高，稳定性强，履职情况良好。

《安徽省宿州学院外聘教师聘用管理暂行办法》《外国语学院“双导师制”实施办法》对校内外指导教师工作职责进行了说明，是考核实践指导教师工作的依据。学校定期组织巡视，与基地中学交流沟通，了解实习指导教师及驻点教师的情况，了解学生的实习情况等，对实习指导教师的履职情况进行评价。定期召开实习生代表座谈会，通过学生发言及时了解“双导师”协同育人实施情况，了解学生对实习指导教师的满意度。定期检查实习指导教师的教育实习记录本，了解实习指导教师的听课、指导、育人的情况。

3. 学校支持教育实践指导教师的专门制度与措施

学校出台了《安徽省宿州学院外聘教师管理暂行办法》《外国语学院“双导师制”实施办法》，要求抢抓政策机遇，加强实践基地和指导教师队伍建设，加大教师教育专业实践教学师资培养力度，建立一支稳定的、有丰富教育理论功底和实践经验较高水平的指导教师队伍，切实增加师范生实践教学的经费投入。要求建立教师教育师资队伍共同体持续发展的有效机制，与中小学、教研机构、教育行政部门积极探索协同教研、双向互聘和岗位互换等教师发展新机制，出台了一系列文件，加强我校师资建设及学科专业发展需要。

经费支持和工作量。学校按规定提供实习经费保障，能够做到专款专用；教育实习经费开支范围包括教育实习的会议费、材料费、实习学校指导管理费和带队教师报酬。

地方教育行政部门和中小学将指导师范生教育实践纳入教师业绩考核范围，作为中小学教师评奖评优、职务（职称）晋升的重要依据，作为中小学教师评选特级教师和学科带头人的重要条件。

（二）管理评价

管理评价是对教育实践的有效管理和质量监控，以确保毕业要求的达成。管理评价要求中学教育专业对教育实践活动实行全过程的规范管理，并能对教育实践重点环节实行有效的质量监控；建立教育实践评价和改进制度，对“四位一体”协同培养机制的运行情况和教育实践的实际成效进行评价，依据评价结果不断改进并提高教育实践质量；要按照《教师教育课程标准（试行）》和《教育部关于加强师范生教育实践的意见》的相关规定，制订师范生教育实践评价标准，对师范生教育见习、实习、研习等进行全面、客观、多元化的评价。

建立教育实践管理和质量监控的相关制度，确保教育实践管理规范有序，教育实践主要环节的质量监控行之有效。

制定并严格执行教育实践评价与改进制度，持续优化教育实践模式，不断提高教育实践成效。

1. 校、院两级实践教学的管理制度和措施

（1）学校制订了完善的实践教学管理制度和措施，出台了《安徽省宿州学院教育实习工作管理办法》《安徽省宿州学院毕业论文（设计）管理办法》《安徽省宿州学院教学质量保障体系实施办法》等文件，对实践教学全过程的管理、实施和质量监控做了明确的规定，保障了毕业生教育实践的质量。

（2）外国语学院学院相继制订了《外国语学院教学团队建设与管理暂行办法》《外国语学院加强实践教学环节监控管理办法汇编》等文件，组建了教育类课程教学团队，其中实习实训中心负责管理监控实践团队的实践全过程，

具体措施如下：学院要求教师转变观念，提高认识，强化实践教学重要地位；规范管理，深化改革，推进集中实践教学环节和管理模式创新；推进和实习基地教师的合作，加强建设，改善实践教学条件；加大投入，优化配置，夯实实践教学基础，加强实践教学队伍建设；构建标准，完善监控，实行实习前期、中期、后期的三段式全过程监督做到全过程、全覆盖的监督保障实践教学质量；外国语学院督导坚持“客观、公平、公正、公开”的原则，秉承“以督促管，以导促建，管建结合，重在发展”的工作思路，参与外国语学院教学质量保障体系的构建，参加专业见习、实习、课程设计、学年论文、毕业设计（论文）、课程考核的监督和评估，促进教学管理工作规范化、制度化；通过对本院信息员定期召开会议，监督实践课程的开展情况。

（3）实施成效。学生能够全面掌握教学通用技能，养成了重视技能培养、乐于技能训练的良好习惯，确保学生的教学能力有全面提升；通过教育见习、实习及研习，使学生能够在掌握中学英语课堂教学的各项技能和技巧，能够独立完成备课、上课、说课等教学环节，为日后从事教师工作打下良好的基础；通过毕业论文，锻炼学生从选题、开题、搜集资料、调查研究、数据整理到论文撰写的能力，使学生端正了科学研究态度，初步掌握了科学研究的方法，具备了一定的教学科研能力。

2. 学校依据实践教学质量监控具体数据，实行教育实践评价与改进制度的相关情况

学校和学院依据实践教学质量监控具体数据，监控学生见习、实习、研习等的完整性。学校定期对各环节进行检查和监控，重点检查实践报告、实习手册、研习反思、社会调查、实践活动报告和研习报告等过程材料；与实习基地负责人经常保持联系，了解教育实践活动开展状况。近三年，学生共299 人完成了实习任务，实习过程完整，材料齐全，效果良好。

（1）监控毕业论文工作。学校严把选题关，在毕业论文选题工作中，提

高教师教育类题目在毕业论文中的占比。为使毕业论文能够有效支撑毕业要求实践，培养学生的教学能力和教学研究能力，对选题的数量和质量都提出具体要求，毕业论文选题立足于培养学生的教学能力和教学研究；论文实施环节将教学研究、教学方法探索、数据分析与中学英语学科核心素养的培养、教学设计等整合，培养学生的知识整合能力和解决实际教学问题的能力，论文撰写环节培养学生的自主学习能力和反思能力；要求学生的毕业论文工作内容要围绕中学英语学科核心素养展开。根据毕业论文大纲要求和本专业改革要求，本专业毕业论文原则上与本专业培养目标吻合。

（2）教育实践评价。本专业采用过程性评价与结果性评价相结合的方式，通过自我评价、实习中学指导教师评价、学院指导教师评价相结合的方式综合评价实习生的教育实践成绩。通常在见习、实习和研习活动结束后，学院指导教师根据学生提交的过程材料、中学指导教师的打分、评语及座谈会等，对教育实践情况进行分析，找出薄弱环节和不完善之处，商讨改进方案，持续改进。

根据《中共中央 国务院深化新时代教育改革评价改革方案》和《教育部关于加快建设高水平本科教育全面提高人才培养能力的意见》，我校教育实践评价科学有效，强化过程评价，探索增值评价，健全综合评价，能充分利用信息技术，提高教育评价的有效性、专业性、多样化。英语（师范）专业根据相关要求和前期工作中的问题，完善实习考核办法，确保学生足额、真实参加实习（实训）。在大纲修订过程中，要求各课程组根据学校相关文件细化课程考核方式和成绩评定规则，加大过程性、表现性和综合性评价的比例及其在总评成绩中的比重，降低结果性评价的比重，健全能力与知识考核并重的多元化学业考核评价体系。考核结果处理部分包括 <60、60~69、70~79、80~89 和 ≥90 五种情况，指导教师在考核结束后应对各种情况进行分析，对相关学生提出处理建议，从学生学习及自身教学等方面提出改进方案，本专业目前执行合格标准为总评成绩 ≥70。

3. 中学教育类专业师范生教育实践标准，对实践能力和教育教学反思能力的考核评价方式及效果分析

根据《中学教育专业师范生职业能力标准（试行）》修订教育见习、教育实习、教育研习等教育实践的教学大纲，原有的英语（师范）专业人才培养标准，正在做相应的修订。现有的实践课程大纲对实践能力和教育教学反思能力提出了明确的目标，其考核评价方式也在持续改进；实行教育课程模块考核制度，监测和考核学生实践教学技能。通过课程设计、课件制作、说课、试讲等环节，考核学生教学设计、授课技能和反思能力；严格执行教育实习流程，进实习学校前开展校内备课、试讲和微格教学。进校后先听课观摩、编写教案、授课前试讲等环节，经指导教师同意方可入校实习，确保质量。在实习成绩评定过程中，由双导师从课前准备、课堂教学、课后总结、班主任工作等方面进行，体现对学生实践能力和教育教学反思能力的考核。在实习和研习环节要求学生对观摩的教师授课、教案、班主任管理、调研活动进行反思，提升学生的反思水平；毕业论文是对学生四年学业的综合反思和呈现，严把选题关、写作过程关、答辩关和抽检关，引入“大学生论文抄袭检测系统”，坚持学术诚信，激发学生的思维过程，对证据、概念、方法、标准、数据、背景等要素进行阐述、分析、评价、推理与解释，激发学生不断思辨、探索、反思、调试，持续改进。

学生教学水平和反思能力有所提升。通过见习、实习、研习，学生的教学能力和反思能力有所发展，能够主动和积极地运用和调动认知策略、认知策略、交际策略和情感策略等英语学习策略；能够多渠道获取学习和教学资源，并能有效选择恰当的教学策略与教学方法，监控、反思、调整和评价自己的教学。通过见习、研习、实习等不断反思，学生具有终身学习的愿望和动力，有较强的专业发展意识，能够适应时代和教育发展需求，进行自我学习与职业生涯规划、自我管理。

4. 实施师范生实践教学个别化教育和指导情况

本专业实践教学个别化教育和指导主要涉及学科技能竞赛、科技创新、创业实践、社会调查、教育见习、教育实习、教育研习、毕业论文、教师资格考试等活动，学院通过指导教师开展“一对一”的方式，尊重个性化差异，根据学生不同的特点和水平，采用不同的训练方式和要求，以此达到学校规定的实践教学质量标准。

在教育实践中因材施教，实施个别化教育。指导师范生实践教育活动均以分组方式进行，一般每 6~8 人一组。指导教师依据实践教育活动质量标准，对每位师范生实践能力进行评价。对于成绩偏低、表现较差的师范生进行个别化指导，反复训练、不断强化，直至达标。对表现优秀、具有较好从教素质的师范生，进行个别化的提高性指导、为参与师范生技能竞赛选拔等做好准备。

对于立志于从事英语研究的学生进行个别化指导。有的师范生在完成正常的学业之余，对于英语科研兴趣较高，为进一步在学科素养方面加强培养，鼓励学生在课外时间加入指导教师团队，担任教师科研助手，在教师指导下主持校级学生科研、大学生创新创业训练项目、参加学科技能竞赛等活动。

5. 依据毕业要求和《教师教育课程标准》实践要求，制订可衡量的教育实践（包括师德体验、教学教研、班级管理等）表现性考核标准，形成教育实践能力实践情况评价与改进报告

学院依据毕业要求，遵循《教师教育课程标准》和《安徽省宿州学院教育实习工作管理办法》，制订了英语（师范）专业的教育实践考核标准。英语（师范）专业根据学校、学院相关课程目标实践度评价办法及以上标准形成了《教育实习》课程实践度评价报告及改进报告。

教育实习是教学计划的重要组成部分，是彰显师范专业教育特色的重要环节，是培养合格教师的重要举措和获取从教知识和技能的重要环节。从近

三届实习成绩情况、教学实施效果、就业率、用人单位满意度、教师资格证考试通过率等情况来看，学生实践情况良好，符合毕业要求。

学生反馈：本课程深受学生好评。通过对在校生和毕业生的调查，学生普遍认为，教育实习对今后的教学工作有很大帮助、可以把理论和实践相结合，在实际教学中发现自己的长处和短板并且通过教师的指导得到有针对性的提高，教学成果显著。

教育实习单位反馈：根据实验中学、宿州市第十一中学、宿州市第九中学等实习单位的反馈，实习生都能全面贯彻国家教育方针，遵守教育法律法规，依法履行教师职责权利；忠诚于人民教育事业，志存高远，勤恳敬业，甘为人梯，乐于奉献；为人师表，坚守高尚情操，严于律己，以身作则，服从学校工作安排，对工作高度负责；团结协作，尊重同事，尊重家长，潜心钻研学习理念，课后认真调研学习，更新知识结构，潜心钻研业务，认真备课上课，做好班主任工作；语言功底扎实，能把教育理念不断应用到实践中、能遵循教育规律，实施素质教育，循循善诱，诲人不倦，因材施教，培养学生良好品行，激发学生创新精神，促进学生全面发展。

改进报告：本专业学生认为，实习对他们未来如何做一名合格的英语教师有很深的启迪作用，但也存在一些问题。针对学生反映的问题，本专业围绕以下几个方面开展改进工作，主要包含如下内容：教师指导实习时需紧扣大纲，理论与实践结合，教授内容需紧扣本专业“践行师德、潜心教学、潜心育人、自我发展”的培养目标，“践行师德、学会教学、学会育人、学会发展”的毕业要求和本课程目标；充分利用网络平台，进一步丰富线上资源，为线下小班面授形成有利补充；为学生提供有利的实训环境，在教师的引导下进行可视化教学分析；定期开展“实践教学工作坊”进一步提升团队实践教学指导能力；对标新修订的课程教学大纲，强化课程管理，更加注重表现性和增值性评价；对实践课程融入思政元素，全方位育人。

实施成效：学生能较好地掌握教学通用技能，通过各项技能训练，技能考核与检查，促使学生养成重视技能培养、乐于技能训练的好习惯，保质保量的技能训练使学生的技能水平得到了全面提升。

学生教学能力有实质提升，通过教育见习、实习、研习，在真实教学环境中与学生面对面的交流，备课、上课、说课等教学能力得到全面锻炼和提升，为日后从事教师工作打下良好的基础。

学生的科学研究能力有一定的提升，通过毕业论文，从选题、开题、收集资料、调查研究、数据整理到论文撰写全过程的锻炼，学生端正了科学研究态度，掌握了科学研究的方法，具备了一定的科学研究的能力。同时，学生更加了解基础教育现状，坚定了做一名优秀的人民教师的决心和信心。

教育实践管理较为规范，专门出台了实践教学管理相关文件。成立实践教学工作领导小组，由主管领导、实习实训中心主任、专业教研室主任、辅导员及教师（含教学法教师），具体落实实习任务。对实践教学、实践教学任务、实践教学内容和考核评价等都作出明确的规定。对实践教学实施严格管理并进行质量监控，将规范管理与质量监控结合起来。

学校制订教育实习成绩的评定办法和标准，详细规定教学过程、班主任实习的评分比例和评分标准及总评等级的评定办法。教育实习反馈与反思贯穿实习全过程，实习生能够认真做好个人实习工作的总结与反思，认真撰写教育调查报告。学校要求组织召开教育实习、总结会，撰写实习分析报告。学校认真总结经验，分析原因并提出具体改进措施。

第六章　学生成长指导一站式服务

一、生源质量情况

为体现“学生中心”的基本理念，强调遵循师范生成长成才规律，关注学生需求，加强成长指导，切实达成毕业要求。重点关注三个方面：一是生源质量支撑毕业要求的情况；二是学生成长指导与学业监测保障毕业要求达成度的情况；三是师范生服务社会的情况。具体包括生源质量、学生需求、成长指导、学业监测、就业质量、社会声誉六个二级指标。

良好的生源质量是师范生培养质量和毕业要求达成的基础，如何让素质良好的生源从事师范学习并充实教师队伍是关系到整个基础教育质量的重要课题。提高生源质量，既要靠教师职业吸引力和学校的品牌影响力，也要靠制度措施的保障。要求以培养合格中学教师为目标，按照《中学教师专业标准（试行）》的要求把好生源质量关，使招收的新生具有明确的从教意愿，适合中学教师职业需要的基本品德素养、知识水平、表达能力和心理素质等；积极推动师范生招生录取方式的改革，建立高考成绩、综合素质评价和面试等多方式结合的综合评价招生录取制度，切实保障生源质量。

本专业对生源质量有明确的说明，并采取针对性措施吸引生源。本专业推进综合评价录取改革，深入探索提前自主招生、大类招生二次选拔、增加面试考核环节、公费定向招生、乐意从教的非师范类专业学生向师范类专业流动等招生录取机制，选拔志愿从教、素质良好的适教、乐教的生源攻读本专业。

本专业近年生源的实际状况能证明生源质量提高情况：生源质量良好，师范生均有明确的从教意愿和较好的综合素养。师范生录取分数处于本地区同层次高校前列。新生高考成绩、学业水平测试等级、体质健康状况、综合素质评价及第一志愿占比和报到率较高。

（一）英语（师范）专业近三年生源情况

英语（师范）专业新生高考成绩和第一志愿占比均处于较高水平，有良好的从教潜质。本专业近三年（2019—2021 年）面向安徽省内招生，从学生生源情况分析，第一专业志愿平均录取率为 100%、专业录取分数超过本省的二本投档线，新生报到率为：2019 年 99%、2020 年 99%、2021 年 100%。专业办学水平得到社会普遍好评，具体详见表 6-1、表 6-2。

表 6-1 近三年生源情况、第一志愿录取情况

年份	所在省	计划数 / 录取数	专业第一志愿录取比例
2019	安徽省	100/100	100%
2020	安徽省	100/100	100%
2021	安徽省	90/95	100%

表 6-2 近三年录取分数

年份	类别	录取最低分	安徽省投档分
2019	文史类	528	527
	理工类	460	453
2020	文史类	521	519
	理工类	480	466
2021	文史类	542	540
	理工类	464	446

（二）学校和院系两级建立符合中学教育类专业和教师教育特点，吸引乐教、适教的优秀生源制度措施及效果情况

安徽省宿州学院重视招生工作，制订了《安徽省宿州学院招生宣传方案》《安徽省宿州学院普通本科招生工作管理办法》；学院层面制订了《外国语学院招生宣传工作方案》，多种途径做好师范类招生政策宣传和教育引导工作。为进一步吸引优质生源，学院积极通过线上线下宣传学院专业特色，通过现场招生咨询会、微信公众号、校园网络等形式吸引符合条件的优秀生源报考我校。

建章立制，提升专业的吸引力。学校建有完善的学生奖助体系、教学管理体系，有效吸引乐教、适教的优秀生源。为打通师范类与非师类的转专业限制，实行二次选拔，学校制订《安徽省宿州学院本科生转专业管理办法》，吸引优秀学生申请调整专业并接受考核。近三年申请转专业的学生人数逐年增加，综合考核后转专业学生人数分别为 57 人（2019 年）、51 人（2020 年）、43 人（2021 年）。

二、学生成长指导与学业监测

（一）学生需求

了解师范生发展诉求，加强学情分析，设计兼顾共性要求与个性需求的培养方案与教学管理制度，为师范生发展提供空间。

满足学生需求是坚持“学生中心”基本理念的必然要求，了解学生需求是人才培养工作的首要环节，也是专业达成毕业要求的基本前提。该指标要求本专业应通过多种途径收集信息，了解学生对于专业选择、课程学习及自身发展的多种诉求，形成稳定的学生需求调研机制；在学情分析的基础上，面向全体学生制订将教师教育的共性要求与学生的个性需求相结合的课程与

教学方案，完善相应的教学管理制度；建立综合性评价与个性化评价相结合的学生发展评价指标体系，支持学生的个性化发展，让每一个学生受益。

本专业已经形成稳定的学生需求调研机制，通过问卷、访谈等多种途径调查学生需求，近年来学生的学习意愿和发展需求被关注，学生存在的主要问题被及时发现并得到解决。

本专业根据学情完善课程与教学方案，有具体制度、有做法、有成效。根据学生需求有针对性的设计培养方案和教学管理制度，通过设计课程基本框架、必修选修学时分配、模块化课程、课后指导等措施满足学生的共性要求和个性需求，为学生发展提供足够空间。

建立了综合性评价与个性化评价相结合的学生发展评价指标体系，动态支持每一个学生得到适宜的发展。

了解师范生发展诉求，加强学情分析，设计兼顾共性要求与个性需求的培养方案与教学管理制度，为师范生发展提供空间。

1. 建立师范生发展诉求、学情调研机制和师范生发展评价指导体系，以及促进师范生个性化发展的保障机制

安徽省宿州学院多角度、多渠道、多方式满足师范生个性化发展的需求，学校层面出台了《安徽省宿州学院学生奖励办法（修订）》《安徽省宿州学院国家奖助学金评审办法（修订）》来拓展师范生发展空间。学校重视支持师范生的个性化发展，开设选修课程，鼓励学生跨院选修，制订了《安徽省宿州学院本科生辅修学士学位管理办法》《安徽省宿州学院双学位管理办法》《安徽省宿州学院“第二课堂成绩单”制度实施办法（修订）》；开设《大学生职业生涯发展与就业指导》等创新创业课程支持学生的个性化发展。学院结合第二课堂活动开展相关辅助教师的成长技能大赛等促进学生个性化发展。学院通过设立教学信息员、开展学生专业座谈会、实行外级干部联系年级制度等充分了解学生的发展需求；组织开展师范生学情摸底调查工作，了

解师范生关心的主要问题和基本诉求；通过新生入学教育、就业指导与模拟求职等活动指导学生规划发展；建立并逐步完善师范生发展评价指导体系，改进反馈机制，不断修订完善评价标准，促进学生个性发展，取得明显成效。

2. 完善满足多样化发展需求的人才培养方案和管理制度

为了满足学生个性发展需求，给学生提供更好发展空间，学院对学生开展综合测评工作并制订了《安徽省宿州学院学生综合素质测评办法》，建立学生综合测评体系。对学生每学年思想品德、学习成绩、能力素质等进行综合客观评价，帮助学生查找自身不足，明确努力方向。基于适应当前中学师资需要，针对专业教学和师范生个性发展需要，制订人才培养方案；建立相应的教学管理制度，提高研究生入学考试、公务员招考、教师资格证考试、英语（师范）专业测试通过率，设立固定研修教室；兼顾学生共性要求与个性需求，为师范生的自主选择和发展提供足够的空间；制订了《安徽省宿州学院大学生创新创业训练计划项目管理办法（修订）》等文件，满足师范生多样化需求。

（二）成长指导

建立师范生指导与服务体系，加强思想政治教育，能够适时为师范生提供生活指导、学习指导、职业生涯指导、就业创业指导、心理健康指导等，满足师范生的成长需求。

人才培养是全方位的工作，成长指导对于落实毕业要求，促进学生全面发展至关重要。该指标要求学校应把促进学生健康成长作为一切工作的出发点和落脚点，建立融合大学生思想政治教育、生活指导、学习指导、职业生涯指导、就业创业指导和心理健康指导等为一体的师范生指导与服务体系，并将之纳入整体的人才培养体系中；将思想政治教育工作贯穿教育教学全过程，用好思想政治理论课堂这个教学主渠道，并使各类课程与思想政治理论课同向同行，形成协同效应，不断提高学生的思想水平、政治觉悟、道德品质、文化素养，让学生成为德才兼备、全面发展的人才；通过全体教师和管理人员、服务人员的共同努力，形成全面、全程、全员育人的大环境。

建立了师范生指导与服务体系，按国家规定配备班主任、学生辅导员和心理健康教师，负责对学生进行相应的指导，包括面上的工作和应对特定问题两个层面。

学校有全面、全程、全员育人相关制度，采取措施鼓励全体教师和管理人员、服务人员参与学生指导，关爱学生，形成服务全体学生的交流沟通机制，及时应对学生生活和学习上出现的问题。

能够适时为学生提供思想政治指导、学业指导、职业生涯规划指导、就业创业指导、心理健康指导等（见表 6-3~ 表 6-7），制订针对性较强的“薄弱学生帮扶计划”，满足学生成长需求，学生整体满意度较高。

表 6-3 思想政治指导情况

指导人	指导渠道	指导方式	指导频度	受益学生
辅导员	新生入学教育	讲座	1 次 / 学年	新生
辅导员	安全教育	讲座、班会	1 次 / 月	全体学生
辅导员	考风考纪教育	讲座、班会	1 次 / 学期	全体学生
辅导员	主题班会	班会	1 次 / 月	全体学生
团支部书记	主题团日活动	形式多样	1 次 / 月	共青团员
辅导员	毕业生大会	讲座	1 次 / 学年	全体毕业生
党校教师	入党积极分子培训	培训	1 次 / 学期	积极分子
党校教师	发展对象培训	培训	1 次 / 学期	发展对象
支部书记	党课	课程	1 次 / 学期	支部成员
任课教师	马克思主义理论课	课程	根据课程安排	全体学生
分团委	寒暑假社会实践	宣讲、带队	2 次 / 学年	全体学生

表 6-4　学业指导情况

指导人	指导渠道	指导方式	指导频度	受益学生
教研室主任	学业指导	讲座	根据教研室安排	全体学生
教学秘书	选课指导	讲座	1 次 / 学年	全体学生
任课教师	学术讲座	讲座	不定期举行	全体学生
辅导员	学业规划与指导	讲座	贯穿大学四年	全体学生
论文指导教师	毕业论文（设计）	双选指导	大四	全体学生
竞赛指导教师	学科竞赛	团队	贯穿大学四年	全体学生

表 6-5　职业生涯规划指导情况

指导人	指导渠道	指导方式	指导频度	受益学生
实训中心	实习动员大会	会议	1 次 /4 学年	毕业班学生
任课教师	职业规划与指导	课程	课程安排	全体学生
领导班子	毕业生大会	会议	1 次 /4 学年	毕业班学生
分团委	职业生涯规划大赛	比赛	1 次 / 学年	全体学生

表 6-6　就业创业指导情况

指导人	指导渠道	指导方式	指导频度	受益学生
辅导员	毕业生谈心谈话	谈话	贯穿大学四年	全体毕业生
任课教师	职业规划课程	课程	根据课程安排	全体学生
实训中心	“互联网 +”大学生创新创业大赛指导	讲座	根据赛程安排	参赛学生
优秀校友	就业创业讲座	讲座	不定期进行	全体学生
外聘专家	公务员考试培训	讲座	不定期进行	报名考生
指导教师	创新创业培训	课程	1 次 / 学年	选拔学生
辅导员	创新创业实践学分认定	课程	贯穿大学四年	全体学生
分团委	模拟求职大赛	比赛	1 次 / 学年	全体学生
院领导班子	就业困难指导	帮扶制度	贯穿大学四年	原建档立卡家庭学生
辅导员 / 优秀校友	就业创业指导	讲座 / 会议	贯穿大学四年	全体学生
企事业单位	单位、企业宣讲会	宣讲	贯穿大学四年	全体学生

表 6-7　心理健康指导情况

指导人	指导渠道	指导方式	指导频度	受益学生数
辅导员	心理辅导	日常排查	1 月 / 次	全体学生
辅导员	谈心谈话	“一对一”谈话	不定期进行	全体学生
心理健康中心	心理测评	测试	1 次 / 学年	一年级学生
心理健康中心	心理健康课程	课程	课程安排	全体学生
心理健康中心	心理咨询	咨询	不限	报名参与
心理健康中心	心理健康月	团队拓展、心理咨询	1 次 / 学年	报名参与

1. 健全师范生指导和服务体系，满足师范生成长需求

为了更好满足师范生的成长需求，校、院加强对师范生的学习生活、职业生涯、就业创业和心理健康等方面的指导，建立了师范生指导和服务体系。在学校层面，根据工作分工，设有学生工作部、共青团安徽省宿州学院委员会等部门；在学院层面，设有学生事务管理科、分团委，辅导员带领学生干部开展学生日常管理工作。通过校院两级垂直管理的运行方式共同为师范生的全程成长提供指导和服务（见图 6-1）。

2. 学生成长指导服务到位，成效良好

为了更好促进学生的健康成长，学院在教育教学过程中，坚持立德树人，培养核心素养，从思想品德、学习学业、职业生涯、就业创业和心理健康等方面开展指导和服务工作，取得良好成效。从 2019—2022 届英语（师范）专业毕业生情况看，提交入党申请书的占比为 100%；毕业率 99.08%，学位获得率 98.88%，2019—2021 届毕业生平均初次就业率为 92.43%。

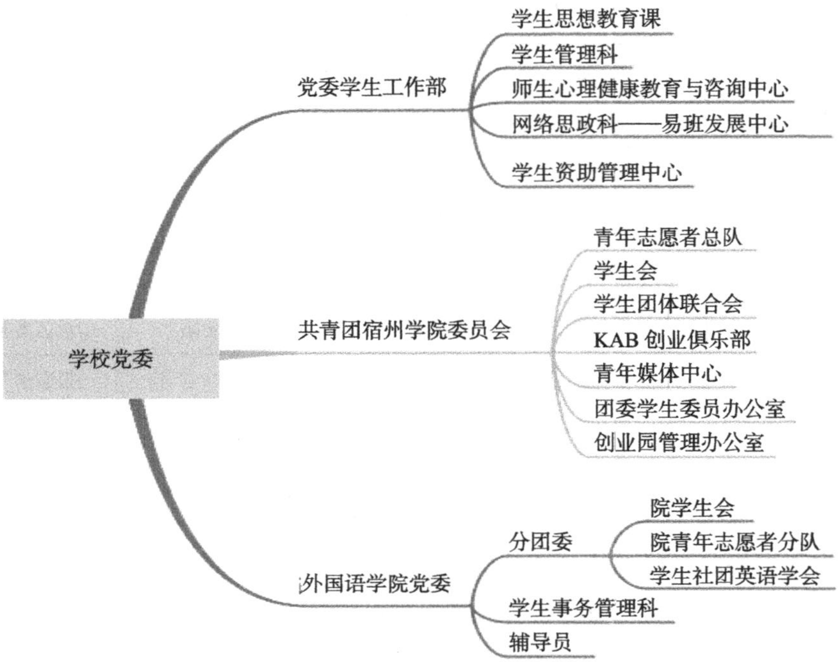

图 6-1　学生指导服务组织机构

3. 开展学习指导的机制、内容、方法与效果，指导师范生根据培养目标和毕业要求制订学习规划、根据课程目标制订课程学习计划

学院围绕“重师德、厚基础、强能力”的要求，着力推进教学改革，全面优化学风建设。通过实施面对面交流、主题讲座、一对一指导、座谈会等形式引导学生参与学科竞赛、师范生技能大赛等活动，为学生提供专业学习和实践平台，使学生满足学科素养、教学能力的毕业要求。

4. 三全育人机制及思想政治教育贯穿教学全过程

外国语学院成立了师范生指导与服务体系、学生工作领导小组，构建与完善育人工作，不断推进“三全育人”工作。在制度建设方面，制订了《安徽省宿州学院师范类专业人才培养质量实践度评价管理办法（试行）》《安徽省宿州学院师范生教育教学能力考核办法》《安徽省宿州学院师范生免试认定中小学教师资格改革工作方案》《安徽省宿州学院全面加强新时代学生劳动教育的实施方案（试行）》；在专业学习方面，学院师范生工作领导小组建立了师范生技能培训制度，开展一系列师范生技能提升系列活动。

在实践能力方面，学院学生工作领导小组结合专业特色，连续开展了安徽省宿州学院品牌活动——“英语月”系列活动，包括英语演讲比赛、英语歌曲演唱比赛、英语猜单词比赛、英语板书比赛、英美文化知识竞赛、英语电影配音比赛和英语晨读周活动；近五百人每年使用到梦空间系统签到参加“英语月”系列活动，在学校影响力较大。多项文体活动丰富了校园文化，给学生搭建更好的展示语言运用能力与才华的舞台，增强学生跨文化交际能力，为进一步营造浓郁的语言交际氛围作出了贡献。

此外，学院和校团委、相关政府单位合作开展了丰富的志愿者活动，每年为宿州国际女子网球公开赛提供数十名志愿者，为宿州国际云安全大会和微笑使者服务团队提供翻译志愿者，帮助师范学生在实践中提升专业技能和综合素养；举办了形式多样的学生活动，组建学生社团英语学会，拓展“第二课堂”平台；帮扶家庭贫困、学业困难等特殊学生群体，确保每一位学生都不掉队。

学院大力推进体育能力测评，近两年达标率分别为 88.82%（2020 年）、90.92%（2021 年）；为鼓励学生“走出宿舍、走下网络、走向操场”开展了女生趣味运动会系列活动、健身挑战赛活动、积极参与“学海杯”系列活动。通过活动，学生在专业能力素养、政治理论水平、思想道德素养、法律素养、科学文化素养、身心素质、创新创业能力等各方面发展良好。

外国语学院学生在省级及省级以上学科竞赛中成绩显著，近 3 年共取得省级赛事奖励 37 项；近 3 年来获批大学生创新创业训练计划项目成功立项 18 项；学生公开发表学术论文 9 篇，获得外观设计专利 2 个。

（三）学业监测

建立形成性评价机制，监测师范生的学习进展情况，保证师范生在毕业时达到毕业要求。

学业监测是对学生学习进展情况的监测与评价，其目的是通过规范指导学生发展过程与结果，支撑毕业要求的达成。该指标要求本专业要建立以形成性评价为重点的师范生综合学习评价机制；通过学业监测的正常运行发现问题，把握学生的学习状态，形成预警机制；建立学生学习的成长档案，帮扶弱势学生，对学生进行课程学习指导、实践学习指导和研究性学习指导，保证师范生在毕业时达到毕业要求。

专业制定了学生学业发展水平测评标准和师范生综合素质评价方案，建立了以形成性评价为重点的师范生综合学习评价机制，采用过程评价、多元评价和综合评价等方式，对学生进行客观、公平、公正的学业水平评价和师范生综合素质评价。

有学生学业发展测评实施办法和学生个人发展档案，本专业对不同来源信息进行综合分析，根据学业监测情况进行反馈，对可能达不到毕业要求的同学发出预警并给予指导。

加强对课堂教学、实验实习、自习、毕业论文、考分考纪等环节的监测，学业监测综合分析信息能传递到教研组、教师及班主任，以规章制度、组织保障等有效措施实施课程学习指导、实践学习指导和研究性学习指导，帮扶弱势学生，促进学风建设。

有明确的学分认定规定，有规范的认定过程，并严格执行，且认定方式足以反映学生在相关方面是否达到了毕业要求。

1. 出台学生毕业、获得学位的管理规定及对各类考核合格标准的控制措施

校、院两级严格把控学生毕业、获得学位的管理工作，出台《安徽省宿州学院全日制本科生学士学位授予工作细则（暂行）》《安徽省宿州学院学生

学籍管理办法》。监督学生按时修满本专业培养方案所规定的总学分；每学期进行一次学业清查，对入学以来，有1门次及以上课程（含必修课程、限选课程、实践环节）不合格或培养方案规定的学分未达到要求的在校学生进行学业预警；为每一名毕业生配备毕业论文指导教师，指导完成毕业论文。

2. 建立形成性评价机制，重视综合素质测评

为了确保师范生经过四年的学习达到毕业要求，校、院重视师范生形成性评价机制建设，制订了《安徽省宿州学院学生档案管理细则》《安徽省宿州学院学生综合素质测评办法》《安徽省宿州学院学生奖学金评审办法（修订）》《安徽省宿州学院国家奖助学金评审办法（修订）》等十多份管理文件，推进学生学业发展评估和自我检测，确保人才培养质量和学生最终达到毕业要求。实施各种学风督察和学业预警制度，有效督促学生的学习进度；落实辅导员一对一约谈制度，辅导员通过与学生沟通交流，了解学生的学习需求。

校、院两级分别成立教风学风督导工作小组，每周反馈学生学习情况，有针对性的解决学习过程中存在的问题；每学期组织测评学生的学分绩点及综合素质得分，掌握学生每学期的学习情况；制订学业预警制度，统计学生第二课堂学分和大学生创新创业活动学分完成情况，督促学生认真学习，顺利完成学业。通过以上系列措施，促进学风养成及建立形成性评价机制。

校、院两级重视学生综合素质发展测评，学生通过填写综合测评表，客观了解自己的综合测评情况，包括思想道德素质、学习成绩、身体素质、实践与创新创业素质四个维度；引导学生开展自我监测和自我评价，调动刻苦学习、奋发向上的积极性，培养创新精神和实践能力，促进学生全面发展。学校通过综合测评结果进行优秀学生奖学金、国家励志奖学金和国家奖学金的评定，发挥奖优助困体系的作用。

此外，学院以立德树人为根本任务，实施《安徽省宿州学院大学生创新创业实践活动学分认定管理办法》和《安徽省宿州学院“第二课堂成绩单”

实施办法（试行）》，从思想道德素质、法纪法规素质、身心健康素质、文明礼仪素质、实践能力素质五个维度进行综合考评；运用到梦空间系统和志愿者服务登记制度将德育目标详细化，通过第二课堂的学分成绩规范指导学生发展。

3. 以“翻译理论与实践”课程为例，跟踪和评价学生的学习表现情况

“翻译理论与实践”课程是英语师范专业的专业必修课，它肩负着培养师范生学科素养和实践能力的重任，是教师教育专业的核心课程之一。它的先修课程是综合英语、大学语文、英语语法、英语阅读与写作、英汉语言对比、语言与逻辑、英国文学、英语国家概况、语言学等。它建立在学生已有的英语和汉语语言知识和认知的基础上，将双语知识与翻译理论相结合，教授学生如何通过双语转换，恰当得体地进行跨文化沟通交流的翻译实践能力。本课程的主要内容包括：汉英翻译概述、汉英语言对比、汉英翻译过程、汉英词语翻译、汉英句子与段落翻译、汉英篇章翻译概述、科技文本的翻译、新闻类文本的翻译及地方特色文化文本的翻译。通过学习，提升学生的跨文化沟通交流能力和学生的全球胜任力；在中国文化“走出去”的战略指引下，培养学生家国情怀，传递中国特色地方传统文化，讲好中国故事，展现中国真实形象，提升中国在世界上的文化软实力，从而真正落实我校的培养应用型人才和服务地方办学理念，为中小学基础教育输送教学实践和文化沟通能力强、专业思想稳定的合格教师。本课程 2018 年成功获批安徽省宿州学院重点建设课程，并于 2020 年 12 月建设完成并顺利结项。2020 年 12 月又成功获批安徽省质量工程思政课程示范课建设项目，2022 年 7 月完成中期检查任务，获得良好的评价。

4. 建立学业预警制度，对学业有困难的学生开展帮扶措施

学校制订了《安徽省宿州学院普通本科生学业警示办法》，通过开展每学年学生素质综合测评，每学期德育学分评价，每学年奖学金评选机制，结合

任课教师对于学生课程考勤反馈，形成了较为科学合理的评价机制。校、院两级有效引导学生开展自我监测和自我评价，建立完善的学业预警制度并加强学风建设和学生学业管理，对入学以来，有1门次及以上课程（含必修课程、限选课程、实践环节）不合格或培养方案规定的学分未达到要求的在校学生进行学业预警；此外，学校和学院严格执行教学管理制度，对违纪学生通过相应程序予以惩戒，具体见表6-8、表6-9。

表6-8　近3届本科生学业警示情况

年度	学生人数	学业预警学生人次
2019届	81	5
2020届	82	26
2021届	95	12

表6-9　近3年学生违纪处分情况

年度	在校生人数	受处分人数
2019	631	4
2020	761	0
2021	851	3

5. 运行监测机制，精准帮扶学业困难学生

通过学业监测机制，辅导员对于综合测评靠后、德育学分重修、学生，以及被学院学业预警的学生进行周期性一对一谈话，建立学生学习的成长档案，加强学生的主动学习意识。通过学业监测针对课程学习困难的、实践学习薄弱的、研究性学习欠缺的学生，由论文指导教师、学习小组作出相应指导，对学业困难学生采取帮扶措施，效果明显。部分受到学业警示的同学，经过学院帮扶后最终按时毕业。近三届毕业生总体毕业率和学位获得率均在97%以上，见表6-10。

表 6-10　近 3 年毕业和学位获得情况

届次	应毕业人数	毕业证获得人数	毕业率 %	获得学位人数	学位获得率 %
2019	81	80	98.77	80	98.77
2020	82	80	97.56	80	97.56
2021	95	95	100	95	100
2022	122	122	100	121	99.18

6. 根据学生自我检测和自我评价结果开展指导和改进，保证师范生在毕业时达到专业毕业要求

为了引导学生进行自我评价、自我监测，确保毕业时达到毕业要求，学院建立学生学业指导制度。通过召开教师、学生座谈会，了解学生的学习、发展情况，及时掌握需要辅导帮扶的对象；督促任课教师给予学生及时指导跟踪，帮助学生学业上的成长进步；辅导员针对学生的个体差异采取不同的教育或帮扶措施，以 2017 级为例，95 名师范生中原有 12 人不及格科目较多，出现学业问题，通过帮扶后，已经达到毕业要求，如期毕业。学院注重加强培养学生自我监测、自我评价、自我提高的能力，进一步激发学生学习主动性，确保师范生达到毕业要求。

三、师范生服务社会

（一）就业质量

毕业生的初次就业率不低于本地区高校毕业生就业率的平均水平，获得教师资格证书的比例不低于 75%，且主要从事教育工作。

就业率和获证率是衡量师范院校培养质量的重要指标，也在一定程度上显示了教育质量的社会认可度，反映师范生服务社会的情况。教师资格证是从事教育工作的基本准入要求，是师范学校人才培养规格的特殊要求。初次

就业率反映了人才的质量和社会适应性，从事教育工作的比例反映了毕业生的教育态度和情怀。该指标要求学校要重视毕业生的获证率、初次就业率及教育岗位的就业率，出台鼓励学生从教、支持学生参加教师资格考试的制度，采取措施推动就业工作；本专业应将毕业生获证率和对口就业率作为衡量教学效果的重要标准，定期分析学生考证和初次就业情况，主动为学生就业提供职业生涯规划教育、就业信息服务、就业考试面试指导，引导师范生积极从教。

在促进学生教师资格证获取、初次就业率和志愿从教等方面有制度、有措施。对毕业生考证和初次就业情况进行分析，并有相应的举措。应届毕业生获得中学教师资格证书的比例、初次就业率及毕业生就业岗位对口率等数据，可以证明学校相关制度与措施具有实效。

（二）社会声誉

毕业生社会声誉较好，用人单位满意度较高。社会声誉的来源是稳定的教育质量和有效的社会服务，取决于社会的满意度。因此，毕业生社会声誉的实质是学校教育质量的高低，是人才对社会的适应度，该指标主要反映师范生服务社会的情况。该指标要求专业要将毕业生社会声誉作为提高办学质量的重要动力，建立促进毕业要求达成方面的跟踪反馈与改进机制，关注毕业生入职 5 年后的专业发展成就，主动了解利益相关方及社会各界对毕业生专业思想、专业能力等方面的评价，不断改进专业办学，使专业人才培养质量得到社会普遍认可。

重视毕业生专业发展成就跟踪工作，通过利益相关方及社会各界对毕业生专业思想、专业能力等方面的评价，定期跟踪并分析毕业生入职 5 年后的专业发展状况。

建立毕业要求达成情况反馈和改进机制，不断改进专业人才培养方案，完善课程方案与教学管理制度。

毕业要求达成反馈和改进机制产生实效。专业毕业生入职 5 年后的专业发展成绩较好，用人单位满意度较高。

1. 树立优秀毕业生典型，获得良好社会声誉

校、院委托第三方调研公司（北京新锦成数据科技有限公司）对用人单位进行了满意度调查，调研结果显示用人单位对我校英语（师范）专业毕业生专业知识水平和应用能力的满意度为 100%，其中“很满意”占比 62.12%；对我校英语（师范）专业毕业生课堂教育教学基本功的满意度为 100%，其中“很满意”占比 63.64%；对我校英语（师范）专业毕业生思想品德与职业道德的满意度为 96.92%，其中“很满意”占比 69.23%；对我校英语（师范）专业毕业生敬业精神与责任意识的满意度为 96.92%，其中“很满意”占比 66.15%。

2. 建立毕业生跟踪反馈与改进机制，不断优化工作机制

学校建立了较为完善的毕业生跟踪反馈与改进机制，每年在学生毕业前，召开师范毕业生代表座谈会，了解毕业生的需求，并听取毕业生对校、院及专业发展建议。学院重视毕业生的发展情况，通过建立校友信息群，完善校友信息网络系统，对毕业生追踪调研，结合反馈结果，对英语（师范类）本科人才培养方案进行必要的修订，对课程教学进行必要的改革，以持续提高师范生人才培养的社会适应性。

此外，校院两级定期开展了毕业生满意度问卷调研，委托第三方机构进行毕业生问卷调查和电话调研，定期发布《毕业生就业质量年度报告》。数据显示 2019—2021 届毕业生认为毕业要求中“师德规范”的符合度为 99.35%，均值为 4.67 分；认为毕业要求中“教育情怀”的符合度为 100%，均值为 4.69 分；认为毕业要求中“学科素养”的符合度为 98.61%，均值为 4.34 分；认为毕业要求中“教学能力”的符合度为 97.57%，均值为 4.33 分。此外，毕业生对工作环境、薪酬、发展前景都给予了肯定，毕业生、毕业生家长对于学院

课程设置、人才培养、就业创业指导等方面都给予了较高评价。针对毕业生所提的建议，如“师范专业学生实践平台较少，面试技能有待提高”，学校开展了一系列讲座如“云都外语讲坛”“创新创业大讲堂”“优秀校友就业创业专题讲座”，邀请知名校友为学生分享经验，还搭建了一系列比赛平台，如模拟求职大赛等，有效提升了在校师范专业学生的专业素养和求职技能。

第七章　英语（师范）专业教师队伍建设

一、专业师资队伍的基本情况

师资队伍建设是专业建设重要的人力资源保障，是实现培养目标、加强专业建设、维持教学课程运行和保证人才培养质量的重要因素，对毕业要求具有重要支撑作用。重点关注三个方面：一是专业师资队伍的基本情况；二是专业师资队伍的素质能力要求；三是师资队伍的培训、评价和专业发展情况。具体包括数量结构、素质能力、实践经历、持续发展四个二级指标。

数量充足且结构合理的师资队伍是保证专业人才培养各项活动顺利实施的前提。要求专业专任教师的数量结构能够满足课程教学和人才培养的需要，生师比、学历、职称、年龄等结构合理，做到学源多样、学科全面，达到专业认证标准规定要求；教师教育课程和学科专业课程教师队伍数量充足、素质较高，能够满足相关课程的教学需要；形成专兼结合的专业教师队伍，积极聘请中学教育一线的专家、优秀教师充实专业教师队伍，兼职教师素质良好、队伍稳定，数量符合要求。学校有师资队伍建设规划及专业专任教师选聘规定。

专业专任教师数量充足，在年龄、学历、专业技术职务等方面结构合理，符合学校定位，满足课程教学、师范生培养需要和学科发展需要。

学校有选聘兼职教师的管理、培训与考评办法，并将兼职教师能力建设纳入师资队伍规划。受聘的中学一线兼职教师在师范生培养中承担具体明确的工作任务，并进行绩效考评。

专任教师数量结构能够适应本专业教学和发展的需要，生师比不高于 18：1，硕士、博士学位教师占比一般不低于 60%，高级职称教师比例不低于学校平均水平，且为师范生上课。配足建强教育课程教师，其中学科课程与教学论教师原则上不少于 2 人。基础教育一线兼职教师素质良好、队伍稳定，占教师教育课程教师比例不低于 20%。

1. 专业专任教师数量、结构、生师比情况及分析

目前本专业在校生总数 565 人，专任教师 29 人，外聘教师 12 人。专业教师总数合计 35 人，生师比 16：1。本专业专任教师中，具有高级职称教师 12 人，占专任教师比例 41.38%；35 岁以下青年教师 4 人，占专任教师比例 13.79%。其中，具有硕士、博士学位教师 27 人，占专业教师比例 93.10%，高于学校平均水平，且均为本科师范生上课，担任师范生导师（具体见表 7-1、表 7-2）。

表 7-1　英语（师范）专业专任教师数量结构

专业教师人数		29 人		
年龄结构	年龄段	≤35 岁	36~54 岁	≥55 岁
	数量	3	26	0
	比例	10.34%	89.66%	0
学位结构	层次	博士	硕士	学士
	数量	3	24	2
	比例	10.34%	82.76%	6.90%
职称结构	级别	教授	副教授	讲师及以下
	数量	3	9	17
	比例	10.34%	31.04%	58.62%

表 7-2　本专业在校学生人数

年级	2018 级	2019 级	2020 级	2021 级	合计
人数	122	155	150	138	565

从以上数据来看，本专业专任教师数量较充足，在年龄、学位和职称方面结构基本合理，能够满足课程教学和师范生培养和学科发展需要。

2. 本专业所有专任教师为本科生上课的情况，以及高级职称教师投入本科一线教学的情况

近三年来，所有高级职称教师每学年为本科生的授课率达 100%，承担英语（师范）专业主要课程，并参与毕业论文和教育实习等实践教学的指导（具体见表 7-3）。

表 7-3　本专业专任教师为本科生上课情况汇总

序号	专业技术职务	讲授课程
1	教授 / 博士	综合英语
2	教授	专业导论
3	教授	专业导论
4	副教授	英汉语言对比
5	副教授 / 博士	英语听力 英语视听说
6	副教授	英国国家概况 英语演讲
7	副教授	英国文学 英语教学研究方法
8	副教授	中西文化导论
9	副教授	英语教学研究方法
10	副教授	英国文学
11	副教授	英汉语言对比
12	副教授 / 博士	英语口语
13	讲师	英语语言学

续表

序号	专业技术职务	讲授课程
14	讲师	英语语音
15	讲师	翻译理论与实践
16	讲师	综合英语
17	讲师	综合英语
18	讲师	英语视听说
19	讲师	综合英语
20	讲师	综合英语
21	讲师	英语教学研究方法
22	讲师	英语视听说
23	讲师	英语阅读 英语语音
24	讲师	语言与逻辑
25	讲师	综合英语
26	讲师	综合英语
27	讲师	英语语言学
28	讲师	综合英语
29	讲师	英语阅读与写作

3. 近三年专业专任教师队伍建设和发展满足学生发展需要的情况，配足建强教师教育课程教师情况，学科课程与教学论教师人数和具有半年以上境外研修经历教师占教师教育课程教师比例的情况

本专业配备了 3 名学科课程与教学论教师，承担现代外语教学理论与实践、中学英语教材研究与设计、英语学习策略三门课程的教学工作。其中，有 2 人具有高级职称；3 人均有 6 个月及以上中学教育实践锻炼经历。

为加强教师教育课程专业教师队伍建设，学校鼓励教师教育课程教师通过国内外访学、攻读博士研究生等方式提升专业水平。近三年，本专业有4人次进行进修访学，5人次攻读博士学位。本专业共有19人次到中学参加实践锻炼。

4. 近三年专业兼职教师队伍建设和发展满足学生发展需要的情况

本专业将兼职教师能力建设纳入师资队伍规划，严格管理、培训并加入绩效考评。学院按照《安徽省宿州学院外聘教师管理暂行办法》规定，依据本专业学科建设需求，聘用兼职教师为，进一步优化师资队伍结构。目前，学院现有兼职教师12名，其中有1名外籍教师，11名中学一级以上或中学骨干教师、退休教师、教体局教研员，教师素质良好，在师范生培养中承担中学教学实践能力培养、学生论文双导师等工作任务，能满足培养学生师范技能发展需要（具体见表7-4）。

表 7-4　本专业基础教育一线兼职教师

序号	工作单位	职称	聘用时间	学历学位	承担教学任务
1	宿州市九中教育集团	中学高级	2021.09—2022.07	大学本科	专题讲座 教科研指导
2	宿州市九中教育集团	中学高级	2021.09—2022.07	大学本科	专题讲座 教科研指导
3	宿州市九中教育集团	中学高级	2021.09—2022.07	大学本科	专题讲座 教科研指导
4	宿州市九中教育集团	中学高级	2021.09—2022.07	大学本科	专题讲座 教科研指导
5	宿州市九中教育集团	中学高级	2021.09—2022.07	专科	专题讲座 教科研指导
6	宿州市九中教育集团	中学高级	2021.09—2022.07	大学本科	专题讲座 教科研指导
7	宿州市九中教育集团	中学一级	2021.09—2022.07	大学本科	专题讲座 师范生技能培训

续表

序号	工作单位	职称	聘用时间	学历学位	承担教学任务
8	砀山县教体局	中学高级	2021.09—2022.07	大学本科	专题讲座 教科研指导
9	灵璧一中	中学一级	2021.09—2022.07	大学本科	专题讲座 教科研指导
10	苏州大学附属中学	中学一级	2021.09—2022.07	研究生	专题讲座 教科研指导
11	宿州市教体局	中学高级	2021.09—2022.07	硕士研究生	专题讲座 师范生技能培训

如表 7-4 所示，校外兼职教师均具备中学一级及以上职称，具有丰富的教学经验。聘请中学一线教师为师范生开展中学教育教学专题讲座；聘请中学一线教师对师范生技能进行合作训练、对实习和毕业论文进行合作指导；聘请教研员、退休教师开展教科研合作，为英语（师范）专业教师和学生开展专题讲座。

二、专业师资队伍的素质能力状况

本专业师资队伍遵守高校教师职业道德规范，为人师表，言传身教；以生为本、以学定教，具有较强的课堂教学、信息技术应用和学习指导等教育教学能力；勤于思考，严谨治学，具有一定的学术水平和研究能力。具有职前养成和职后发展一体化指导能力，能够有效指导师范生发展与职业规划。师范生对本专业专任教师、兼职教师师德和教学具有较高的满意度。

1. 学校加强专业专任教师队伍师德师风和素质能力建设的制度和措施，以及这些制度和措施发挥的作用

（1）加强制度建设，严格落实“师德师风”一票否决制。校、院两级出

台了《关于印发〈安徽省宿州学院关于进一步加强师德师风建设的实施意见〉的通知》《安徽省宿州学院 2020 年度教师和实验系列专业技术职务任职资格评审办法》《安徽省宿州学院关于加强劳动纪律管理的暂行规定》《安徽省宿州学院关于加强和改进新形势下思想政治工作的实施细则》《关于成立外国语学院师德师风建设领导小组的通知》等相关管理制度，建立教职工行为准则、工作条例、考核制度、奖惩办法，使师德师风建设规范化、制度化，实行“师德师风”一票否决制，并将师德师风考评作为评优评先、晋级奖励、职务评聘、津贴发放、遴选骨干教师和学科带头人的一项硬指标。进一步加强师德师风建设；做到以教风带学风，以学风促教风，增强了教师教书育人的社会责任感，使学院教师队伍师德师风面貌焕然一新。

（2）注重教师培训，着力提升教师教育教学能力。学院以师资队伍建设培养规划和课程建设规划为抓手，在学校的大力支持下，积极创造机会，以课程进修为主要任务，根据教学需要选送到国内外知名大学进行访学研修，选派优秀教师出国进修，鼓励教师引进先进的教学方法，学习先进的教学理念和方法。学校出台《安徽省宿州学院教职工进修管理办法》《安徽省宿州学院关于教师出国（境）参加国际学术会议的暂行规定》《关于印发〈安徽省宿州学院教职工在职攻读博士学位管理办法〉的通知》《安徽省宿州学院选派教师出国（境）研修管理办法》，学院出台《外国语学院关于杨琳琳等八位教师学历提升问题的通知》，选派教职工攻读在职博士学位、在职硕士学位。

（3）开展学术论坛，提高教师学术水平和研究能力。学院常年聘请国内外知名学者、专家来院讲学，鼓励教师参加各级教学研讨会。建立教师院内和院外教学交流和网络教学交流机制，采用线上和线下相结合等多种方式，邀请校内外教学名师，针对教师教学业务能力提升，开展多种形式的学术讲座。学院举办“云都讲坛”系列讲座活动，邀请国内著名专家为教师、学生开展讲座。

在学校政策的扶持和保障下，在各种形式活动的促进下，专任教师不仅进一步提高了个人的业务水平、专业知识，接触到了本学科的前沿发展动态，也把这些新知识、新感受运用到教学和科研之中，以学促教、以学促研，使教师的个人素质得到了大大提升。

2. 常态化学生评教制度与标准

（1）学生评教制度。本专业将学生评教作为教学质量常态监测的重要手段，按照学校文件《安徽省宿州学院学生评教工作实施办法》的规定，建立每学期 1 次的常态化学生评教机制，主要从教学态度、教学内容、教学方法、课堂管理和教学效果五个方面开展评教工作。由安徽省宿州学院教务处、发展规划处、二级学院对教学综合管理服务平台中的学生评教数据进行统计、汇总和核对，并发放至各学院教师，希望各位任课教师能根据测评反馈结果，认真总结经验，找出差距，努力改进教学手段和方法，不断提高教学水平和教学质量。

（2）教学检查反馈学生评价。本专业根据《安徽省宿州学院教学信息反馈制度》《安徽省宿州学院学生教学信息员制度实施办法》等文件要求，坚持开展期初、期中、期末（三期）教学检查，核对教学进度与教学大纲、教学计划的一致性；定期召开教师座谈会和学生座谈会，了解课程教学效果，分别从教师教学和学生学习两个维度衡量、反馈、反思教学得失，不断改进教学。每个教学班设有一名学生教学信息员，记录教学活动的实施情况，及时向教务处反映教学信息和学生建议，有力地促进学校教学管理制度的实施。多重教学监督制度的实施，对提高课堂教学质量起到了良好的促进作用。

（3）学生评教结果。对近六个学期，本专业专任教师学生评教分数进行统计，具体见表 7-5。

表 7-5　外国语学院学生评教结果

序号	学期	平均分
1	2018—2019 学年第二学期	92.43
2	2019—2020 学年第一学期	97.48
3	2019—2020 学年第二学期	92.62
4	2020—2021 学年第一学期	97.6
5	2020—2021 学年第二学期	97.81
6	2021—2022 学年第一学期	97.34

总体而言，学生评教方式比较合理，评价体系比较科学，评教结果比较客观。近 6 个学期评教平均分高于 92 分，绝大多数学生对课堂教学比较满意。

3. 专业专任教师的基础教育教学改革研究成果

本专业教师注重以基础教育教学改革研究来解决教育教学问题，促进了教育教学的改革。广大教师在认真做好课堂教学的同时积极投入教学研究，申报教学研究项目，开展专题性教学研究。近年来，本专业教师共发表教学研究论文 28 篇，立项省校级教研建设类项目 11 项，参与编写教材 1 部。同时，指导学生获国家级创新训练项目 4 项、省级创新创业项目 14 项（具体见表 7-6、表 7-7、表 7-8）。

表 7-6　本专业教师发表教研论文

序号	论文名称	期刊名称	发表年限
1	国际视野下高校教师教学风格三大主流类型	《江苏高教》	2017
2	国外双主体教学模式研究的元分析	《高教探索》	2017
3	国内二语词汇习得研究回顾与展望	《山东农业工程学院学报》	2017
4	道尔顿教育质量评价视角下学生中心教学模式局限性初探	《河北工程大学学报》	2017
5	社会认知评价对语言应用能力检验的可行性研究	《淮南师范学院学报》	2017

续表

序号	论文名称	期刊名称	发表年限
6	*Research on the influence of context on advertising effectiveness*	*Gummi, Fasern, Kunststoffe*	2016
7	词汇学习 App 在英语（师范）专业学生中的使用现状分析	《山西能源学院学报》	2019
8	高校英语有效课堂教学方法创新与模式构建研究——评《大学英语有效课堂环境研究》	《外语电化教学》	2021
9	试论翻译中的模糊修辞功能——模糊修辞在英汉翻译中的语用功能	《阴山学刊》	2016
10	英美文学课程教学现状及其翻转课堂改革	《湖北第二师范学院学报》	2017
11	大学英语易混词汇支架式教学	《池州学院学报》	2017
12	大学英语教学方法改革探索——评《英语教学方法论》	《教育发展研究》	2017
13	大学英语教学改革初探——评《大学英语教学改革多元视角探索》	《中国教育学刊》	2017
14	评价理论在高级英语中的应用研究	《合肥学院学报》	2016
15	评价理论视角下的大学二语写作研究	《安徽省宿州学院学报》	2020
16	“-ly 副词 +speaking”构式语义的语料库研究	《安顺学院学报》	2019
17	地方应用型高校英语（师范）专业课程思政建设刍议	《安徽教育研究》	2020
18	概要写作、语类教学及其交互模式对听力理解和记忆的影响分析	《渭南师范学院学报》	2017
19	任务型网络书面实时交流中的意义协商机制：扩展模式构建	《外语教学》	2020
20	课堂配对学习中的语言取向、主题化与角色转换	《外语教学》	2016
21	理论视域：保护模式理论及其课程设计的实验研究	《重庆大学学报》	2017
22	“互联网 +”时代众包翻译模式发展及其在图书出版中的应用	《科技与出版》	2018
23	课堂配对学习中的意义协商与纠错反馈机制研究	《西安外国语大学学报》	2018
24	PPT 演示教学与学习成绩的相关性分析	《安徽农业大学学报》	2017
25	网络同步文本交流语篇中的语码转换现象探析	《安徽省宿州学院学报》	2019
26	大学英语学业成绩影响因素的实证研究	《蚌埠学院学报》	2020
27	网络书面实时交流的语篇特征探析：语域理论视角	《安徽省宿州学院学报》	2019
28	职前外语教师语言焦虑的个案研究	《安徽省宿州学院学报》	2019

表 7-7　本专业教师立项教研项目

序号	项目名称	立项时间
1	乡村振兴背景下乡村英语教师精准扶智的研究	2021 年 10 月
2	“互联网 +”背景下《综合商务英语》课程体系改革与金课建设实践研究	2021 年 8 月
3	安徽省质量工程项目课程思政示范课程：综合英语	2020 年 12 月
4	英语（师范）专业大学生二语动机调控策略研究	2018 年 11 月
5	安徽省教学研究项目：大学英语一	2017 年 12 月
6	“课程思政”融入大学英语教学的思路探讨	2021 年 1 月
7	安徽省质量工程项目：《英国文学》MOOC 项目	2017 年 12 月
8	大规模在线开放课程（MOOC）示范项目：实用跨文化交际	2019 年 12 月
9	安徽省宿州学院专创融合课程建设项目：学术论文写作	2020 年
10	省教育厅省级质量工程大规模在线开放课程（MOOC）示范项目：综合英语	2020 年 1 月
11	安徽省宿州学院项目：校级重点课程英语语言学	2018 年 12 月

表 7-8　专业教师近五年来基于实践的教改著作

序号	著作名称	出版单位	出版时间
1	多模态话语分析理论及其在外语教学中的应用	安徽大学出版社	2018 年

4. 专业专任教师为学生提供职前养成和职后发展一体化指导的情况

（1）职前阶段。

①通过英语学科教学论、课程标准与教材分析等教师教育类课程的教学，培养学生职业素养。通过组织参加师范生技能比赛，提高学生的教师教学技能。专任教师通过教师教育类课程，提升师范生的教育质量，促进师范生的专业发展，也进一步细化了培养师范生所必需的基本素质要求和职后发展的内在动力。

②通过导师制、教育实习双导师制、教育见习实习等教学环节，使学生掌握教师基本素质和各项相关技能，熟悉中学的课程标准和教学特点，为成为合格的中学教师做好准备。在设计人才培养方案和设置课程时，将英语（师

范）专业学生的应用能力、创新能力培养设定为重要任务之一。实现这一目标的主要途径就是在教学过程中建立科学体系，加强实践环节，加大实训力度，践行有效方法。

③通过开展师范生技能竞赛、实践课程成果评比、展示等活动，在学生中营造良好的学习氛围，培养学生积极的学习态度。通过师范技能实践课程，整体提高师范生技能水平；通过院内竞赛活动，增强师范生技能养成兴趣和动力，常态化开展师范生技能展示活动；通过校内选拔方式，参加省级师范生技能大赛，鼓励学生以赛促学，不断提高个人水平。

（2）职后发展阶段。学生走上教学岗位后，专任教师通过跟踪调查，对学生继续予以职后跟踪、反馈和相应帮助，使其顺利度过适应期阶段，尽力做到职前职后无缝对接，对学生的教学和专业知识进行继续指导和帮助。

①建立校友平台。完善校友平台建立，通过互联网方式，加强与毕业生联系。关注、关爱毕业生去向，为毕业生职业需求继续提供指导性意见和建议。同时，接受校友反馈，为人才培养目标及手段提供参考意见。

②倡导辅导员及教师持续关心、关爱毕业生。学生参加工作后，为学生顺利过渡到新的阶段提供指导性意见，帮助其快速适应工作环境，并给予力所能及的指导与帮助。

实践证明，这一举措对毕业生大有裨益，大大缩短了他们在教学岗位上盲目摸索的过程，使其工作更有方向，更有效率。

三、师资队伍的培训、评价和专业发展情况

（一）实践经历

教师教育课程教师熟悉中学教师专业标准、教师教育课程标准和中学教育教学工作，至少有一年中学教育经历，其中学科课程与教学论教师具有

指导、分析、解决中学教育教学实际问题的能力，并有一定的基础教育研究成果。

1. 教师教育课程教师深入中学一线实践方面采取的制度和措施

校、院出台多项举措，鼓励教师基层实践。学校制订了《安徽省宿州学院教师到企事业单位实践锻炼实施意见》，大力支持专业教师深入宿州市各县、区数所中学一线进行实践，从事中学教育，鼓励教师到中学进行学习、指导、交流和教研活动，在工作量和津贴方面予以计算。同时，学院逐步完善评价与激励机制，在学校的工作量计算和津贴倾斜的基础上，加大力度鼓励教师深入中学一线；在课程安排上，减轻工作量，鼓励教师脱产到一线从事基础教育工作和研究。本专业核心课程任课教师已 100% 完成实践锻炼活动，学院将继续鼓励全体任课教师参与实践锻炼。

2. 制度和措施在激励和保障专业教师通过实践形成丰富的教学研究成果中发挥的作用

第一，促进在职教师专业发展。教师通过到中学参与指导教育实习，积累了一定的中学实践经验，掌握中学教学中的一些问题，从而对如何改进课程教学进行反思，使师范生教育更符合中学教育的需求，提高了师范生职前培养的质量。第二，促进大学与中学的深层次合作。师范专业专任教师与中学教师携手进行项目合作研究，以课题研究推动课程改革。教师积极主动了解中学课程标准和教育改革动态，并将中学教改经验和成果融入自己的课程教学中。

3. 专业教师近五年基于实践的教学研究成果

近五年来，英语（师范）专业教师在课程教学、实习实训等实践教学过程中不断探索、勤于反思，发表基于实践的教学研究论文、积极申报省级校级教学研究类项目，以实践促科研，以科研促教学（见表 7-9）。

表 7-9　专业教师近五年基于实践的教学研究成果

序号	类型	名称	时间
1	论文	词汇学习 App 在英语（师范）专业学生中的使用现状分析	2019 年
2	论文	英美文学课程教学现状及其翻转课堂改革	2017 年
3	论文	大学英语易混词汇支架式教学	2017 年
4	论文	评价理论在高级英语中的应用研究	2016 年
5	论文	评价理论视角下的大学二语写作研究	2020 年
6	论文	地方应用型高校英语（师范）专业课程思政建设刍议	2020 年
7	论文	概要写作、语类教学及其交互模式对听力理解和记忆的影响分析	2017 年
8	论文	任务型网络书面实时交流中的意义协商机制：扩展模式构建	2020 年
9	论文	理论视域：保护模式理论及其课程设计的实验研究	2017 年
10	论文	“互联网 +”时代众包翻译模式发展及其在图书出版中的应用	2018 年
11	论文	课堂配对学习中的意义协商与纠错反馈机制研究	2018 年
12	论文	PPT 演示教学与学习成绩的相关性分析	2017 年
13	论文	网络同步文本交流语篇中的语码转换现象探析	2019 年
14	论文	大学英语学业成绩影响因素的实证研究	2020 年
15	论文	职前外语教师语言焦虑的个案研究	2019 年
16	项目	乡村振兴背景下乡村英语教师精准扶智的研究	2021 年
17	项目	“互联网 +”背景下综合商务英语课程体系改革与金课建设实践研究	2021 年
18	项目	安徽省质量工程项目课程思政示范课程：综合英语	2020 年
19	项目	英语（师范）专业大学生二语动机调控策略研究	2018 年
20	项目	安徽省教学研究项目：大学英语（一）	2017 年
21	项目	“课程思政”融入大学英语教学的思路探讨	2021 年
22	项目	安徽省质量工程项目：英国文学 MOOC 项目	2017 年
23	项目	大规模在线开放课程（MOOC）示范项目：实用跨文化交际	2019 年
24	项目	安徽省宿州学院专创融合课程建设项目：学术论文写作	2020 年
25	项目	省教育厅省级质量工程大规模在线开放课程（MOOC）示范项目：综合英语	2020 年
26	项目	安徽省宿州学院项目：校级重点课程英语语言学	2018 年

（二）持续发展

制订并实施教师队伍建设规划。建立教师培训和实践研修制度。建立专业教研组织，定期开展教研活动。建立教师分类评价制度，合理制订学科课程与教学论等教师教育实践类课程教师评价标准，评价结果与绩效分配、职称评聘挂钩。探索高校和中学“协同教研”“双向互聘”“岗位互换”等共同发展机制。

1. 专业师资队伍建设规划的制定情况及实施成效

学校制定了《安徽省宿州学院“十三五”教育事业发展规划（学校）》和《安徽省宿州学院“十四五”教育事业发展规划及专项规划》，学院制定了《安徽省宿州学院外国语学院“十四五”英语师范专业建设发展规划（2021—2025）》，明确师资队伍及教学团队建设目标发展任务。建立健全教学奖励管理办法和教学质量监控评价体系；成立 9 个教学团队和 5 个科研团队，从团队构成、经费来源和使用、教学团队活动及队伍管理四个方面加强和完善教学团队的建设；完善奖励与管理办法，提供有力的制度保障；鼓励教师外出学习和参加教学、学术会议，争取实现更多的高端项目获得立项，出版高水平专著、译著，发表高水平学术论文；采取“请进来，走出去”的形式，加强教学、学术交流和教学梯队建设，提高教学研究的层次；积极创造条件，提升教师的学历结构，建设良好的专业教学梯队。

2. 专业教师队伍培养、培训

在专业教师队伍培养、培训方面，学校定期组织教师进行业务培训，提升教师教学水平。学院在教师参加进修访学和参加各类教学技能与方法培训时，从时间、绩效考核等方面均给予大力支持。学校出台了《安徽省宿州学院关于加强青年教师队伍建设的意见》等相关文件，学院发布了《关于聘请外国语学院青年教师导师的通知》。具体措施如下：一是通过专题培训、教师在线培训课程、名师工程课程等，加强教师的专业学习；二是向国内外著名大学派送访问学者和团队；三是鼓励教师参加高水平的学术会议，加强学术交流；四是落实中青年教师培养计划，每年选派一定数量的教师到中小学实践锻炼。实施“教学名师”和“学科带头人”举措，发挥优秀人才的引领作用，定期开展教学能力提升活动、教学名师、学科带头人等遴选工作，实施对优秀教学人才的培养工程（本专业教师近三年中学一线实践锻炼情况具体见表 7-10）。

表 7-10　本专业教师近三年中学一线实践锻炼情况

序号	中学名称	时间
1	蒿沟中学	2021 年 9 月 1 日至 2022 年 9 月 1 日
2	安徽省泗县第三中学	2021 年 9 月 1 日至 2022 年 9 月 1 日
3	泗县灵童学校	2021 年 9 月 1 日至 2022 年 3 月 1 日
4	安徽省泗县第三中学	2021 年 9 月 1 日至 2022 年 9 月 1 日
5	宿州市第九中学	2021 年 9 月 1 日至 2022 年 9 月 1 日
6	宿州市埇桥区格瑞学校	2021 年 9 月 1 日至 2022 年 9 月 1 日
7	蒿沟中学	2021 年 9 月 1 日至 2022 年 9 月 1 日
8	安徽省泗县第三中学	2021 年 9 月 1 日至 2022 年 9 月 1 日
9	安徽省泗县第三中学	2021 年 9 月 1 日至 2022 年 9 月 1 日
10	宿州市埇桥区格瑞学校	2021 年 9 月 1 日至 2022 年 9 月 1 日
11	泗县灵童学校	2021 年 9 月 1 日至 2022 年 3 月 1 日
12	安徽省宿州学院附属实验中学	2021 年 9 月 1 日至 2022 年 3 月 1 日
13	宿州市埇桥区格瑞学校	2021 年 9 月 1 日至 2022 年 9 月 1 日
14	宿州市埇桥区格瑞学校	2021 年 9 月 1 日至 2022 年 9 月 1 日
15	蒿沟中学	2021 年 9 月 1 日至 2022 年 9 月 1 日
16	安徽省宿州学院附属实验中学	2021 年 9 月 1 日至 2022 年 3 月 1 日
17	濉溪县第一实验学校	2021 年 9 月 1 日至 2022 年 3 月 1 日
18	安徽省泗县第三中学	2021 年 9 月 1 日至 2022 年 9 月 1 日
19	安徽省宿州学院附属实验中学	2021 年 9 月 1 日至 2022 年 3 月 1 日

3. 教研室建设

按照《安徽省教育厅关于在全省普通高校开展“基层教学组织”和“基本教学活动”标准化建设和示范创建工作的通知》要求，英语（师范）专业教研室已通过“基层教学组织”和“基本教学活动”标准化验收和示范认定工作，并形成常态化管理。英语（师范）专业教研室在“双基”标准化建设过程中通过健全基层教学组织、规范基本教学活动、激发教学创新活力等一系列措施，有效提高教研室运转效率。

英语（师范）专业教研室进一步通过国内访学进修、中学一线实践锻炼、教学技能和实践方法培训等方法使教师接触、关注本学科、本专业的前沿动态相关信息，积累中学一线教学的实践经验，提高了教学水平，受到学生广泛好评；同时，教师的教改项目和论文数量、指导学生参加各类竞赛获奖数量均有增加。

4. 近三年开展教师自我评价，学生评价，同行评价，督导评价活动详情见下表

英语（师范）专业教研室近三年开展教师自我评价，学生评价，同行评价，督导评价活动的主要方式、方法主要有以下几种，具体见表 7-11。

表 7-11　教师自我评价、学生评价、同行评价、督导评价活动情况

年份	教师自我评价	学生评价	同行评价	督导评价
2019 2020 2021	学期末提交教学工作总结，考试（考查）课总结，导师制工作总结，年终考核述职	召开学生座谈会，网上评教打分	教研室听课与评课	教学督导、院专业领导、教研室主任听课，对教师的课堂教学进行督查；年终考核专业部考核评分，对教师教学和科研全面评价

通过以上四重评价，本专业教师（尤其是青年教师）的教学能力得到较大提高，并能在吸收各方建议的基础上改进自己的教学方法。

5. 教师分类评价制度

学校已着手推行教师分类评价制度，拟把教师分为教学型、教学科研型等进行评价，以期达到尊重差异和精细化管理的目的。学校本着公开、公平、公正的原则，积极探索多元和开放的评价途径，已初步建立教师考评制度。超过规定工作量，有奖励绩效，评价结果激励教师提升教学质量。

6. 学校探索建设高校和中学“协同教研”“双向互聘”等共同发展机制的情况

学校出台《安徽省宿州学院教职工进修管理办法》《安徽省宿州学院选派教师出国（境）研修管理办法（修订）》《安徽省宿州学院教师到企事业单位实践锻炼实施意见》等相关制度，鼓励教师参加进修、访学、中学实践锻炼。英语（师范）专业核心课程教师到中学参加实践的比例已达到百分之百，及时了解国家和地区的教育教学改革趋势、了解中学英语教材教法、中学课程标准和考核标准，定期对课程体系作出评价和反思。邀请合作中学的一线教师、教体局教研室研究员等相关专家、教师共同论证培养方案，调整课程目标和教学大纲，使课程设置更加合理。学校正在推进教师分类评价制度和学科课程与教学论等教师教育实践类课程教师的评价标准。

第八章　职能部门提供专业建设资源保障

一、专业教育经费保障情况

支持条件是本专业的物质保障，是实现培养目标、加强专业建设、维持课程教学运行和保证人才培养质量的影响因素。重点关注三个方面：一是专业教育经费保障情况；二是专业教育教学设施保障情况；三是各类教育教学资源保障情况。具体包括经费保障、设施保障、资源保证三个二级指标。

专业建设经费支撑课程教学与专业实践活动的开展，保障毕业要求和培养目标的达成。该指标要求按照中学教育专业人才培养特点和满足师范生培养实际需要提供经费支持；教学日常运行支出、生均教学日常运行支出、生均教育实践经费支出、教学设施设备和图书资料等更新经费符合规定标准，经费管理和使用符合相关要求。各类经费投入达到相关规定要求，并能按照财务管理相关规定使用。具有专业建设经费保障计划和方案，能够满足中学教育专业人才培养实际需要，并能根据人才培养模式和课程教学改革的发展适时进行调整。

专业建设经费满足师范生培养需求，教学日常运行支出占生均拨款总额与学费收入之和的比例不低于 13%，生均教学日常运行支出不低于学校平均水平，生均教育实践经费支出不低于学校平均水平。教学设施设备和图书资料等更新经费有标准和预决算。

1. 学校和院系保证专业教学经费足额投入并逐年增长的制度和采取的措施

学校高度重视本科教学工作，先后出台了《安徽省宿州学院预算管理暂行办法》等文件，优先安排本科教学经费，确保教学投入常态化、制度化，保证本科教学经费逐年增长。如表 8-1 所示，近三年学校教学日常运行支出占生均拨款总额与学费收入之和的比例都在 14% 以上。

表 8-1　教育经费总额、本科专业教学经费（单位：万元）

项 目	2019 年	2020 年	2021 年
教育经费总额	40 256.16	29 493.99	40 203.24
本科教学经费总额	5867.78	6737.97	7275.05
本科教学日常运行经费	3948.8	3763.07	4735.8
本科教学日常运行经费占比	19.93%	16.31%	15.12%

学校本科专业教学经费按照教学日常运行、人才队伍建设、实验室建设、专业建设、教育实践、教学水电费、教学改革和其他教学专项等项目进行分配。近三年本科教学经费分配方式如表 8-2 所示。

表 8-2　近三年本科教学经费分配情况表（单位：万元）

项目	2019 年	2020 年	2021 年
教学日常运行经费	3948.8	3763.07	4735.8
人才队伍建设经费	276.22	182.44	67.2
实验室建设经费	1947.8（P16）	1104.48（P14）	586.2
专业建设经费	439.34	933.8	464.72
教育实践经费	586.72	975.84	1226.6
教学改革经费	286.43	683.5	308.17
教学水电费	889.15	684.71	891.28
其他教学专项	34.7	99.76	100.45
合计	3948.8	3763.07	4735.8

在学校和学院经费预算的双重保障下，近三年，英语（师范）专业按照教学日常运行、人才队伍建设、实验室建设、专业建设、教育实践、学科竞赛和教学改革等项目进行经费分配，保证经费足额投入并合理利用。其中，英语（师范）专业生均教学日常运行经费和生均教育实践经费均满足认证标准要求的不低于 13%，生均教学日常运行经费和生均教育实践经费均高于全校本科生生均水平，保障了教学工作的开展。如表 8-3 所示。

表 8-3　英语（师范）专业教学近三年生均日常运行支出、教育实践经费情况

时间	全校平均（元 / 生）		英语（师范）专业（元 / 生）	
	生均教学日常运行支出	生均教育实践经费	生均教学日常运行支出	生均教育实践经费
2019 年	2076.13	323.78	3627.5	540
2020 年	1977.65	171.97	2814.65	783.23
2021 年	2445	633	2457.31	659.88

2. 学校在学生实验、实习和毕业论文（设计）上的生均经费投入情况及满足专业教学需要情况

学校不断加大对学生实验、教育实习与见习、毕业论文（设计）等活动的经费投入，三项实践活动经费投入总额逐年增长，生均实践活动经费能够得到落实。根据学校下达的年度预算额度，学院基于专业特点科学合理地进行教学经费分配，同时在保证日常教学良好运行的基础上适度向师范专业的学生实验、教育实习、毕业论文（设计）等教育实践方面倾斜，并保持一定的增长幅度，以满足师范专业日常专业教学的需求。

学校制订了《安徽省宿州学院实验室建设与管理办法》《安徽省宿州学院教学仪器设备管理办法》。近三年，本专业购置英语教学设备及软件约为 380 万元，实验教学低值易耗品及维修费用约为 10 万元 / 年。

为保证实践教育质量，提高学生的动手能力和教师教育技能水平，根据

《安徽省宿州学院教育实习工作管理规定》，本专业学生实习、见习按照每生360元的标准，经费标准能够满足实习、见习工作所需。

学院实验室300余台电脑均向学生开放，满足学生查阅文献资料和撰写毕业论文的需要。另外，学院从专业建设经费、教学运行经费和学科建设经费中划拨一定经费，用于支持毕业论文工作。近三年，本专业毕业论文工作经费约为14.8万元。

3. 近三年学校和院系用于专业教学的经费收支情况

近三年学校和院系用于专业教学的经费收支情况见表6-4。

表8-4　近三年学校和院系用于专业教学的经费收支情况

年份	收入总额	来源	数额	支出项目	数额（万元）
2019年	568.67	国家	144.67	课程建设	30.00
		地方	424.00	教学设备	54.13
		社会		日常教学支出	145.10
		创收		教改	0.40
		其他		学生支持	2.00
				学生实验	3.00
				学生实习	21.60
				毕业论文（设计）	4.30
				其他	0
年份	收入总额	来源	数额	支出项目	数额（万元）
2020年	653.48	国家	148.94	课程建设	4.50
		地方	504.54	教学设备	19.98
		社会		日常教学支出	132.57
		创收		教改	14.00
		其他		学生支持	2.00

续表

年份	收入总额	来源	数额	支出项目	数额（万元）
				学生实验	2.00
				学生实习	36.89
				毕业论文（设计）	5.00
				其他	0
年份	收入总额	来源	数额	支出项目	数额（万元）
2021 年	810.13	国家	148.05	课程建设	1.40
		地方	662.08	教学设备	50.50
		社会		日常教学支出	156.95
		创收		教改	0.60
		其他		学生支持	2.00
				学生实验	5.50
				学生实习	40.70
				毕业论文（设计）	5.50
				其他	0

二、专业教育教学设施保障情况

教学设施是保障人才培养活动顺利进行和毕业要求达成的物质条件，包括专业用于师范生培养的学科教学实验室、教学技能实训设施、信息化教学设施等。要求学校重视师范生教学技能与能力培养必须借助硬件设施建设，使师范生能够在良好的实训环境中，获得实际运用教学技能的体验，并能够进行反复练习。

能够以中学教师职业能力养成为目标，按照毕业要求达成的需要，研讨并制订中学教师职业技能实训平台和信息化教育教学设施建设的规划和方案。

中学教师职业技能实训平台和信息化教育教学设施的建设情况，包括各类实验室和信息化教育教学设施的场地布局、设备配备及更新等情况。中学教师职业技能实训平台和信息化教育教学设施的日常管理、设备维护、实训内容与课程方案的对接、设备更新与共享、学生使用情况等。建立中学教师职业技能实训平台与信息化教育教学设施对中学教育专业人才培养支持与保障效能的评价机制。

教育教学设施满足师范生培养要求。建有中学教育专业教师职业技能实训平台，满足“三字一话”、微格教学、实验教学等实践教学需要。信息化教育设施能够适应师范生信息素养培养要求。建有教育教学设施管理、维护、更新和共享机制，方便师范生使用。

1. 学校和院系用于中学教育类专业教学的主要教学实验室、中学教育专业教师职业技能实训平台和在线教学观摩指导平台，满足“三字一话”、微格教学、实验教学、远程见习等实践教学需要情况

学校重视教育教学基础设施建设，建有教师教育技能实训中心，着力打造了四大师范类训练平台：一是教学能力训练平台，主要包括数字化微格教室（逸夫楼 B414）、教学设计反思实验室（逸夫楼 B505、B515）和名师观摩室（逸夫楼 B611）等；二是职业能力训练平台，主要包括语言培训测试中心（逸夫楼 B621、B412）、“三字一话”实训室（逸夫楼 B512）；三是创新能力训练平台，主要包括网络技能和媒体技能实验室（逸夫楼 B503）、虚拟演播室（逸夫楼 B605）、教学课件及教学软件技能实训室（逸夫楼 B517-518）等；四是前沿教育技术和设备体验室（逸夫楼 B617）等教师职业技能实训室，功能齐全，满足本专业学生“两笔字”、普通话、微格教学、实验教学、远程见习等需要（见表 8-5）。

目前，学校师范技能中心使用面积 1500 平方米，建有十六端口的计算机辅助普通话水平测试站、60 座的普通话训练室、60 座的智慧教室、60 座的微格教室及 60 座的书法教学体验室。承担英语（师范）专业的书法、普通话与教师口语、教育见习、教育实习、师范生技能训练等实践课程的训练与测评工作，可以为英语师范类专业的教师教育类课程及教师教育实践教学提供有力支撑。另外，学校还通过普通话与测试、超星学习通、尔雅视频课等在线教学平台建设，为师范类专业教师技能远程培训及部分教师教育类课程的线上教学，提供了丰富的资源及实施平台。2018 年，外国语学院改建了师范生综合技能实训室（建设资金 58.98 万元），用于英语（师范）专业师范生开展板书能力、微格教学、教育见习等实训活动。详见表 8-5。

表 8-5　英语（师范）专业教学实验室及实训平台统计情况

序号	实验室名称	位置	面积（m^2）	功能
1	师范生综合技能实训室（含观摩室）	逸夫楼 B607	80	师范技能培训
2	普通话模拟测试平台与机房	逸夫楼 B621	120	普通话测试
3	普通话训练室（与自主学习中心共用机房）	逸夫楼 B503-B515	400	普通话培训
4	微格教室	逸夫楼 B410	80	师范微格教学
5	“三字一话”教室	逸夫楼 B325	80	三字培训
6	教学课件及教学软件技能实训室	逸夫楼 B517、B518	240	课件制作
7	教学设计实验室	逸夫楼 B505、B515）	180	教学设计
8	网络技能和媒体技能实验室	逸夫楼 B503-B515	450	网络教学和媒体编辑
9	虚拟演播室	逸夫楼 B607	40	微课录播、演播
10	英语写作与笔译实训室	逸夫楼 B617	80	英语写作、笔译
11	同声传译实验室	逸夫楼 B601	100	口译、同传
12	语音室	逸夫楼 B610-614	300	语音、听力

2. 现代信息技术与专业教学工作进行融合用，支撑教学改革与师范生学习方式转变情况

学校网络信息中心承担全校校园网建设、管理维护及网内网络信息的安全监控工作，推进校园数字化进程，构建高效的集群式教学平台。推进智慧校园建设，积极探索网络化、数字化、智能化的教育模式；建设高规格共享性的智慧教室，满足教师职业技能训练和在线教学。

教务处应用信息技术服务于教学管理。教务处网站设有教务管理系统、毕业论文管理系统、在线网络课程平台、实验教学管理系统等信息化平台。学生选课、考试报名、查询成绩、专业实习、毕业论文（设计）等相关教育教学活动均实现系统化数字化操作。为建立符合师范专业认证标准要求的三个实践的评价工作机制，把师范专业的培养目标、毕业要求、课程体系（教学大纲）纳入系统管理，建立了培养目标实践度评价、毕业要求实践度评价、课程目标实践度评价的工作机制，并把面向毕业生、在校生、用人单位、教育主管部门的调研工作纳入系统管理，极大提高了师范专业管理的信息化水平。

图书馆应用信息技术服务于学生自主学习。图书馆利用现代信息技术，建设信息共享空间，提供电子图书、各类数据库、课程资源等网络信息资源，同时可以下载专业相关的学习课件。

安徽省宿州学院各职能相关部门大力支持信息技术与英语（师范）专业教学的融合。英语（师范）专业积极开展教学改革，推广新型教学模式，开展网络教育、多媒体教学、慕课、微课、翻转课堂等混合式教学改革，使教育向信息化、智能化转变；本专业积极推广教学互动软件——雨课堂、学习通、qq课堂、微信小程序、钉钉等，实现课堂内外信息的即时互动。在新教学模式下，课前预习、考勤签到、课堂参与、答疑讨论、课堂测验、学生的经验值等情况都能及时统计，并以量化的形式客观、公正地给出平时成绩。各类教学软件的使用，有效调动了专业学生的学习兴趣与积极性，体现了学生的主体地位，促进了师范生学习方式的转变。基于现代信息技术平台积极推进专业课程建设，鼓励教师开展线上教学、线上线下混合教学等新教学形式，促进专业教师积极申报在线开放课程（MOOC）、精品线下开放课程、课程思政示范课程、线上教学优秀课堂、线上线下混合式和社会实践课程等教学研究项目，力争课程建设和教材建设相互促进。随着现代信息技术与专业教学工作的深入融合，本专业教师教学方式、学生学习方式都已经发生较大的变化。

3. 专业与资源管理部门的信息沟通渠道，以及专业设施使用绩效评价考核机制

学校教务处具体规划教育手段与方法的改革，智慧校园建设，网络化、数字化、智能化的教育模式；建设智慧教室，构建高效的集群式教学平台。英语（师范）专业拥有师范教育专题数据库，库中共有英语教学视频案例 144 个，有英语教学案例 187 个。学习通系统中英语（师范）专业拥有 50 门专业课程资源。

资源基本能够满足教师职业技能训练和在线教学要求及专业教师和学生教学需求。在学院的领导下，英语（师范）专业通过日常教学和教学实践安排、网络申请等方式与相关资源管理部门进行有效沟通，保障信息的畅通无阻。同时，学校相关职能部门有比较完善的专业设施使用绩效评价考核的机制。

4. 教育教学设施管理、维护、更新和共享机制的制度、措施和执行情况

安徽省宿州学院相关职能部门制订了《安徽省宿州学院实验室工作规程》《安徽省宿州学院实验室开放管理办法》《安徽省宿州学院教科研仪器设备管理办法》《安徽省宿州学院多媒体设备管理维护办法》《安徽省宿州学院实验室安全管理规定》等制度，使各类教育教学设施的管理、维护、更新和共享机制有章可依，使各类教育教学工作的绩效评价更加规范，保障了各类教育教学实验实训场所及设施的安全、高效运行。建有教育教学设施管理、维护、更新和共享机制，方便英语（师范）专业师范生使用。

学院英语（师范）专业实践教学设施管理由外国语学院实习实训中心负责，设中心主任 1 名。中心在学校管理制度的基础上结合英语（师范）专业学科特点汇编了实习实训中心教学运行、实验室卫生和安全、实验室开放等制度。中心各类实验室在教学时间段保障英语（师范）专业的课堂教学和实践教学。在非教学时间段向英语（师范）专业学生开放，既满足了师范专业的教学需要，又满足了学生专业技能提高的需要。同时教务处、图书馆、资

产与实验室管理处构建的信息交流平台为英语（师范）专业提供教育资源，实现教育资源共享。

三、各类教育教学资源保障情况

资源保障是对人才培养顺利进行和毕业要求达成的物质保障，包括教材、案例、影视、图片、课件等。该指标要求学校根据中学教育专业人才培养需要，建足配齐教学资源，为师范生的专业教育和自主学习提供教育资源支持，支撑课程教学和教育实践的开展。本专业应建立教学资源建设的管理规章制度，建立促进教学资源开放使用的规章制度。

本专业具有丰富的课程教学资源，有一定数量的数字化课程资源；建有中学教材资源库和优秀中学教育教学案例库；教育类纸质图书生均拥有量和现行中学课程标准、教材数量符合认证标准要求。各类教学资源向专业课程教学和师范生自主学习开放。专业能够经常向学生了解教学资源使用需求，提高教学资源建设的数量和质量。

本专业教学资源满足师范生培养需要，数字化教学资源较为丰富，使用率较高。生均教育类纸质图书不少于30册。建有中学教材资源库和优秀中学教育教学案例库，其中现行中学课程标准和教材每6名实习生不少于1套。

1. 中学教育专业相关多媒体教育设施和数字化教学资源建设和使用，以及满足师范生学习需要的情况

学校现有具备网络巡查功能的多媒体教室165套（4000座），其中60间具有常态化录播功能；外国语学院语言实践中心另有语音实验室3间（156座）；多媒体教室座位数100座、语音室座位数31座。

截至2022年7月，学校有线上教学课程171门，其中学习通课程e会学课程21门。

本专业教师利用学习通平台建有网络课程近 40 门。英语（师范）专业教学资源满足师范生培养需要，数字化教学资源较为丰富，使用率高。

2. 公共基础设施、图书资源、网络信息服务专业教学的情况和管理情况

（1）学校教师教育实训中心。教师教育实训中心位于逸夫楼 B4、B5、B6，总面积 1500 平方米，目前已建成普通话训练与测试室、微格教室、教学设计室等实训分室。教师教育实训中心承担全校师范类专业普通话与口语表达、汉字书写与书面表达、课堂教学与管理（教学设计与实施）、现代教育技术等教师教育系列课程的教学与实践训练任务。

（2）学院实验教学中心。语言实践中心组建于 2014 年，在原外语系语音室的基础上升级和扩建而成，分别位于安徽省宿州学院逸夫楼 B6 层。总面积 3897.15 平方米，用于教科研的固定资产总值为 680 万元，语言教学软件资产值为 82 万元。下设师范生综合技能实训室、同声传译实验室、语言自主学习中心、多功能语音室、英语（师范）专业实验室。语言实践中心语言所有实验室为外国语学院英语（师范）专业提供语言类实践教学场所。除用于英语（师范）专业学科语言实践课程教学外，同时还服务于英语（师范）专业等专业毕业论文（设计）、学生课外科技实践、学科技能竞赛等工作。

（3）图书馆及图书资源。图书馆馆舍面积为 2.98 万平方米，现有书库 8 个，文理科、辞书、类书丛书善本阅览室 4 个，电子阅览室 1 个，自修室 26 个，共有阅览座位 2999 个。截至 2021 年 11 月 1 日，学校有纸质图书 1 326 833 册。生均图书为 67.94 册。图书馆订购各类中外文数据库平台 32 个，通过安徽省高校数字图书馆平台共享数据库 14 个，自建特色数据库 2 个，拥有电子期刊 283 027 册，电子图书 6 456 784 册（其中馆藏镜像 1 021 269 册），折合生均电子图书为 330.62 册。2020 年图书馆图书流通量为 82 825 本次，电子资源访问量 6 886 387 人次。生均教育类纸质图书不少于 30 册，图书资源满足认证需要。

（4）信息资源及其应用情况。校园信息化设施完备。校园网已经建成连接两个校区的万兆核心、千兆主干、百兆到桌面的 IPv4/IPv6 双线基础网络，全网实现扁平化架构改造，通过教育网、电信、联通、移动四个出口接入互联网，教学办公专用出口带宽 3.034 Gbps（不含学生公寓），累计敷设光纤 40 余公里，全校信息点 21 600 余个，其中教学及办公区信息点 4200 个，无线接入点 150 个。建有标准化数据中心机房和虚拟化“云服务器”平台，物理服务器 68 台，存储空间 250TB，电子邮件用户数 380 个，WWW、DNS、WEBVPN、行为审计、日志记录、数据备份、可视化运维、统一身份认证等网络基础服务齐全，“平安校园”监控网络覆盖全校公共区域。建有教务、科研、人事、财务、国有资产等 36 个管理信息系统，管理信息系统数据总量 403 000GB，基本实现了学校各项工作的信息化管理，实现了人、财、物等重要管理信息系统的数据统一和标准化的数据对接，专职信息化工作人员 5 人。校园网络整体运行可靠、稳定，能够满足本科教育教学需求及学生在信息化条件下自主学习需要。

（5）教学信息资源较为丰富。建有“清华在线”“超星尔雅”、精品课程建设平台、虚拟仿真实验教学平台、大学英语自主学习平台、MOOC 等多个网络互动教学平台，以及 SYNC 高校网络教学资源库、银符考试题库、FIF 外语学习资源库、中国共产党思想理论资源数据库、优慕课网教平台、新东方多媒体学习库、实习实训专题数据库、库克数字音乐图书馆、网上报告厅、博学易知数据库、体育专题数据库、创课之星、高校课程思政资源数据库、森途学苑职业能力与创业学习资源总库、联图财经在线学习库、在线考试、普通话学习与模拟测试系统。自建网络课程 242 门。2020—2021 学年，开设网络通识课程 928 门，1840 门次；利用超星尔雅平台引进思想政治理论课网络教学资源，推进了信息技术与思想政治理论课教育教学的深度融合。使用安徽省网络学习中心 e 会学平台，建设“中国近现代史纲要”课程在线开放共享，共计 50 余万人次登录学习。

3. 用于教学设施和图书资料等更新的经费标准和预决算情况，特别是中学教学资源库和优秀中学教育教学案例库建设情况、使用与激励机制

学校高度重视教学设施设备、图书资料更新，在年度预算中明确列出教学设施设备和图书资料等资源的更新经费明细，确保教学资源更新经费当年执行到位，制定相关管理制度确保教育资源设备得到合理有效使用。近三年，为提高教学质量，突出教学工作的中心地位，每年按照教学日常运行、实验室建设、专业建设、教育实践、学科竞赛经费和教学改革（含质量工程等）等项目进行资金分配，保证经费足额投入并合理分配（表 8-6）。

表 8-6　英语（师范）专业 2019—2021 年教学经费比例及分配明细

（单位：万元）

项目	2019 年	2020 年	2021 年
专业公用包干经费	29.4	60.4	43.6
实验室建设经费	80	70.4	60
专业建设经费	15	50	25
教育实践经费	8.3	4.2	47.59
学科竞赛经费	2	2	0.1
教学改革经费（含质量工程等）	0.4	14	0.6
合计	135.1	201	176.89

英语（师范）专业有在校生 564 名。英语（师范）专业新增图书汇总如（表 8-7）所示，达到了英语（师范）专业生均教育类纸质图书不少于 30 册的认证标准。中学教材资源库中，有高中英语教材 15 套，初中英语教材 30 套；高中英语教师参考用书 15 套，初中英语教师参考用书 15 套；现行中学英语课程标准 30 套。现有教材教参数量满足教育实习所需，现行中学课程标准和教材每 6 名实习生不少于 1 套，满足专业认证标准要求。

表 8-7　英语（师范）专业新增图书汇总表（2019—2021 年）

年度	种类	册数	单位（元）
2019 年	814	2016	88 904.4
2020 年	28	39	706.69
2021 年	1061	2936	171 289.27

学校建有师范教育教学案例库，其中共有英语教学视频案例 178 个，另有文档电子版教学案例 161 个。该案例库从教学设计、教学方法、教学策略、教学手段、教学理念等多个角度，为师范生提供直观的教育教学技能指导。教师在实施“英语学科教学设计与技能训练”等专业课程的备课、授课过程中，普遍借用相关教学案例，要求学生课后自学相关案例，以实现把握、理解和处理教材的能力，提高教学设计、课件制作等的能力；学生在参加师范生技能竞赛、微格教学和教育实习过程中也广泛使用该数据库。

学院在学习通平台建有中学英语教材库、中学教学设计案例库、中小学英语教学资料库、英语教师资格考试面试案例库、中学课堂教师实践案例库。英语（师范）专业建有中学教材资源库和优秀中学教育教学案例库，达到了认证要求。

安徽省宿州学院英语（师范）专业的专业教学资源满足师范生培养需要，数字化教学资源较为丰富，使用率较高，生均教育类纸质图书不少于 30 册达到了认证标准。英语（师范）专业建有中学教材资源库和优秀中学教育教学案例库，现行中学课程标准和教材每 6 名实习生不少于 1 套，达到了师范专业认证标准。

第九章　质量保障体系及其运行架构

质量保障部分体现国家对专业人才培养过程及结果动态监控的质量要求，对毕业要求具有重要的保障作用。重点关注三个方面：一是各主要教学环节质量标准支撑毕业要求的情况；二是教学过程质量常态化监控机制保障毕业要求达成度的情况；三是师范生培养质量持续改进和提高的评价结果运用情况。具体包括保障体系、内部监控、外部评价、持续改进四个二级指标。

一、教学质量保障体系及其运行

质量保障体系包括质量保障组织架构、质量保障目标体系、质量保障实施过程三个部分，是保障人才培养各分支系统协同运行、达成毕业要求、实现专业培养目标的管理机制。指标要求本专业重视教学质量保障体系的建设，能够建立覆盖各主要教学环节的教学质量保障体系；教学质量保障体系能够从管理目标、管理任务、管理机构、管理责任等方面，有效保证人才培养教学任务的完成。

根据专业培养目标和毕业要求达成的要求，制订包含课程、毕业要求、培养目标三级质量管理的完整的教学质量保障体系建设方案，明确各主要教学环节的具体质量要求。教学质量保障体系运行有序，质量要求落实到位，各项管理措施切实可行。

能够对教学质量保障体系运作及各项质量要求落实情况进行自我评价、督导评价和学生评价等。建立教学质量保障体系，各主要教学环节有明确的质量要求。质量保障目标清晰，任务明确，机构健全，责任到人，能够有效支持毕业要求实践。

（一）学校和学院两级教学质量保障体系的架构与运行方式

1. 学校层面质量保障体系

基于全面质量管理理念。在多年教学建设与改革实践中，学校建立了本科教学各主要环节质量标准，坚持“以本为本”，推进“四个回归”，把人才培养质量作为检验一切工作的根本标准。坚持全员、全过程、全方位育人，落实教学质量责任，建立全校统筹联动质量保障长效机制，实现教学质量的持续提升。安徽省宿州学院的质保体系由质量决策系统、质量保障系统、质量目标系统、质量执行系统、质量监测与评价系统、质量反馈与改进系统等六大系统构成（见图 9-1）。

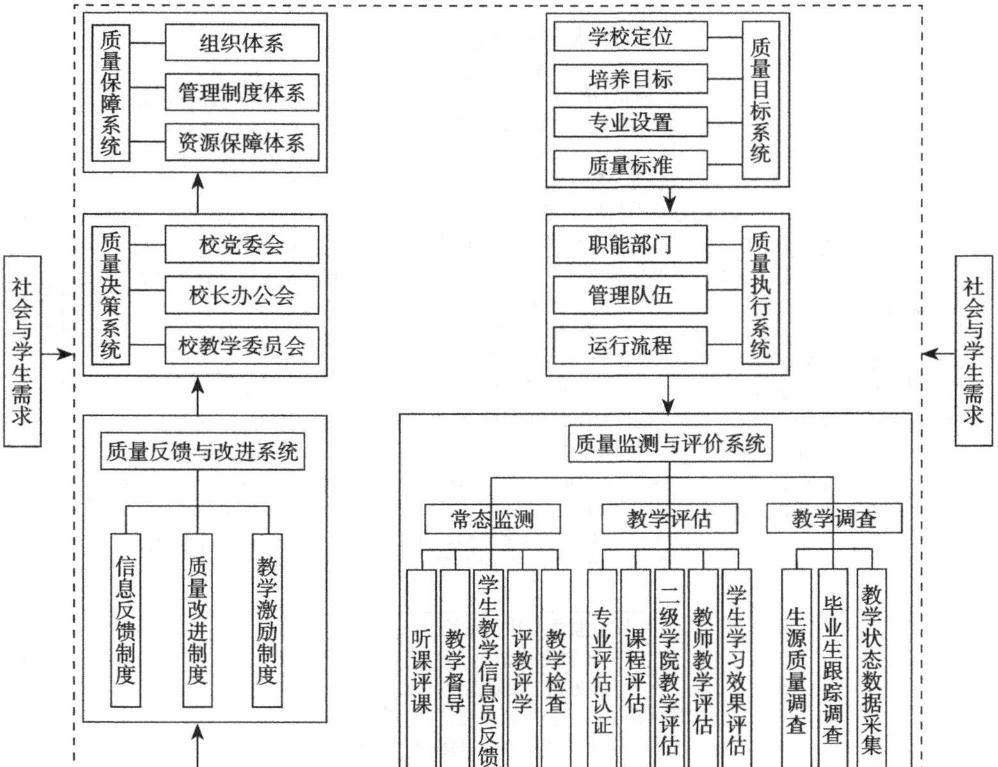

图 9-1　学院教学质量保障体系总框架

2. 学院层面质量保障体系

外国语学院的教学质量保障体系由七个子系统构成，分别为：质量决策（与指挥）系统、质量保障（条件与资源支持）系统、质量目标（与标准）系统、质量执行（教学组织与实施）系统、质量监测与评价（常态检测与调查）系统、质量监测与评价（教学评估）系统和质量反馈与改进系统。上述各子系统分别对应于学校“六位一体”教学质量保障体系的有关子系统（见图 9-2）。

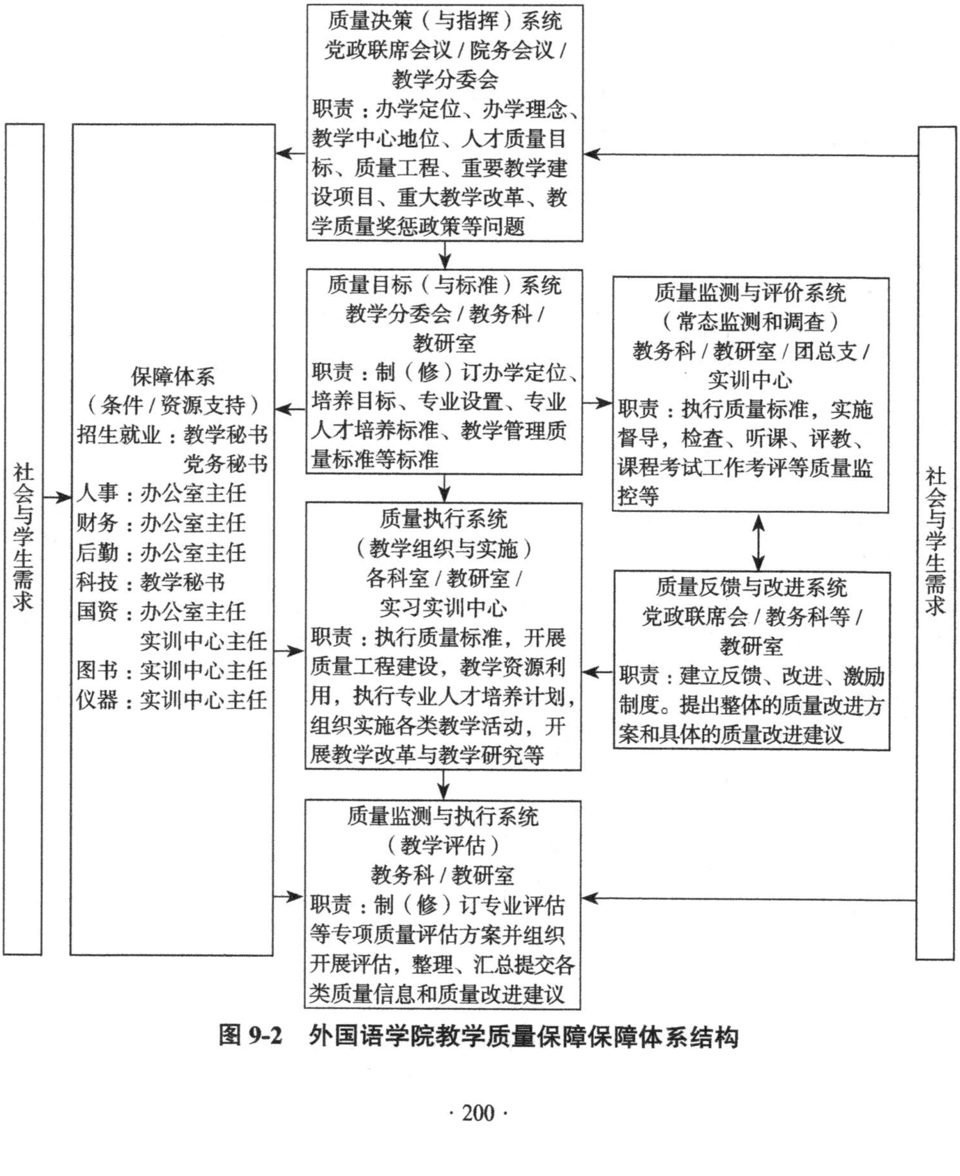

图 9-2　外国语学院教学质量保障保障体系结构

（二）学校和学院两级教学质量保障机构的目标、任务、职责分工、责任人及对保障学生有效学习、获得学习效果（专业毕业要求）的支持作用

1. 学校建立了由领导层、执行层、管理层和监督层四个方面组成的教学质量保障组织机构

各机构分别从教学决策、教学执行、教学保障工作设计协调、教学监管评价和改进等方面相关工作，为学生毕业要求的实践提供了物质基础。具体教学质量保障组织机构及职责如表 9-1 所示。

表 9-1　学院内部教学质量保障的组织结构与职责

机构类型	机构组成	主要职责
领导机构	校长办公会、教学委员会等	该机构为学校教学质量保障工作的领导机构和最高决策机构，统一领导保障体系的建设工作，决定有关保障和提高本科教学质量的方针、政策和措施，研究和解决教学质量管理中的重大问题
执行机构	教务处、人事处、发展规划处（教学质量监控与评估处）和二级学院	各职能部门负责落实学校关于本科教育教学质量保障的工作部署，服务于学生发展与人才培养目标的实现。二级学院确立专业培养目标，实施人才培养方案，执行教学计划，规范教学运行，加强学院内部教学质量管理，提升人才培养质量
管理机构	发展规划处（教学质量监控与评估处）、教务处等部门	负责落实领导机构有关学校教学质量保障工作的重大决策，负责学校质量保障体系整体设计，组织协调全校教学质量保障工作和本科教学质量的管理工作
监督机构	发展规划处（教学质量监控与评估处）、教学督导组	负责对本科教育教学质量进行监测、评价、反馈，为领导机构提供决策支持，并督促有关部门 / 学院进行改进。上级教育主管部门是学校教育教学质量、专业办学质量的校外监督机构

2. 加强校院两级组织体系建设，强化教学质量监控

为保证教学质量保障及监控工作既有权威性又能落到实处，建立校、院两级质量管理与监控组织体系（图 9-3）。

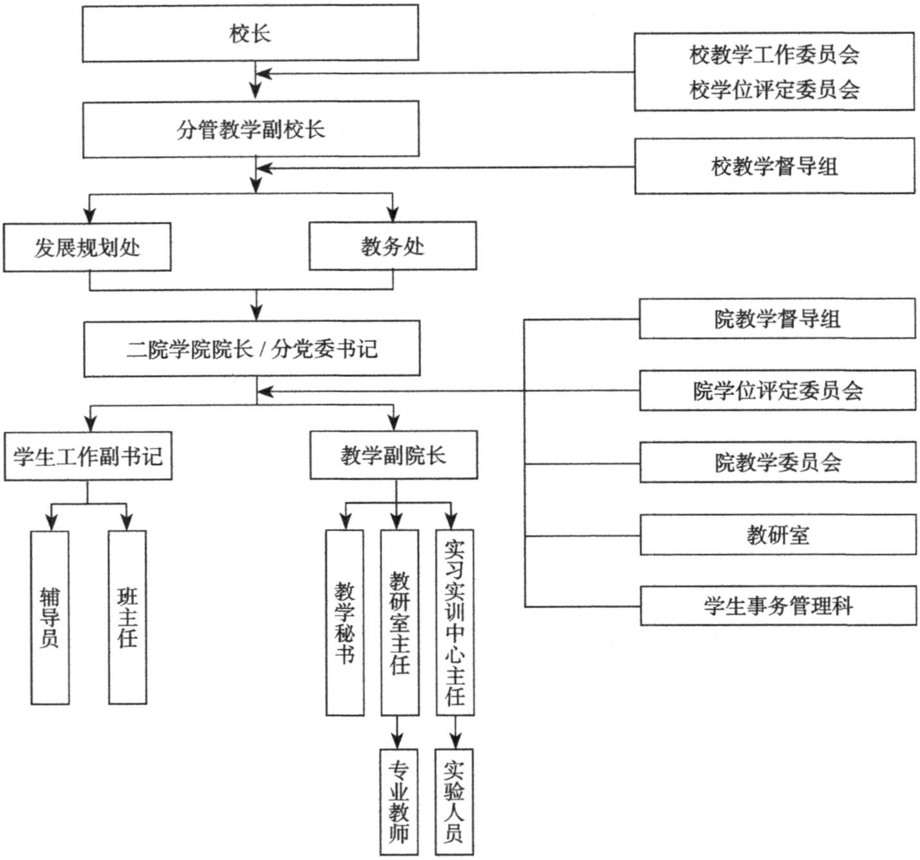

图 9-3　校、院两级质量管理组织体系

3. 校级质量保障体系对专业毕业要求所起的支持作用

学校建立了“目标明确、机构健全、分工合理、责任到人”的教学质量保障机构，能有效支撑毕业要求实践。校长办公会、发展规划处等部门对毕业要求的实践进行总体指导、思想引领和指导规划，协调督促校内各职能部门工作，组织落实联系二级学院。发展规划处统筹学校中长期事业发展规划，明确体制机制改革的主要思路与举措，由发展规划处处长负责。教学督导组和教务处检查、监督和反馈教学，促进教风学风建设，制订学校本科教学运行管理相关制度，进行教学运行日常管理，分别由教务处处长和督导组组长负责。组织部、人事处保障师资队伍建设、教学能力建设和师德师风建设，分别由组织部部长和人事处处长负责。

4. 合理高效的院级质量保障体系对专业毕业要求所起的支持作用

院级教学质量保障机构，对本专业的目标明确，并进行职责分工，对毕业要求的实践分别起了总体指导、推进、促成和有效支撑的作用。院教学工作委员会和院学术分委会为提升质量进行培养方案修订，指导具体教学活动，管理和服务专业教学，由院长和委员负责。教研室主任和实习实训中心主任负责执行人才培养方案和课程方案和制订和实施专业实践等实践方案。院督导组组长和成员为反馈教学实情而进行及时、客观、全面的工作。学生事务管理科科长和分团委书记组织开展团学活动，为学生达到毕业要求服务。

（三）各主要教学环节的质量要求与毕业要求的关联情况及要点

学校制订了《安徽省宿州学院关于进一步加强教学管理工作的意见》《安徽省宿州学院本科教学工作规范》《安徽省宿州学院教学工作检查制度》《安徽省宿州学院教师课堂教学质量考核办法》对专业教学过程进行常态化的监控和质量评价，总结如表 9-2 所示。

表 9-2　主要教学环节的质量要求及监控评价

环节名称	关联毕业要求的对应点	质量要求的要点	质量监控的方法和责任人	质量评价的周期、依据	形成的记录文档
人才培养方案修订	全覆盖	应当体现专业教学标准规定的各要素和人才培养的主要环节要求，主要包括培养目标、毕业要求、学制学分要求、授予学位、核心课程、课程设置、学时学分安排、实践教育模块、教学进程总体安排、实践情况关系矩阵等方面	校院两级管理。学校教学委员会是制（修）订和管理的校级机构；教务处是统筹管理，二级学院教学分委会是主体，二级院长是直接责任人	结合办学定位和发展实际，根据内外部评价，每四年进行一次全面修订，期间（一般为两年）可根据实际情况对培养方案进行局部修订	人才培养方案

续表

环节名称	关联毕业要求的对应点	质量要求的要点	质量监控的方法和责任人	质量评价的周期、依据	形成的记录文档
教学大纲	全覆盖	基于毕业要求，科学制订课程目标，课程教学内容、教学方法、考核内容与方式应有效支持课程目标的实现	依据学校教学大纲修订文件；负责人为教研室主任、任课教师	课程负责人制定，专业审核，学院、学校检查，课程教学大纲依据实情及时补充修订	各门课程教学大纲
教学进度计划	全覆盖	学时分配符合大纲要求，内容符合课程内在逻辑，编写规范	根据大纲编写；负责人为任课教师	教研室主任负责审查，开学前制定	教学进度表
教材选用	全覆盖	优先选用国家重点教材，国家及省部级规划、推荐、获奖教材，立项教材	根据校院教学选用规定选择使用；责任人为任课教师	任课教师选用，教研室主任审定，学院审核	教学选用文件，教材征订单
课堂教学	全覆盖	教学态度端正，内容清晰、符合大纲，教学方法灵活多样，教学效果良好	学校课堂监控；院、校督导组听课	不定期听课，期中教学检查	听课记录
教学督导	全覆盖	对全校的教学工作和教学管理工作进行监督、检查、评估、指导和咨询，为学校教学改革与发展提供咨询建议与决策依据，促进优良教风、学风和育人环境的形成	实行校、院两级教学督导制度。学校和二级学院成立教学督导委员会，教学质量监控与评估处负责日常工作管理和组织协调	听课工作常态化，全过程督导教学运行管理，每年度一次专题调研活动，每学期一次师生座谈会	教学督导工作条例，调研报告，总结报告
课程考核	全覆盖	考核形式为平时测验、作业、期末考试等。注重过程考核试卷命题规范、质量较高，考试管理规范，成绩无误	校、院试卷抽查	考试结束后抽查试卷	试卷、参考答案
教育实习	全覆盖	组织有力、合理，实习总带队、实习学校指导教师、本校教学理论老师职责明确，实习实施严格规范	校、院不定期检查，实习指导教师为第一责任人	实习结束后总结汇报	实习指导手册、学生实习手册

续表

环节名称	关联毕业要求的对应点	质量要求的要点	质量监控的方法和责任人	质量评价的周期、依据	形成的记录文档
毕业论文	除师德规范，其余都覆盖	导师选配合理、指导认真，选题科学，论文质量较高、符合学术规范，答辩严格，成绩评定合理	选题审核、任务书审核、期中检查、答辩前资格审查	注重从选题到答辩的每个环节的实时监控	毕业论文
教学评价	全覆盖	教师教学评价制度	“多元主体、多样化评价指标”为核心的质量评价体系。评价主体包括领导、教师、学生、同行、督导等	学校检查和学院自查相结合、常规检查和随机抽查相结合，开展期初、期中、期末“三期”教学检查	教学检查信息记录和结果总结分析

二、建立教学过程质量常态化监控机制

建立教学过程质量常态化监控机制，定期对各主要教学环节的质量实施监控与评价，保障毕业要求达成。

内部监控是教学质量保障体系的重要组成部分，能有效支撑毕业要求的达成和培养目标的实现。指标要求本专业围绕课程建设、课堂教学、教育实践等主要教学环节，建立覆盖教学设计、实施和评价全过程的教学质量常态化监控机制；通过采取自主教学检查、评价与反馈、结果分析与自觉改进等方式，定期对各主要教学环节的质量实施监控与评价，不断提高教学质量。

按照内部常态化教学质量监控体系的要求，论证和设计专业质量标准，建立质量管理制度，保障毕业要求达成。

各主要教学环节的质量监控管理制度得到落实，所采取的具体管理和监控措施有效。有较为完善的教学管理规章制度和教学质量监控机制，建立了高水平教学督导队伍和完善的评教评学制度，运行较好。

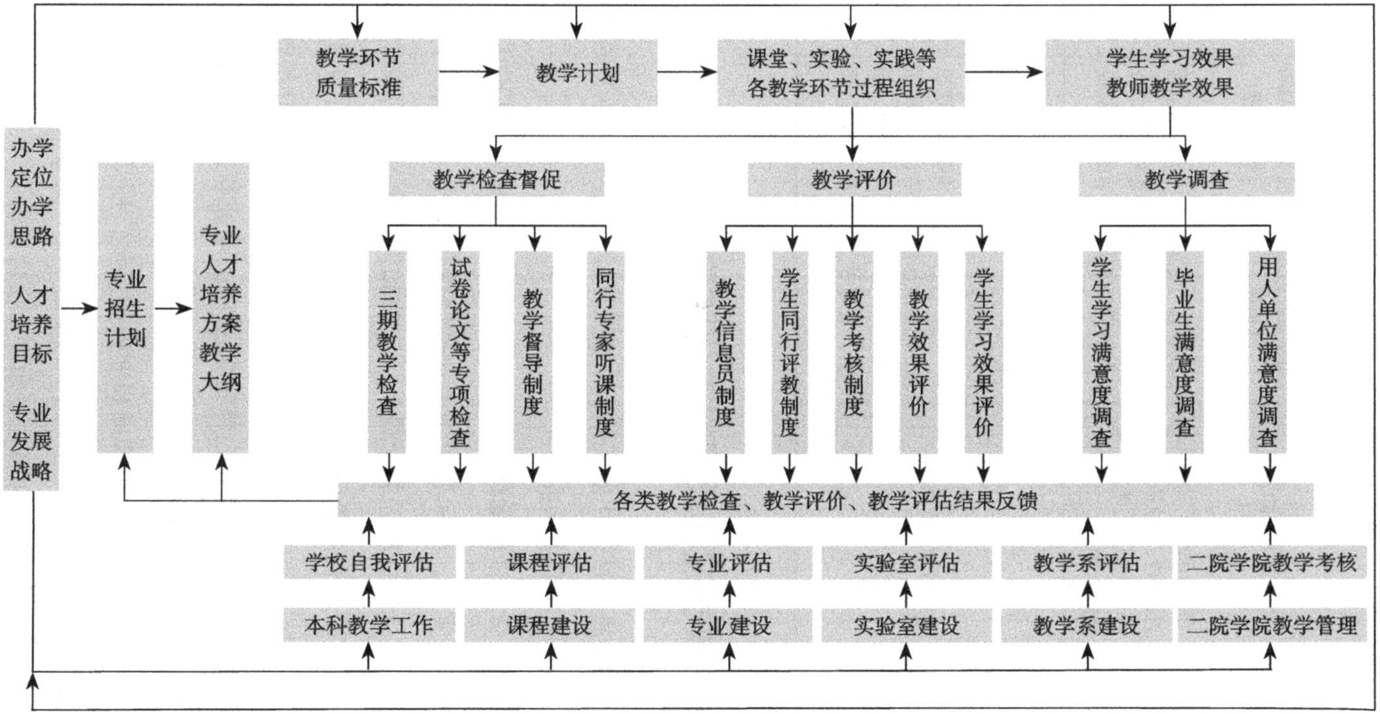

图 9-4 学院内部教学质量监控体系

有对课程质量监控和毕业生质量达标的自我评价、学生评价，以及改进教学措施的实际效果。定期围绕人才培养工作进行自我评估，包括课程评估、专业评估和学校二级机构评估等，评价内部质量监控正常运转并有效。

1. 学校和学院两级教学质量监控与评价机制的建立情况

（1）学校层面教学质量监控体系。学校监控评价体系闭环运行，实行教学质量监控一把手负责制，各二级学院、职能部门负责人是本单位教学质量工作监控的第一责任人。坚持质量改进 PDCA 循环，强化质量持续改进。教学质量监控体系如图 9-4 所示。

（2）学院层面教学质量监控体系。如图 9-5 所示，二级学院是开展专业人才培养的主体责任单位，也是进行教学质量监控的主体。外国语学院通过座谈会（教师座谈会、教学信息员座谈会、班级座谈会）、问卷调查、期初期中期末教学检查、听课（督导听课、领导听课、同行听课）等方式构建了教学质量监控体系，通过强化教师的质量意识、强化学生的主动学习意识、强化

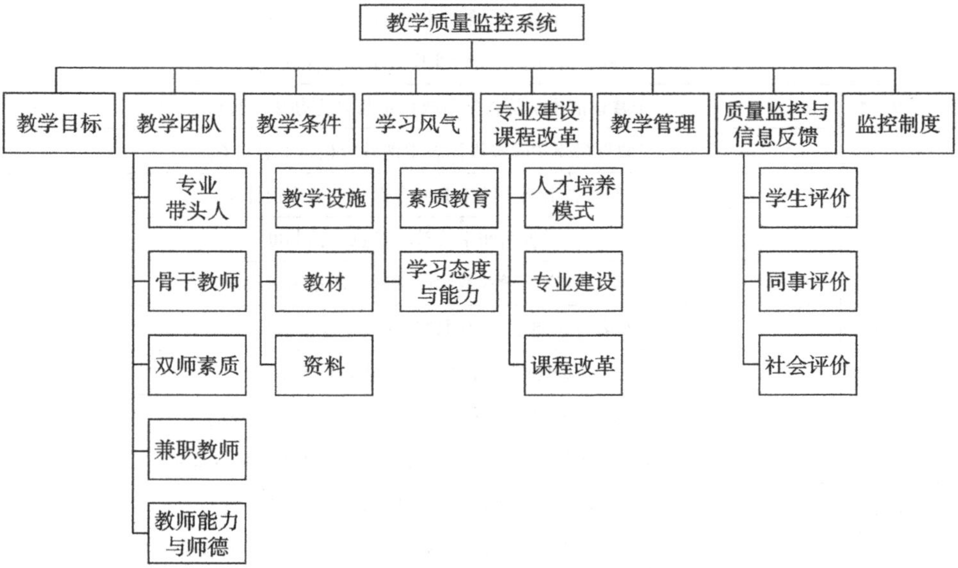

图 9-5　外国语学院教学过程质量监控体系

领导的责任意识、强化管理人员的监督意识和强化学生信息员的反馈意识，最终实现教学质量监控体系的有效运行。

安徽省宿州学院教学质量监控制度建设情况如表 9-3 所示，通过“废改立”，修订完善各类教学管理规章制度，内容涵盖培养方案制定、教学运行管理、资源投入、师资队伍、教学质量监控、奖励激励办法等专业建设和人才培养工作各环节、全流程。所有管理制度都通过电子政务在校园网及时发布，实现人人皆知，以制度规范教学和管理行为的目的。

表 9-3　学院内部教学质量监控制度

序号	制度名称
1	安徽省宿州学院教学质量保障体系实施办法（修订）
2	安徽省宿州学院教学工作检查制度
3	安徽省宿州学院教学业绩奖励办法（试行）
4	安徽省宿州学院青年教师教学比赛实施办法
5	安徽省宿州学院学生教学信息员制度实施办法
6	安徽省宿州学院教师评学工作实施办法
7	安徽省宿州学院学生评教工作实施办法
8	安徽省宿州学院实验课程教学评价体系（试行）
9	安徽省宿州学院教学事故认定与处理办法（暂行）
10	安徽省宿州学院多媒体教学课件资格审查管理规定
11	安徽省宿州学院毕业综合训练环节评价体系
12	安徽省宿州学院教学信息反馈制度
13	安徽省宿州学院教师课堂教学质量考核办法
14	安徽省宿州学院教师教学质量学年度考核办法
15	安徽省宿州学院听课制度（修订）
16	安徽省宿州学院本科新生导师制实施意见（试行）
17	关于进一步加强教授、副教授为本科生授课工作的规定
18	安徽省宿州学院本科专业评估工作实施方案
19	安徽省宿州学院关于进一步加强教学管理工作的意见
20	安徽省宿州学院关加强学风建设的若干规定

续表

序号	制度名称
21	安徽省宿州学院关于进一步深化课程考核方法改革的指导意见
22	安徽省宿州学院关于进一步加强大学生创业教育工作的实施意见
23	安徽省宿州学院普通本科生学业警示办法

教学质量监控制度建设更新情况如表 9-4 所示。

表 9-4 教学质量监控制度建设更新情况

序号	近三年校院教学管理和质量保障制度更新情况
1	安徽省宿州学院本科专业毕业要求合理性评价办法（试行）
2	安徽省宿州学院本科专业课程体系合理性评价办法（试行）
3	安徽省宿州学院师范类专业人才培养质量实践度评价管理办法
4	安徽省宿州学院师范类专业认证工作实施方案
5	安徽省宿州学院一流本科专业建设办法（试行）
6	安徽省宿州学院听课制度（修订）
7	安徽省宿州学院“第二课堂成绩单”制度 实施办法（修订）
8	安徽省宿州学院教材管理实施细则
9	安徽省宿州学院“三全育人”综合改革 试点工作实施方案
10	安徽省宿州学院全面加强新时代学生劳动教育的实施方案（试行）
11	安徽省宿州学院本科专业人才培养方案管理办法（修订）
12	外国语学院毕业要求合理性评价办法（试行）
13	外国语学院英语（师范）专业人才培养质量实践度评价管理办法（试行）
14	安徽省宿州学院外国语学院“十四五”教育事业发展规划
15	外国语学院英语师范类专业认证工作实施方案
16	外国语学院教学团队管理办法
17	外国语学院“双导师制”实施办法
18	外国语学院大学生创新创业教育实施办法
19	关于学院领导联系年级分工的通知
20	安徽省宿州学院外国语学院“十四五”实验（实训）室建设发展规划

（3）教学质量监控的主要措施。如表 9-5 所示，质量监测与评价系统是教学保障体系的关键，其职能是对学校教育教学工作质量的监测与评价，具体由常态监测、教学评估、教学调查三个子系统组成。其中，常态监测主要包括听课评课、教学督导、学生教学信息员信息反馈、评教评学、教学检查等；教学评估包括专业评估、专业认证、课程评估、二级学院教学工作评估、教师教学评估、学生学习效果评估等。

表 9-5　学院内部教学质量监控制度主要措施

类别	监控措施	监控内容
教学检查督促制度	教学督导制度	坚持校、院两级教学督导制度。加强校、院两级教学督导队伍建设，完善“学校、学院、督导四位一体、校院两级联动”督导工作机制，开展督教、督学、督管，对教学质量进行监控、检查、评估和指导
	课堂教学实时监控制度	利用信息化管理平台，对教师课堂教学进行日常实时监控，对监控结果实行周通报与反馈
	校、院两级听课制度	落实领导干部听课制度。学校各级领导要按照学校领导干部听课相关制度要求，深入课堂，及时了解教学状况，倾听师生意见，发现和解决教学中存在的问题，提高教学管理工作的针对性和有效性。依据听课制度实施意见，领导干部、教师全员参与听课，参与日常教学监控
	教学信息员制度	坚持学生教学信息员制度。加强校、院两级学生教学信息员队伍建设，按学院和班级遴选一定比例的学生担任教学信息员，定期反馈有关学生学习、生活信息和学生对教师、教学管理部门及学校的评价、意见或建议
	定期 / 不定期检查制度	每学期期初、期中、期末通过自评或者抽评等方式对各二级学院的教学工作运行情况、教学管理、教风学风进行监控。同时，根据教学工作需要不定期对实践、实验等教学环节进行专项检查
评教评学制度	教师教学质量评价制度	完善教师教学评价制度。构建以“多元主体、多样化评价指标”为核心的质量评价体系。评价主体包括领导、教师、学生、同行、督导等
	教学工作年度考核制度	依据专业技术人员考核办法和教师教学工作年度考核办法，对教师的教学工作量、课堂教学质量和教学成果进行综合考核与评价
	教师评学制度	教师对学生学习态度、学习方法、学习效果等进行评价
自我评估制度	本科教学质量年度分析报告制度	基于本科教学基本状态数据，定期编制发布校、专业年度本科教学质量报告。总结分析学校和专业在师资队伍、教学改革与建设、学生学习与发展、质量保障等方面取得的成绩、存在的不足与问题，并提出改进措施

续表

类别	监控措施	监控内容
自我评估制度	就业质量年度报告制度	定期对毕业生就业率、就业去向、行业分布、专业相关性等进行监测与评价，及时公开发布专业就业质量年度报告
	教学工作年度考核制度	完善教师教学评价制度。构建以“多元主体、多样化评价指标”为核心的质量评价体系。评价主体包括领导、教师、学生、同行、督导等。实施教学检查制度。采取学校检查和学院自查相结合、常规检查和随机抽查相结合的办法，提高教学检查的针对性和时效性;每学期开展期初、期中、期末“三期”教学检查；对教学运行中发现的问题组织专题抽查；组织开展课堂教学效果评价、试卷和毕业论文（设计）等教学资料抽查。做好教学检查信息记录和结果总结分析，完善教学事故处理办法，不断规范教学行为
	专业认证与评估制度	根据国家和安徽省专业评估与专业认证办法，结合学校实际，组织专业开展自评自建，接受上级教育主管部门和第三方的专业评估与认证和进行必要的校级专业评估。并根据评估认证中专家的意见与建议及时进行整改
	课程评估制度	聚焦课程目标实践情况，制定课程评估指标体系，从课程建设、课程教学改革、课程教学质量、持续改进等方面进行评估，加强课程资源建设，促进优质示范课程、一流课程建设。提升课程高阶性、创新性和挑战性。实行课程评估制度，推进教师队伍、教材、教学内容、教学方法及手段和教学管理的高标准建设
教学调查制度	满意度调查制度	坚持以学生发展为中心，定期开展在校生、毕业生及用人单位对学校和专业人才培养、师资队伍建设、教学资源、学生服务等方面的满意度调查
	毕业生跟踪调查制度	实施毕业生意见采集制度。召开座谈会，征求毕业生对专业课程设置、教学内容、教学方法等方面的意见；多种途径收集校友对学校教育教学的意见和建议；开展毕业生跟踪调查，了解毕业生在用人单位的表现
	生源质量调查	定期根据招生情况，对生源情况进行质量分析，为招生提供决策

2. 学校和学院两级定期开展专业教学质量评价

学校和学院两级定期开展专业教学质量评价（重点监控专业开展的课程体系合理性评价与课程目标实践评价和毕业要求实践评价）情况，包括评价周期、评价对象、评价内容、评价渠道等，以及最近一次开展的专业教学质量评价的内容、方法、结果反馈与改进情况。

（1）评价周期。每学期开展期初、期中、期末“三期”教学检查；对教学运行中发现的问题组织专题抽查；组织开展课堂教学效果评价、试卷和毕业论文（设计）等教学资料抽查。

（2）评价对象及内容。质量监测与评价系统具体由常态监测、教学评估、教学调查三个子系统组成。其中，常态监测主要包括听课评课、教学督导、学生教学信息与信息反馈、评教评学、教学检查等；教学评估包括专业评估、专业认证、课程评估、二级学院教学工作评估、教师教学评估、学生 学习效果评估等。教学调查主要包括生源质量调查、毕业生跟踪调查、教学状态数据采集等。

（3）评价渠道。开展专业评估，按照专业建设的标准要求，对有五届及以上毕业生的本科专业进行校内专业评估，并接受上级主管部门开展的本科专业评估；推进专业认证，组织相关专业参加工程教育、师范等专业认证；开展课程评估。实行课程评估制度，推进教师队伍、教材、教学内容、教学方法及手段和教学管理的高标准建设；积极引进第三方评估，重视社会对学校教学工作和人才培养质量的监督、评价；实施毕业生意见采集制度，教学质量跟踪调查制度。

（4）最近一次开展的院专业教学质量评价于 2019—2020 学年开展，存在的主要问题与原因：本科教学存在一定不足，专业建设的针对性不强，服务地方经济发展的直接贡献率较低。专业教学充分强调了语言方面的理论性和系统性，主干专业课程教学内容缺乏整体统筹特色课程少。人才结构不尽合理，尚未形成合理的学术梯队。双语课程、网络教学资源及课程中心建设方面有待加强，专业特色的网络教学资源。教学监控与质量评价的有效性和真实性有待验证，操作和管理有待进一步规范。科研成果不集中、不系统，不利于增强学科实力。

（5）应对措施。依据学生认知规律和职业成长规律，形成工作过程系统化的课程体系；加强师资队伍建设力度，继续加强对现有师资力量的培养，继续完善人员结构组成；进一步加大评教信息量化度，鼓励授课教师强化科学研究训练，拓宽专业视野，做到理论与实践的结合；加大专业科研力度，纵向上形成突破、横向上加强交流，以科研带动教学；明确职业目标，加强就业教育。

3. 专业毕业要求实践情况评价机制和方法

专业毕业要求实践情况评价机制和方法，包括评价制度、评价责任机构、评价对象、评价周期、评价依据（主要来源于课程目标实践评价结果中的过程性评价数据和结果性评价数据）、评价过程（包括评价数据收集的内容、方法和来源）。

（1）毕业要求实践度评价机制。为建立“学生中心、产出导向、持续改进”的培养模式，确保整个课程体系能够覆盖全部毕业要求，每门课都能够实现其在课程体系中的作用，支撑专业课程目标、毕业要求和人才培养目标的实践，根据《普通高等学校本科专业类教学质量国家标准》（以下简称《国标》）《普通高等学校本科外国语言文学类专业教学指南（上）——英语类专业教学指南》（以下简称《指南》）《普通高等学校师范类专业认证实施办法（暂行）》《安徽省宿州学院师范类专业人才培养质量实践度评价管理办法（试行）》《安徽省宿州学院本科专业培养目标合理性评价办法（试行）》等相关文件要求，制定了英语（师范）专业毕业要求实践度评价机制，详细内容如下。

①评价机构。评价工作责任机构为毕业要求实践评价工作组；二级学院院长为毕业要求实践度评价责任人，副院长为毕业要求实践度评价的责任领导。教研室主任（专业负责人）是毕业要求实践度评价的直接责任人；主要参与人员为二级学院党政领导、专业负责人、教研室主任、课程负责人、学院教学督导、骨干教师代表、辅导员和校外专家。

主要职责为院长、副院长负责组织、协调毕业要求实践度评价工作。教研室主任（专业负责人）负责提供毕业要求实践度评价所需的课程目标实践度等基础数据。辅导员和教学秘书协助教研室主任开展毕业要求实践度的评价工作，主要职责是收集、登记、整理、转送、保管各类学生学业成绩资料和评价反馈材料等。教研室主任（专业负责人）会同专业骨干教师、督导组成员开展毕业要求实践度反馈信息的分析总结工作，依据各类数据分析和调研的结果，分析学生各项能力的长处和短板，研讨并形成专业持续改进方案。

②评价对象为外国语学院每一届当年所有取得毕业证书的毕业生；毕业要求实践情况评价每年进行一次，确保对每一届毕业生都进行毕业要求实践情况评价。评价结果形成“毕业要求实践情况评价”记录文档，要求评价记录完整、可追踪。

③评价过程包括定量评价和定性评价。定量评价包括毕业要求实践评价工作组列出支撑每项毕业要求分解指标点的课程，确定评价毕业要求支撑课程的合理性；在开展课程实践情况评价前，由学院教学分委员会审核每门课程的评价依据，主要评价学生的考核结果、考核方法、分项成绩等进行合理性确认；课程实践情况评价：依据对学生考核结果（包括试卷、作业、设计等）进行课程对该条毕业要求指标点的实践情况评价；计算毕业要求实践情况评价结果：计算各门课程评价结果，得出该项毕业要求实践情况评价结果。依据评价机制规定的合格标准，明确该毕业要求评价结果是否实践。

定性评价包括依据专业培养目标、毕业要求，对支撑每项毕业要求指标点进行合理分解，设计问题，形成调查问卷；在一个月的时间内，学生完成调查问卷，根据收集的问卷结果，研究分析、整理数据；根据调查问卷的结果，形成毕业要求实践情况报告。

④评价方法包括采用基于课程（教学环节）考核成绩的定量分析法，基于应届毕业生、用人单位问卷调查的定性分析法和基于毕业验收环节的定性和定量相结合的方法进行。

定量评价包括课程考核成绩分析法和评分表法；定性评价主要基于毕业生和用人单位的问卷调查结果评价毕业要求的实践情况。调查问卷中主要针对培养目标评价、毕业要求设置教学效果评价问题类；分发调查问卷，分别由毕业生和用人单位进行填写；回收调查问卷，筛选有效问卷，统计毕业要求实践问题的结果；计算获得各类问卷的毕业要求实践度评价结果。

⑤结果反馈及利用。毕业要求实践度评价结果是课程与教学环节设置和教学改革与管理的重要依据，也是专业人才培养毕业要求调整的主要依据。专业在认真分析和总结本专业毕业要求实践度总体评价结果的基础上，针对每一条毕业要求的实践情况进行全面分析和总结，形成《英语（师范）专业毕业要求实践度评价分析及持续改进报告》，凝练特色并形成辐射推广方案，针对发现的问题提出持续改进措施、进度及预期成效。报告由教研室主任（专业负责人）提交给学院，外国语学院教学分委员会负责审核专业的毕业要求实践度评价分析及持续改进报告，并提出整改意见。指导本专业毕业要求、课程体系及各教学环节的持续改进，以促进专业的办学质量和人才培养质量的持续提升。

4. 学校和院系两级全过程监控与评价专业教学过程用，保障专业毕业要求实践的情况

（1）教务管理系统——课程教学管理。教务管理系统由学校教务处负责，可完成课程任务安排、课程排课、成绩录入及分析、学生评教、教学考核评价等工作；并且设置了手机客户端，学生可以通过手机端查询课表、成绩、学分等。

（2）网络教学综合平台——课程建设。网络教学综合平台由教务处负责，主要用于学校课程资源建设。该平台可以完成课程基本信息（课程介绍、教学团队、教学大纲、教案、教学日历）、课程资源、教学活动、教学录像等课程内容的维护和发布。外国语学院使用该平台开展课程建设、精品资源共享课程、精品线下开放课程、大规模在线开放课程（MOOC）示范项目等建设工作。

（3）尔雅课程教学平台——通识教育。尔雅课程教学平台由教务处维护，主要用于本科生的通识教育课程教学。

（4）学生系统——易班发展中心。学工系统由学生处维护，使用学工系统可以实现奖学金认定、贫困生认定、学生日常考勤审批、班主任工作日志等学生管理工作，学工系统信息化管理提高了学生工作的效率和质量。

（5）资产管理系统——仪器设备管理。资产管理系统由资产处维护，主要用于全校固定资产管理。外国语学院通过该系统，管理本学院教学科研仪器设备的入库、管理、报废等工作。

（6）实验室安全考试系统——实验室使用教育。实验室安全考试系统由资产与实验室管理处维护。可对全院教师和学生开展语音实验室安全使用教育工作，保障相关教学活动的规范操作。外国语学院将该系统用于实验教学相关安全管理。

（7）毕业论文管理系统。毕业论文管理系统由教务处维护。该系统面向学生毕业论文，选题—开题—评审—答辩—过程材料导出的全过程，提供信息化过程管理服务，并且无缝对接文献不端检测功能，可进行全过程中各类文档的检测及原创性审查，治理学术不端行为；此外，系统提供课题题目排重、选题分析、写作内容检查和写作格式检查等功能。外国语学院使用该系统帮助师生高效开展毕业论文全过程、各阶段工作。

（8）网络课程平台。教师教学过程中使用学习通、腾讯课堂等教学平台进行辅助教学，可将学生考勤、作业、测试、日常表现等纳入教学过程管理，将课程相关的资料、课件等上传于云端供学生自主学习，极大促进了师生互动交流的频次和便捷。

三、完善外部评价机制

外部评价是教学质量保障体系的必要环节，对毕业要求达成和培养目标实现产生重要影响。指标要求本专业重视人才培养质量的社会评价，建立毕业生跟踪反馈机制，全面、深入、准确地了解毕业生履职情况；定期邀请中学、教育行政部门等利益相关方对毕业生质量进行客观评价，根据评价结果及时调整人才培养方案，有效改进课程教学工作，使专业人才培养与中学教育发展形成良好的契合度。

建立了毕业生跟踪反馈机制，通过毕业生跟踪调查了解人才培养质量，发现问题，促进专业及时修订人才培养方案。

注重邀请用人单位等利益相关方定期开展人才培养质量评价工作。跟踪评价机制已经形成固定做法，并稳定地扩大覆盖面，其结果能够进入教学质量持续改进的良性循环。

建立了中学、教育行政部门等利益相关方参与的社会评价机制，对培养目标的达成度进行定期评价，外部评价对于教学改进有实际效果。

1. 毕业生持续跟踪反馈机制，以及最近一次社会评价的开展情况

为了解毕业生的培养质量和职业发展状况，宿州学院制订了《安徽省宿州学院毕业生就业质量跟踪调查实施办法》，以评价人才培养的质量，并用于后期人才培养过程的持续改进。相关说明如下。

（1）责任机构。跟踪调查由招生就业处牵头，各学院配合。调查也可由学校统筹组织，各学院负责具体实施。外国语学院成立专门工作小组，负责本学院毕业生的跟踪调查及反馈。

（2）工作周期。应届毕业生的跟踪调查一般在每年的6—11月进行，为期5个月；中期职业发展跟踪调查的时间，根据工作需要由牵头部门具体安排。

（3）跟踪对象与方法。调查包括毕业生对学校工作的评价；毕业生的工作和发展情况；用人单位对毕业生和学校工作的评价。调查采取发放调查问卷、电话、电子邮件、走访等调查方式完成。

（4）调查结果运用。跟踪调查结果作为撰写毕业生就业质量年度报告的依据，并组织召开专门会议进行综合分析研究，提供给学校和相关部门，作为学校招生、专业设置与结构调整、人才培养、教育教学工作的指导与参考。

最近一次社会评价开展情况如下。

（1）对毕业生毕业当年进行跟踪反馈。安徽省宿州学院面向 2021 届毕业生开展跟踪调查，形成《安徽省宿州学院 2021 年毕业生就业质量年度报告》。调查显示，外国语学院毕业生最终毕业去向落实率为 95.38%，职业期待吻合度为 89.42%，工作与专业相关度为 87.50%。外国语学院毕业生对目前工作的整体满意度为 96.15%，对薪酬水平和薪酬满意度为 88.46%，工作稳定度为 82.69%。

（2）对毕业生进行短期跟踪反馈。外国语学院编制《安徽省宿州学院（英语（师范）专业）2019—2021 届毕业生短期跟踪调研问卷》，委托北京新锦成教育技术有限公司对安徽省宿州学院英语（师范）专业毕业生进行第三方调查和评估，形成《安徽省宿州学院英语（师范）专业 2019—2021 届毕业生毕业要求实践与人才培养反馈评价报告》。结果显示，2019—2021 届毕业生认为毕业要求中各项的实践度均高于 97%；对课程设置的认可度和课程实施的评价分别为 97.39% 和 98.48%；实践教学评价为 99.22%；毕业生认为外国语学院专任教师大都具有较强的课堂教学、信息技术应用和学习指导等教学能力，对学校信息化教育教学设施和职业技能实训设施的满意度超过 98%；毕业生对就业结果较满意。

（3）对毕业生进行中长期跟踪反馈。外国语学院编制《安徽省宿州学院（英语（师范）专业）2016—2018 届毕业生中长期调研问卷》，委托北京新锦成教育技术有限公司对安徽省宿州学院英语（师范）专业毕业生进行中长期发展调查评估，形成《安徽省宿州学院英语（师范）专业 2016—2018 届毕业生培养目标实践与职业发展跟踪报告》。调查结果表明，毕业生认为英语（师范）专业总体培养目标的合理性达 98.08%，总体培养目标要求的能力实践度为 98.39%。毕业生的就业特色和培养目标高度一致，专业相关度为 89.55%。调查结果对于进一步完善质量保障体系、改进人才培养模式、提升毕业生就业竞争力具有一定的参考价值。

（4）用人单位对毕业生评价调研反馈。编制《安徽省宿州学院（英语（师范）专业）2016—2021 届用人单位调研问卷》，邀请用人单位对安徽省宿州英语（师范）专业毕业生进行综合评价，形成《安徽省宿州学院英语（师范）专业 2016—2021 届毕业生社会评价调研报告》。数据表明，用人单位认为安徽省宿州学院英语（师范）专业毕业生的能力素质与培养目标的符合程度为 98.46%，对毕业生的毕业要求实践评价中，研究与创新能力的满意度为 93.94%，其他各项均高于 95%，对英语（师范）专业毕业生工作表现的总体满意度为 98.46%，认为安徽省宿州英语（师范）专业毕业生与其他同类高校毕业生在能力素质方面相比，“很有优势”占比 30.30%，“比较有优势”占比 36.36%。由此说明，用人单位对安徽省宿州英语（师范）专业毕业生的工作满意度和能力素质认可度很高。

（5）建立校友跟踪反馈机制。为有效保障毕业生与母校的畅通联系，促进校友信息资料库的建设，制订《安徽省宿州学院校友联络员制度》和《安徽省宿州学院校友信息收集管理办法》，编制《安徽省宿州学院外国语学院校友信息统计表》，面向校友开展跟踪回访工作，收集汇编优秀校友信息，编制《外国语学院优秀校友汇总表》，供借鉴参考。

2. 中学、教育行政部门等利益相关方参与的多元社会评价机制，以及最近一次社会评价的开展情况

为了更好地跟踪调查英语（师范）专业人才培养的质量，外国语学院根据《安徽省宿州学院师范类专业人才培养质量实践度评价管理办法（试行）》，制订了《外国语学院英语（师范）专业人才培养质量实践度评价管理办法（试行）》，邀请中学、教育行政部门等利益相关方参与外国语学院人才培养目标实践度、毕业要求实践度和课程目标实践度的评价。相关说明如下。

（1）责任机构。人才培养目标实践度、毕业要求实践度、课程目标实践度评价工作组。

（2）评价主体。有关教育行政部门、学校相关管理部门、外国语学院、专业教师、学生、用人单位、实习实训单位、家长等利益相关方。

（3）评价方法。通过调研分析、问卷调查、访谈交流和咨询研讨等方式进行。

（4）评价结果运用。人才培养目标实践度评价、毕业要求实践度评价、课程目标实践度评价结果是专业人才培养质量评价的重要指标，也是课程与教学环节设置和教学改革与管理的重要依据。外国语学院根据评价报告提出整改意见，指导本专业人才培养目标、毕业要求、课程体系及各教学环节的持续改进，以促进专业的办学质量和人才培养质量的持续提升。

最近一次社会评价开展情况如下。

（1）用人单位参与人才培养质量调研。外国语学院编制《安徽省宿州学院（英语（师范）专业）2016—2021 届用人单位调研问卷》，委托北京新锦成教育技术有限公司调查用人单位对外国语学院英语（师范）专业毕业生在培养目标实践度、毕业要求实践度、对毕业生的总体满意度等方面的评价，形成《安徽省宿州学院英语（师范）专业 2016—2021 届毕业生社会评价调研报告》。结果显示，用人单位认为我校英语（师范）专业毕业生的能力素质与培养目标的符合程度为 98.46；对我校毕业生的毕业要求实践度给予高度好评，对我校人才培养工作的满意度为 96.97%。

（2）中学教育主管部门参与评价。学院与多所中学建立长期稳定的合作关系，邀请中学校长、骨干教师参与人才培养质量、课程改革等的修订工作。定期与宿州市教体局领导深入访谈，了解宿州市英语学科人才需求状况，特别是高考改革背景下英语教师的需求情况，为专业建设、修订培养方案、创新培养模式提供建设性意见和建议。

（3）英语（师范）专业毕业生参与评价。利用多种信息技术邀请毕业生参与人才培养质量评价。通过电话、QQ、微信和校友返校座谈等形式，加强与毕业生的联系和沟通，通过问卷调查或访谈等方式收集毕业生对人才培养质量的评价和在工作中个人成长发展等多方面的信息。

（4）毕业生家长参与对毕业生人才质量评价。编制《安徽省宿州学院（英语（师范）专业）毕业生家长评价调研问卷》，调查结果收录在《安徽省宿州学院英语（师范）专业2016—2021届毕业生社会评价调研报告》中。数据表明，毕业生家长对外国语学院英语（师范）专业毕业生的日常工作表现满意度为97.56%，对我校毕业生的工作满意度为100%。

3. 培养目标实践情况评价的方法、周期及基于上述两个机制运行获取的各类信息，对培养目标实践情况进行的分析和结果

本专业根据《安徽省宿州学院师范类专业人才培养质量实践度评价管理办法（试行）》，制订了《外国语学院英语（师范）专业人才培养质量实践度评价管理办法（试行）》，其中包含人才培养目标实践度评价办法。相关说明如下。

（1）评价对象：英语（师范）专业毕业5年左右的毕业生。

（2）评价主体:学校相关管理部门、外国语学院、专业教师、英语（师范）专业毕业生和用人单位等利益相关方。

（3）评价方法：调研分析、问卷调查、访谈交流和咨询探讨等方式。

（4）评价周期:英语（师范）专业人才培养目标实践度评价每年进行一次。

（5）评价结果及运用：人才培养目标实践度评价结果是专业人才培养目标修订的重要依据，外国语学院根据学校教学委员会审定提出的意见和建议督促英语（师范）专业制订整改方案，落实整改。每年微调课程设置及其内容，原则上每四年组织一次专业人才培养目标修订工作。

最近一次对培养目标实践情况的外部评价调查结果分析如下。

（1）毕业生评价反馈情况。本次调查对安徽省宿州学院英语（师范）专业2016—2018届毕业生进行匿名调研。共收到有效问卷156份，形成《安徽省宿州学院英语（师范）专业2016—2018届毕业生培养目标实践与职业发展跟踪报告》。统计结果表明，2016—2018届毕业生认为总体培养目标要求

的能力实践度为 98.39%，各届次毕业生认为总体培养目标要求的能力实践度均在 95.35% 及以上，其中，2016 届毕业生认为其实践度为 100%，2017 届 95.35%，2018 届为 97.83%。具体到各分项培养目标实践度评价中，分目标 1 实践度为 99.1.%，分目标 2 实践度为 98.79%，分目标 3 实践度 98.38%，分目标 4 实践度为 97.97%。由此说明，2016—2018 届毕业生认为安徽省宿州学院英语(师范)专业毕业生的能力素质与英语(师范)专业培养目标的符合程度很高。

在就业特色方面，2016—2018 届毕业生主要选择在省内就业（80.86%），服务地方经济发展。就业行业主要集中在“教育”（77.78%），这一行业流向与学校专业设置及人才培养定位相符合。毕业生所从事的职业主要为“教育 / 培训 / 科研类”（76.80%）。毕业生主要流向单位类型为“中初教育单位”（47.62%）。这一就业特色与安徽省宿州学院英语（师范）专业的总体培养目标是一致的，安徽省宿州学院的毕业生主要服务于安徽及周边区域，主要在基础教育领域从事与英语教育教学相关的工作。

从毕业生的专业发展状况看，93.81% 的 2016—2018 届毕业生具有明确的专业发展规划。91.93% 的 2016—2018 届毕业生较好地落实了专业发展规划。82.35% 的 2016—2018 届毕业生经常参与在职培训学习活动。27.71% 的 2016—2018 届毕业生从本专业本科毕业后，继续深造，获取了更高的学历。69.37% 的 2016—2018 届毕业生相对其他同学 / 同事，获得了较多的校级（含）以上荣誉表彰。26.41% 的 2016—2018 届毕业生正在或曾经做过志愿支教。由此可见，安徽省宿州学院英语（师范）专业的毕业生培养了稳定的专业发展意识，有明确的职业发展规划，并能够落实职业规划。大多数毕业生工作后会定期参加在职培训，继续学习深造。大多毕业生在教育实践中以身示范，具有较强的工作能力，获得荣誉表彰较多，服务意识较强，毕业生的职业发展与英语（师范）专业的培养目标一致。

（2）用人单位评价反馈。本次调查向毕业生用人单位发放问卷开展调研，共收到用人单位答卷 86 份，形成《安徽省宿州学院英语（师范）专业 2016—2021

届毕业生社会评价调研报告》。结果表明，用人单位认为我校英语（师范）专业毕业生的能力素质与培养目标的符合程度为98.46%，其中“很符合”占比41.51%。对我校英语（师范）专业毕业生工作表现的总体满意度为98.46%，对我校人才培养工作的满意度为96.97%。由此可见，用人单位对英语（师范）专业培养的毕业生各方面能力认可度高，认为英语（师范）专业培养目标的社会适应性强。

总体而言，无论是毕业生的自我认识，还是用人单位的他者认同，都说明我校英语（师范）专业人才培养目标设置较合理，实践度较高。

四、师范生培养质量持续改进

专业人才培养质量依赖于人才培养过程的持续改进。该指标要求校、院两级要采用多种方法对专业进行内部评价与外部评价，对校内外评价结果进行综合分析，并将结果用于师范生培养质量的持续改进和提高。课程目标评价的结果要用于改进教学内容、教学方法和考评办法；毕业要求评价的结果要用于课程体系的修订，师资及教学资源的配置；培养目标评价的结果要用于培养目标、毕业要求、课程体系的修订与完善。学校有组织机构负责质量监控，定期对校内外的评价结果进行综合分析，使改进工作得以落实，使质量保障体系能够完整有效运行，形成质量保障的长效运行机制。

学校有组织机构负责质量监控，定期对校内外的评价结果进行综合分析，使改进工作得以落实，使质量保障体系能够完整有效运行，形成质量保障的长效 运行机制。

建立校内基本教学状态信息库，并定期更新教学状态信息。把常态监控的信息和自我评估收集到的信息进行统计分析，并将结果及时反馈给相关部门与教师，促使教学工作持续改进，师范生培养质量、教学过程质量常态化监控机制保障毕业要求达成度的情况。

1. 保证评价结果用于专业持续改进的制度和最近一次基于培养目标、毕业要求、课程目标实践情况、课程体系合理性的评价结果而开展的持续改进工作

本专业建立了内、外部评价及其信息反馈机制，通过信息反馈机制不断地从内、外部评价过程中获得反馈信息，为本专业人才培养过程相关环节的持续改进提供了方向和依据，形成了“机制建设—项目实施—评价反馈—机制改进与提升”的良性循环人才培养质量保障体系。

（1）内部质量监控用于教学质量持续改进和提高的制度。

①教学工作会议制度。外国语学院教学工作委员会定期召开会议，研究教学工作，对内部质量监控中发现的问题进行分析并及时提出整改建议。在每学期开学前，组织召开教学工作计划会议，汇总各专业的工作计划，对本学期的教学工作进行计划和安排。学期结束前，组织一次教学工作会议，通报本学期的工作情况，汇总各专业的工作总结及检查改进工作的落实情况，总结本学期的工作，对教学工作计划的完成情况进行总结、讨论，促进教学改进。在教学过程中，如督导听课、教学检查、学生座谈会等质量监控环节有反馈信息，由院长根据需要，召开相关教师参与的教学工作会议，进行讨论学习，提出整改措施。

②督导专家、各级领导、同行教师听课制度。学校、学院督导专家对教师授课情况填写听课记录并进行评价，听课记录文档存到学校评建办，评建办把评价意见及结果下发到二级学院院长及教学副院长，其结果用于教师年度教学考核、教学评奖和职称评审。各级领导深入教学一线听课，与授课教师进行沟通交流，了解本专业教师的教学情况和学生的学习状态。本专业也积极组织公开课活动，教师们集体听课评课，相互交流，共同进步。

③学生评教与教师评学制度。学校建立了学生评教和教师评学制度，由教务处组织实施，从教与学双方不同视角听取学生和教师对于教学的意见和评价。教师评学和学生评教同时进行，学生评教是学生在教务管理系统对所

学课程的教学效果进行评价；教师评学采用调查问卷方式，对学生学习态度、课堂纪律、学习效果等方面进行评价。评价结果由教务处反馈给二级学院院长，教与学相互评价，相互改进，促进教学质量不断提高。

④教学检查制度。在学校和学院统一领导和部署下，本专业多措并举强化师德师风和教风学风建设，采用学期初教风学风督查、期中教学检查和期末运行核查的教学检查制度，加强教学质量监控。外国语学院每学期于期中教学检查时召开学生座谈会，学院主管教学副院长、教研室主任等参与座谈，教学秘书记录会议内容，学生意见向相关教师通报，并对后续改进情况进行监督检查。同时，外国语学院召开教师座谈会，学院主管教学副院长、教研室主任等参与座谈，教务秘书记录会议内容，教师意见及时向有关部门反馈，为教师教学做好服务工作。

⑤实践情况评价制度。外国语学院基于师范专业认证理念和要求，制订了《安徽省宿州学院外国语学院人才培养目标实践度评价办法》《安徽省宿州学院外国语学院毕业要求实践度评价办法》《安徽省宿州学院外国语学院课程目标实践度评价办法》等文件，建立了人才培养目标、毕业要求和课程目标实践度评价工作制度。目前本专业已经完成 2021 届人才培养目标、2021 届毕业要求和 2020—2021 学年课程目标实践度评价工作。各实践度评价结果交由学院教学工作委员会审核，对教学目标实现评价较差的课程，学院专家将和教师一起会诊，提出改进意见和措施。

⑥教学检查异常信息整改反馈制度。本专业建立了教学质量监控反馈整改制度，坚持教学监督、评教评学、学情调查等常态监控，关注教学工作各环节的运行。对于教学过程中发现的问题，以安徽省宿州学院外国语学院教学检查异常信息整改反馈表形式反馈给责任部门和责任人，限期整改并进行监督，有力地提高了教学质量监控体系的运行效果。

（2）外部评价结果用于教学质量持续改进和提高情况。本专业重视外部评价结果，充分吸收结果用于教学质量持续改进。近年来，本专业通过网络调研、座谈、毕业生校友会、用人单位走访、教育主管部门调研等方式，积极调研利益相关方对本专业人才培养过程各个环节的意见和建议，并制订相关改进措施，保障教学质量不断提高。近年来，本专业利用外部评价结果改进教学的情况见表 9-6。

表 9-6　外部评价结果改进教学汇总

教学环节	评价结果	改进措施	改进结果
学生调查问卷	对毕业 5 年以上的学生进行培养方案修订的调查问卷，培养目标、毕业要求设置反馈结果基本符合要求，课程设置方面需要进一步加强实践环节	2019 版培养方案中进一步优化了课程设置，加大了实践环节的设置	通过增加课程体系中实践环节的设置，特别是组织学生参加各类专业比赛、竞赛，使理论知识更好地与实践相结合，更加注重学生实践能力、创新思维能力、团队合作意识的培养
规章制度学习	从事教育工作的毕业生建议能加强英语（师范）专业学生教育教学法规的学习	加强教育法规的学习	通过开展教育教学专题讲座、在线学习、专场报告等形式学习国家教育政策、法规、规章制度等，较好地调动了师范生的教育教学认同感和教育情怀的培养

2. 基于培养目标、毕业要求、课程体系和课程目标的评价结果开展持续改进工作

依据外国语学院教学质量监控体系制度相关文件，最近一次基于培养目标、毕业要求、课程目标实践情况、课程体系合理性的评价结果而开展的持续改进情况见表 9-7。

表 9-7　内部监控结果改进教学汇总

教学环节	评价结果	改进措施	改进效果
课程体系	课程体系对人才培养目标的支撑度不够	进一步优化课程体系结构，加强实习实训等实践动手环节	完成本专业 2022 版人才培养方案的修订。课程体系进一步优化，更符合师范专业认证的标准

续表

教学环节	评价结果	改进措施	改进效果
课程教学大纲的编制	课程教学目标和教学环节与教学方法能支撑专业毕业要求实践，但课程教学目标与教学内容不够明确	根据师范专业认证标准的要求，教研室主任组织任课教师讨论并修订课程教学大纲，明确阐明了课程教学目标与教学内容	完成相关课程大纲的修订
教学	某些课程讲授内容受限于教材，显得空洞；学生主动学习的意识有待提高	课堂讲授的内容以教材为线索，围绕主题增添新的内容；以学生为中心，采取问题导入式、启发式、探究式、互动式教学方式，培养学生分析问题、解决问题的能力	学生学习积极性和自主性增强，课程教学效果提高
课程考试	教学检查发现，部分专业课程试卷试题不规范，试卷审核不认真	下发整改通知书给相关责任人，要求学习学校关于课程考试管理的相关规定，强调课程考试的重要性和严肃性，规范出题、审核环节	严格执行课程考试管理规定

本专业建立了内、外部评价及其信息反馈机制，通过信息反馈机制不断地从内、外部评价过程中获得反馈信息，为本专业人才培养过程相关环节的持续改进提供了方向和依据，形成了“机制建设—项目实施—评价反馈—机制改进与提升”的良性循环人才培养质量保障体系。

第十章　英语（师范）专业建设存在的问题及改进措施

一、英语（师范）专业建设存在的主要问题

（一）OBE 理念下的人才培养方案

1. 目标定位

2022 版人才培养方案制订的过程中对安徽省基础教育的创新发展趋势缺乏深入的研究，对用人单位的教学现状和需求调研不够深入，缺乏家长的参与，上述诸因素导致本专业人才培养目标定位与就业实际有一定的偏差。

2. 目标内涵

目标内涵需凸显时代特色，尽管形成了师范生“铸师德”“厚基础”“重实践”“强师能”的人才培养理念，但是该理念只是针对在校师范生的培养模式，对师范生毕业后 5 年左右的发展预期缺乏精准的把握，预期目标的精准全面性也有待改进。

3. 目标评价

培养目标评价和修订的制度化建设需要加强，培养目标合理性的定期评价机制仍不够成熟和全面，还需要完善。由于本专业学生多数来自农村，部

分家长对参与评价的重要性认识不足，参与人才培养目标评价相对较少，学生家长在人才培养目标评价中发挥的作用尚需深入挖掘。

（二）英语（师范）专业人才培养产出的质量

1. 毕业要求

毕业要求内涵需进一步完善；毕业要求覆盖了国家规定的通用 8 条标准的全面内容，但有些指标点的要求深度不够；有些毕业要求表述较抽象、笼统，缺乏可检测考核的指标。

2. 师德规范

师德培养形式和方法比较单一，创新性不够，将师德认识内化为师德认同、转化为师德行为的路径有待进一步拓宽；分解指标的考核还需要深化。

3. 教育情怀

养成学生教育情怀的途径和形式不够丰富；分解指标的评估需要进行细化。

4. 学科素养

课程设置对个别毕业要求指标点的支撑不够充分；学生的跨学科知识面有待进一步加强；以学生为中心的课堂教学改革不够深入；学生的国际视野和文化意识相对薄弱。

5. 教学能力

教学理论与研究课程开设不够，学生实证化的教学研究能力不强；对相关领域的最新理论成果掌握不够。

6. 班级指导

班级指导方面的课程开设不够，学生对班级指导的基本理论和方法掌握得不够全面；对实习生班级指导能力训练重视不够，学生获得的班主任工作有效体验不够，学生班级指导能力有待提升。

7. 综合育人

英语学科类课程综合育人功能发挥不够充分；专业实习过程中学生参与综合育人活动的体验不多，综合育人能力需进一步提高。

8. 学会反思

学生运用批判性思维方法分析解决教育教学问题的能力有待进一步加强；学生到海外交流、交换、访学、短期研修的机会不多，缺乏对国内外中学教育方式的比较和反思；学生的创新意识有待加强。

9. 沟通合作

在课程教学活动中，受传统教学文化影响，学生合作学习的参与度不高；在教育实践中，师范生与学生家长、社区人士沟通较少，参与中学教研活动不多。

（三）OBE 理念下的课程开设与教学实施

1. 课程设置

本专业课程设置基本符合《中学教师专业标准》《教师教育课程标准》《普通高等学校本科外语语言文学类专业教学指南》等相关标准的要求，但是专业特色课程不够凸显，课程教师教育环节体系化有待进一步加强。

2. 课程结构

科学素养课程设计偏弱；通识教育中体育和劳动教育课程的比例尚需提高，未设美育必修课程；人文社会与科学素养课程的比例需要进一步提高。

3. 课程内容

课程内容尚需进一步体系化，课程内容动态调整机制有待完善；教材建设有待加强。

4. 课程实施

现代化信息技术和课堂教学的融合度不够，教学改革的模式不够深入。

5. 课程评价

课程体系合理性评价机制尚不够完善，运行尚不够规范，结果利用不够充分；相关利益方在课程体系评价与修订过程中的参与度尚不够，覆盖面尚不够广，作用未得到充分发挥；教学内容教学评价方式匹配度不高，课程目标实践度评价机制需进一步完善。

（四）OBE 理念下的实践教学与“四位一体”协同育人机制

1. 协同育人

协同育人深度广度有待进一步加强。“四位一体”协同育人机制初具雏形，但有关文件对各方面权责规定的明晰度有待提升。此外，需要高校指导教师与中小学指导教师的进一步协作，加强指导教师在实习前对师范生的相关指导。

2. 基地建设

教育实践基地建设有待进一步深化。教育实践基地数量充足，地域分布较广，有些基地能够对地方教育事业发展起到良好的支援，但在高中基地开拓方面，基地较少。此外，在中学英语教育研究、校本课程开发，中学教师师资培训方面仍需进一步开展。

3. 实践教学

教育实习符合教师教育课程标准和专业认证标准，但实践课程模块有待进一步细化。

4. 导师队伍

“双导师”已初步实施，教育实践导师队伍数量充足，但优秀导师，尤其是有影响力的校外导师不够。

5. 管理评价

实践教学管理评价有待进一步完善。教育见习、实习及研习的考核评价标准不够具体化，过程性评估不够完整；实践课程模块的划分有待进一步深化。

（五）学生成长一站式服务

1. 生源质量

受新冠病毒影响，与重点生源地学校的联系有待加强。仅面向省内招生，导致优质生源不足。部分学生对教师职业的认同感还需进一步培养，学生对未来职业生涯规划目标比较单一。

2. 学生需求

虽然通过多种渠道倾听学生心声，但学生群体大，对于学生的各种诉求，一是了解的程度还不够深，二是解决力度和满意度还有待提升。对学生分类指导培养成效有待进一步提高。

3. 成长指导

为学生提供生活指导、学习指导、职业生涯指导、创新创业指导、心理指导等还不够，方法和途径不够多、成效不够大，辅导员队伍综合素质还需进一步提升；教研室主任、专业教师在指导学生成长方面的沟通和合作还不够。

4. 学业监测

学业监测的数据分析和应用还不到位，对学生的个性化指导做得还不够，专业教师、教研室、辅导员、教学管理人员一体化的学业帮扶指导体系还未完全建立起来。学业预警还需要加大实施力度。

5. 就业质量

由于当下公立学校英语教师岗位比较饱和，社会辅导机构因为政策性因素急剧缩减，导致存在供需矛盾，影响了就业率和就业质量。引导学生改变就业观念，到西部地区、乡村教育岗位就业还需要多方面的努力和长期的引导。

6. 社会声誉

毕业生专业发展跟踪反馈机制还不够健全，目前学院主要依靠学校就业处做一些相关工作，学院层面相关工作的实施和开展尚未有制度支撑。与教育行政部门、用人单位等利益相关方联合进行的外部评价尚未形成常态化、制度化，对专业社会声誉和毕业生职业成长的评估还没有真正落在实处，缺乏大数据的准确支撑。

（六）英语（师范）专业教师队伍建设

1. 数量结构

师资数量结构方面存在的主要问题是高层次人才有所欠缺，教师专业背景较为单一。

2. 素质能力

（1）专业教师参加各级各类教学技能竞赛的积极性有待提高；能提供给专业教师展示个人教学才能的平台和机会比较少。

（2）专业教师参与教学研究、教学改革的意识比较薄弱，尤其参与基础教育研究的渠道少。

（3）在专业教师为学生提供职前养成和职后发展一体化指导上，职后发展阶段的指导相对比较薄弱，系统性不够。

（4）兼职教师发挥的作用尚未达到预期目标，评价标准不够完善。

3. 实践经历

（1）教师教育课程教师的中学教育服务时间不足。教师基础教育服务经验尚有欠缺。近年来，学校在加强“四位一体、协同合作”方面做了一些有益的尝试，但专业教师挂职培训，尤其是到基础教育学校挂职服务还未实现制度化、规范化。

（2）用于指导、分析和解决中学教育教学实际问题的基础教育研究成果不够多。专业教师对基础教育教学改革形势和要求缺乏足够的认知，对基础教育教学管理规律了解不够。

4. 持续发展

（1）学校多元开放的教师分类评价制度尚未建立，教师分类评价体系意识相对薄弱。

（2）学校对教师教育类课程教师的评价过于笼统，评价体系尚未形成。

（3）高校和中学“协同教研”等共同发展机制的研究有待进一步推进，教师的分类评价体系尚未完善。

（七）校内各部门协调支持提供保障

1. 经费保障

教学建设经费投入偏低。原因：一是因为学校办学经费主要依靠财政拨款和学费收入，社会捐款等其他经费来源很少；二是学校尚处于校舍等办学硬件改善过程中，基建项目挤占了办学经费；三是学校招生规模偏大，教学投入没有同步跟进，而学院学生基数较小，拨款总额数量较少。

2. 设施保障

英语（师范）专业教学技能实验室设备套数少，教学技能培训的软硬件条件不完善，目前主要依赖学校层面的教师教育实验实训中心，不能完全满足学生课后实践练习及实验教学录播所需；实验设备信息化、智能化整体建设水平不够高，现有的设施无法完全满足快速发展的信息化、个性化教学要求，一定程度上影响了师范生个性化发展。

3. 资源保障

教学课程资源的开发力度小、共享规模不够大。课程资源开发往往基于学院或研究团队的需求，对可互通共用资源的筹划较为缺乏。教学资源平台运行、服务、维护不能做到与时俱进。资源存在重自建轻共享，重立项奖励轻长效激励等问题。资源类型和资源质量需要与时俱进。

（八）OBE 理念下的质量保障体系及其运行架构

1. 保障体系

保障体系的运行还存在薄弱环节，如课程元素在教学过程中的渗透作用不够深入，对毕业要求支撑的校级制度还在建设之中，面向产出的人才培养质量跟踪评价反馈改进机制需要进一步探索与完善。

2. 内部监控

虽然建立了多方位的教学质量监控体系，但质量监控的信息化水平还不够高。从学院角度讲，教学质量监控人员偏少。学院对实践能力、创新创业能力、综合素质培养方面的经费受限不足，质量评价与监控体系有待进一步细化。

3. 外部评价

毕业生跟踪反馈和多元评价机制有待进一步完善和加强。学院对毕业生、用人单位和教育行政部门进行毕业生人才培养质量跟踪的调查机制不够健全，第三方调查数据也不够全面。对反馈信息的客观性、全面性缺乏科学系统的分析。

4. 持续改进

专业跟踪调查往届毕业生的培养质量状况，并对收集到的信息进行了综合分析与反馈，但存在调研方法不够科学、评价结果分析不够深入、对评价结果的质量信息应用不强等问题，毕业生跟踪调查的反馈机制仍需改进。

二、英语（师范）专业建设优化改进措施

（一）OBE 理念下的人才培养方案

1. 目标定位

规范培养目标合理性和实践度评价的机制。要进一步深入用人单位，了解中学英语师资需求及教学现状，广泛征求学生、家长、用人单位、教育主管部门等的意见，根据调查结果形成调研报告和咨询报告，为人才培养目标修订提供决策依据，更符合利益相关方的期待，使人才培养目标更加符合国家和地方中学教育发展的需求。

2. 目标内涵

加强调研，紧紧把握新时代对教师教育的要求，对标师范专业认证标准，丰富培养目标内涵，提高目标内涵认知的精准度。建立毕业生发展长期跟踪机制，了解国内外基础教育改革发展动态，通过充分的调研，了解毕业 5 年后的毕业生发展状况，从而细化、优化、丰富专业培养目标定位的内涵。

3. 目标评价

进一步加强培养目标合理性评价过程中内部评价和外部评价相结合的机制，完善外部评价的常态化评价制度和评价程序，定期与利益相关方沟通联系，获取反馈信息，将反馈结果作为培养目标修订的重要依据，促进培养目标与培养质量的持续改进。坚持定性评价和定量评价相结合、自评和他评相结合，实现评价方法的多样化、评价主体的多元化，适时适度扩大人才培养目标评价的参与主体范围，为合理审慎修订培养目标提供有力支撑。

（二）英语（师范）专业人才培养产出的质量

1. 毕业要求

进一步丰富和完善毕业要求及内涵；对照专业认证 8 条标准，准确描述指标点，深化毕业要求的基本内涵；增强专业毕业要求的可操作性，尤其是对一些有关情感态度价值观的目标，逐条审核，力求用可实施、可评测的指标去体现。

2. 师德规范

大力推进课程思政，强化各门课程中的师德影响和渗透，根据学生的特征进行差别化、针对性教育；强化师德实践内容的考核和跟踪评价机制，健全以表现性评价为主的师德规范综合考核指标体系，以质化和量化相结合的方式准确评价毕业生师德养成状况。

3. 教育情怀

在人才培养方案中强化教育情怀养成模块；定期邀请中学优秀教师作教育情怀示范报告；细化各项分解指标的考核细则。

4. 学科素养

增设学科素养课程，以不断拓宽师范生的知识面；深化以学生为中心的教学模式改革；通过课程建设和课外活动，扩宽学生的国际视野，增强其文化意识。

5. 教学能力

增设相关的教学理论与研究课程，夯实学生理论与研究基础，提高学生实证化教学研究能力；通过课程建设、讲座等形式，及时向学生传递相关领域最新的研究成果。

6. 班级指导

增加班级指导理论课程，提高学生班主任管理理论与方法；以实习为载体，构建以班级实务训练为基础，以专题实践与表现评价为重点的班级指导能力培养系统，提高学生的班级指导能力。

7. 综合育人

将课程思政内容列入考核要求，强化课程思政功能，提高学科类课程的综合育人能力；开展多样化的综合育人活动，提升学生的综合育人能力。

8. 学会反思

在教育教学实践中，注重对学生进行批判性思维方法和反思能力训练；制订鼓励性制度与措施，促使更多的师范生到海外交流、交换、访学、短期研修等，增强他们对国内外中学教育方式的比较和反思能力；通过教学、科研活动、课外活动等形式提高学生的创新意识。

9. 沟通合作

构建以学生在课堂合作学习中的表现为重要依据的形成性评价考核标准，激发学生参与合作学习的积极性；在教学实践中，把师范生与学生家长、社区人士沟通、参与中学教研活动作为实习考核的重要内容。

（三）OBE 理念下的课程开设与教学实施

1. 课程设置

对标相关文件，对课程体系进行进一步整合与优化，构建符合本专业人才培养目标需要的特色课程体系，进一步完善教育课程体系。

2. 课程结构

根据本专业培养目标和毕业要求进一步优化通识教育、学科专业教育与教师教育课程比例，加大通识教育课程中人文社会与科学素养课程（尤其是科学素养课程）的学分比例，加强通识教育与学科专业教育、学科专业教育与教师教育的有机融合。

3. 课程内容

提高本专业教师“课程思政”意识，强化“课程思政”建设，把社会主义核心价值观和师德师风建设融入专业教学中；及时跟踪国内外教育教学改革最新动态、课程改革和教育研究最新成果和青少年发展与教育研究最新成果，并积极将上述内容融入专业课程，实现教学内容的动态持续改进；进一步推进教材建设。

4. 课程实施

推进现代教育技术和课程教学的深度融合，转变教学观念，切实做到“以学生为中心”“以产出为导向”，持续改进、优化教学方法，做到因材施教，让学生真正参与到学习中来。

5. 课程评价

进一步优化本专业课程目标实践度评价机制，提高相关利益方参与专业毕业要求的参与度；进一步完善专业课程教学大纲，确保课程目标对应毕业要求、教学内容支撑课程目标、教学评价手段科学评价教学内容。

（四）OBE 理念下的实践教学与“四位一体”协同育人机制

1. 协同育人

加强“四位一体”协同育人工作顶层设计，进一步完善协同育人机制。密切与地方政府的沟通，争取得到更多的政策支持；尽快出台“四位一体”协同育人工作实施细则，落实合作内容和运行保障机制；加强对宿州市县区中小学教育的研究和服务工作，承担更多的教师培训工作。培训的重点要向县区基础教育薄弱的学校倾斜，为地方基础教育教学做出应有贡献。加强三方合作，确保“四位一体”各主体都能充分利用各自优势资源。

2. 基地建设

加大教师教育实践基地建设力度，进一步完善管理制度，充分发挥基地在师范生养成教育和教师挂职锻炼过程中的作用。根据学校毕业生人数的变化和地方基础教育教学改革的需求，在考核的基础上，实施基地动态调整机制，尤其在高中基地开拓方面要优先遴选管理科学、办学有特色的学校作为实践基地，提高实践教学效果。进一步开展对中学英语教育研究、校本课程开发、中学教师师资培训，加强对实践基地统一管理，明确责任和义务，更好地实现协同发展、互利双赢的目标，确保实践基地的可持续性。

3. 实践教学

学院将进一步完善专业指导教师选聘办法，遴选工作态度端正，责任心强的专业教师担任实践指导教师，加强专业指导教师对实习生的指导。强化与实习生的交流沟通、心理疏导，进一步引导实习生认识到实习工作的重要性，处理好实习与考研、考编的关系。学院也将进一步研究相关课程设置、课程结构优化等问题，使实践课程模块进一步细化。

4. 导师队伍

强化对“双导师”的指导与培训。出台相关文件，从制度层面保障对

“双导师”的指导与培训；聘请有影响力的校外导师；邀请知名基础教育专家开设专题讲座或者辅导报告；创造条件，鼓励“双导师”走出去，进行调研、研修、深造和交流。

5. 管理评价

进一步完善实践教学管理评价。一是完善管理制度，将指导教育实践的规范和指导成效作为重要指标，纳入对教师的年度教学考核和综合考核内容；二是从指导意识与态度、指导措施、指导规范、指导效果等方面，强化教育实践质量监控和约束机制，使得教育见习、实习及研习的考核评价标准进一步具体化，同时进一步完善过程性评估；三是强化实践教学个别化教育，进一步深化实践课程模块的划分。依据“双导师”制度，将指导师范技能竞赛、本科生科研助手的工作纳入双导师工作考核体系，体现对个别化教育工作的重视。

（五）学生成长指导一站式服务

1. 生源质量

积极采取有效措施保障生源质量，如通过各种渠道加强招生宣传，适当扩大省外的招生比例，吸引优质生源；争取一定名额的免费师范生教育，吸引男性考生。继续推进大类招生二次分流，选择挚爱教育的学生进入英语师范专业，指导稳定学生的专业思想。

2. 学生需求

落实“学生中心”理念，积极解决和满足学生在生活和学习方面的各种需求，为学生做好服务工作。针对丰富多样的学生个性化诉求，需要加大人力物力和财力的支持，创造条件提高解决学生需求的满意度，让学生在成长的过程中充分感受母校的温暖。

3. 成长指导

建构全员育人的环境，整合思政教师队伍、专业教师和服务人员力量，推进课程思政建设，加强学生思想政治教育和专业教育的互动关联，形成合力，达到人才培养德才兼备、全面发展的目标。

4. 学业监测

入学时强化学生学业发展意识，指导学生进行自主规划，做好学业自我监测和评价。学院加强对学生学业发展的过程性监测，并做好个性化的指导和帮扶，做好数据、档案的收集和整理工作，建立学生成长档案，充分了解学生的成长过程。

5. 就业质量

在提升学生专业能力、教学能力及综合就业竞争力的基础上，加强学生的就业和创业指导，引导学生转变就业观念。同时，学院针对不同的学生群体和个体进行个性化就业指导，积极组织召开外语人才专场招聘会，多措并举，提高就业竞争力，提升就业质量。

6. 社会声誉

学院将与教育行政部门、中学等相关方联合建构常态化、制度化的毕业生跟踪监测体系。依托毕业生大数据研究分析毕业生的成长过程、工作状态以及对母校人才培养工作的评价，分析用人单位和利益相关方对人才培养质量的评价和满意度，从而不断提升本专业的社会声誉。

（六）英语（师范）专业教师队伍建设

1. 数量结构

（1）加大教授、博士来院工作的引进力度，积极从国内外招聘具有良好专业素质和较强科研能力与发展潜力的高层次人才，充实教师队伍。

（2）根据学校高层次人才引进办法，实行“一人一策”“一事一议”，拓宽高层次人才引进渠道，提高高层次人才在教师队伍中的占比。可以通过“内培外引”方式促进高层次人才队伍建设。

2. 素质能力

（1）加大各类各层次教师培训，提高教师教学能力和信息技术的运用能力，鼓励教师积极参加各类竞赛，加强参赛指导。

（2）提升专业教师基础教育改革意识。

（3）建立学生职后发展的跟踪制度，了解其职后发展状况和遇到的问题，及时对症解决；开展毕业生跟踪调查，积极探索校友离校延伸服务等工作；借助多种方式实时跟踪了解毕业生工作动态。

（4）进一步制订和明确兼职教师的评价标准和评价方案，结合教学质量检查与评估、学生评教等方法，定期对兼职教师进行评价与意见反馈，对兼职教师进行全面考核，以此作为续聘或解聘的依据。

3. 实践经历

（1）为了更好地强化与中学合作意识，服务中学教育，指导、分析、解决中学教育教学实际问题，确保对教师职前的培养质量最大限度地符合社会和中学对高素质教师的需求。采取“走出去”策略，本专业教学教育课程教师利用学科、专业在学术、理论方面的优势，积极为中学服务。鼓励和支持优秀教师到中学一线开展教研活动。

（2）进一步开展教师实践锻炼活动，以覆盖全体专业课程教师。通过服务中学教育实践经历，使全体专业教师深刻了解、体会人才培养目标，更好地将教学、科研活动与人才培养相结合。

4. 持续发展

（1）在遵循学科专业差异性的基础上，进一步完善教师分类评价制度，鼓励教师从事高质量的教学、科研，从而更好地服务社会。

（2）针对教师教育类课程教师，在岗位聘用、职务聘任、考核评价中建立多元化考评指标体系，给各类人才提供适合自身的发展平台和通道。积极落实学校已制订的教师教育课程教师评价办法，并在职称评定、进修培训、年终考核、教学与科研等方面，予以大力支持。

（3）在与中学的沟通交流中，学校和学院应给予资金和政策支持，可以通过提供双向互聘岗位等方式，使教师教育类课程积极参与其中，并在职称评定等方面给予优先考虑。

（七）校内各部门协调支持提供保障

1. 经费保障

完善多渠道教育经费筹措体制，优化教育经费使用结构，全面实施绩效管理，建立健全全覆盖、全过程、全方位的教育经费监管体系，全面提高经费使用效益。加强经费保障，加大教师教育财政经费投入力度，提升教师教育保障水平。积极争取社会支持，建立多元化筹资渠道。深化校地校企合作和成果转化，争取地方政府、行业企业对学校办学的更多支持；广泛宣传学校办学成就，提升学校的知名度和美誉度，加强与校友、有关机构和社会各界人士的联系，争取更多社会捐赠。优化经费分配方案，继续加大教学经费投入力度。在保持正常运转的前提下，逐步提高教学经费占学校总支出的比例，重点加大教学条件和资源建设经费投入。教学经费满足所有师范专业的教学需求。

2. 设施保障

构建一体化的“互联网＋教育”大平台。引入“平台＋教育”服务模式，整合各类教育资源公共服务平台和支持系统，逐步实现资源平台、管理平台的互通、衔接与开放，建成数字教育资源公共服务体系。实现数字资源、优秀师资、教育数据、信息红利的有效共享。

3. 资源保障

聚焦新文科建设，建设一批培养创新型、复合型人才的一流本科课程。加强对教学信息化应用的研究，完善校内教育教学资源、平台的开发与整合。建立数字化课程教学资源建设规范，统一标准、统一规划，开通网络学习空间，丰富省、校级精品课程资源，加强 MOOC、翻转课堂、移动信息化教学等现代教育技术培训，不断提高教师开展数字化资源课程建设能力和水平。完善课程建设质量评估机制，强化课程建设过程管理和效果评价，及时提供相关指导和服务。进一步完善课程建设的有关激励措施，充分调动广大教师开展优质课程建设的积极性。优化学校和学院教育资源，为师范专业提供有力的教学资源保障。

（八）OBE 理念下的质量保障体系及其运行架构

1. 保障体系

结合师范专业认证标准，加强制度建设，建设更加完善的保障体系和运行机制、课程建设和课程思政的建设，促进全校保障制度的建设，完善面向产出导向的人才培养质量评价工作机制。

2. 内部监控

加强校内（专业的）教学质量监控平台建设，发挥招生信息、就业信息与教学管理信息数据的作用，为专业建设和教学改革提供更科学的决策依据。进一步在学校层面梳理工作机制，将内部监控的评价结果充分利用。

3. 外部评价

进一步完善毕业生跟踪调查机制。加强与第三方评估机构的合作，用于监测与改进。学院层面要进一步完善毕业生跟踪调查办法，加强与用人单位、中学、教育行政部门的联系与协同，完善多元化的评价机制。

4. 持续改进

加强毕业生培养质量跟踪调研数据的研究，强化评价结果的分析与利用，完善持续改进的体制机制。

附　录

附录一：英语（师范）专业人才培养方案

学科门类：文学

专业代码：050201

主干学科：外国语言文学

相关及相近专业：教育学、翻译、商务英语

一、培养目标

本专业以习近平新时代中国特色社会主义思想为指导，全面贯彻党的教育方针，面向国家和区域基础教育改革和新时代教师队伍建设需求，立足宿州、面向安徽省，培养具有良好师德素养和人文科学素养，掌握扎实的英语语言基础知识和技能、厚实的英语专业知识和教育教学知识，较强的英语教学能力、育人能力和终身发展能力，能够熟练使用英语从事中学英语教育教学工作，德、智、体、美、劳全面发展的中学英语骨干教师。

本专业学生毕业五年后的目标预期如下：

目标 1：师德践行能力。具备过硬的思想政治素质，自觉落实党的教育方针，坚持立德树人，坚持依法执教；热爱英语教育事业，坚守教师岗位，坚持教书育人，表现出良好、稳定的教师职业形象。

目标 2：教学实践能力。具备一定的英语学科知识整合能力，能够熟练运用现代教育教学理论和教育技术，有效地组织和开展英语课堂教学，成为中学英语教师队伍的骨干力量。

目标 3：综合育人能力。具备坚定的德育为先理念，较强的班级管理与指导能力，能够通过德育和心理健康教育开展有效的班主任工作；在教育教学实践中，能够坚持言传身教、教书育人，成为学生成长的引路人。

目标 4：自主发展能力。能够主动适应国内外基础教育改革与本学科发展需求，自觉制订专业发展规划；对教育教学问题开展反思和探究，能够采取有效的研究方法解决教育教学中存在的问题；在工作中乐于与人沟通，主动参与团队协作。

二、毕业要求

1. 师德规范

热爱祖国，自觉贯彻践行社会主义核心价值观，在思想、政治、理论和情感上认同中国特色社会主义道路，具有依法执教的意识，以立德树人为己任，立志成为有理想信念、有道德情操、有扎实学识、有仁爱之心的好老师。

1.1　认同习近平新时代中国特色社会主义思想，自觉践行社会主义核心价值观，传承和弘扬中华优秀传统文化。

1.2　能够贯彻党和国家有关基础教育的方针政策，确立立德树人的职业理想，立志成为有理想信念、有道德情操、有扎实学识、有仁爱之心的好老师。

1.3　能够履行中学教师职业道德规范，依法执教。

2. 教育情怀

热爱英语教育事业，认同教师职业，忠诚党的教育事业，具有坚定的教育理想、积极向上的精神风貌和良好的人文科学素养，遵循学生的身心发展规律，尊重学生的独立人格，关心爱护学生，工作尽职尽责，成为学生全面发展的引路人。

2.1　热爱教师职业，对教师职业的意义和性质有认识充分。

2.2　具有较好的人文科学素养，养成积极向上的精神风貌。

2.3　能够关爱学生，以学生为本，富有爱心、责任心、耐心和细心，工作尽职尽责，成为学生全面发展的引路人。

3. 学科素养

理解英语学科知识体系，掌握英语语言基本知识和技能，了解相关的跨学科知识，掌握语言学习的基本理论与方法，能够把英语语言和专业知识灵活运用于实践。

3.1　能够系统地掌握英语语言基础知识，具备良好的听、说、读、写、译等基本技能；能够比较准确、流畅、得体地使用英语。

3.2　掌握英语语言、文学、文化等基本理论知识，能够在语言学习与教育教学实践中分析语言文化现象，解决问题。

3.3　能够了解与语言学科相关的知识，能够整合相关知识并应用到英语语言教学实践中。

3.4 掌握英语学习的基本方法，形成有效的学习策略。

4. 教学能力

掌握现代教育教学理论、英语学科教学知识和中学生认知特点，准确理解学科课程标准内涵和要点，能够依据英语课程标准有效地利用英语学科知识和现代信息技术进行教学设计与实施、评价与反思，具备初步的教学能力和教学研究能力。

4.1　掌握心理学、教育学、英语学科教学等相关理论知识，了解中学生身心发展的一般规律和认知特点，理解英语课程标准内涵和要点。

4.2　能够掌握现代信息技术手段，具备英语教学设计、课堂教学、学业评价等基本教学技能。

4.3　能够依据英语课程标准进行教材分析、学情分析，独立备课、上课、批改作业，形成一定的教学经验，并能够有效地将教学研究应用于教学实践。

5. 班级指导

树立德育为先理念，掌握班级管理的原则、方法和基本规律，了解班主任工作的特点，在班级管理中注重德育教育和心理健康教育，能较好地开展班级工作，在班级建设指导中获得积极体验，积累德育工作经验。

5.1　掌握中学德育目标与内涵，学会利用班级活动对学生进行德育教育。

5.2　掌握班级指导技能与方法，具有班主任工作有效体验，深刻认知班主任工作的特点。

5.3　熟悉中学生心理发展特征，能够有针对性地对学生进行心理辅导。

6. 综合育人

了解并遵循中学生身心发展和养成教育规律，初步掌握综合育人路径和方法，理解英语学科育人功能，能够在教育教学实践中开展育人活动，挖掘和运用英语学科的德育元素和资源；了解学校环境和文化的育人价值，初步掌握在校园文化活动中开展主题育德和社团育人的原则和策略，促进学生全面发展。

6.1　掌握中学生思想品德培育、人格塑造、行为习惯养成的过程与方法，具有促进学生全面健康发展的能力。

6.2　掌握英语学科育人功能，在英语教学实践中坚持正确的价值引领，将学生的知识学习、能力发展与德育教育有机结合。

6.3　掌握学校文化和教育活动的育人价值，能够在教育实践中设计与指导具有英语学科特点的课外活动或社团活动，从而促进学生全面发展。

7. 学会反思

具有专业发展意识和终身学习理念，能够根据教育发展需求制订专业学习和职业发展规划；具备一定的创新意识，敢于探索创新，能够运用批判性思维方法，初步学会分析和解决教育教学实际问题。

7.1　掌握教师专业发展的核心内容、发展阶段与路径方法，把握国内外基础教育英语课程改革前沿动态，结合自身实际制订职业发展规划。

7.2　能够在学习过程中学会质疑、求证和判断，掌握基本的批判性思维方法和反思技能。

7.3　能够在实践中发现问题，收集信息，总结反思，自我诊断和自我改进。

8. 沟通合作

具有共同学习提高的意识，具备良好的团队协作精神、表达与沟通能力，能够在专业学习与教学实践中与团队成员互助合作、分享经验，和谐共进。能够有效交流沟通，在跨学科、跨文化背景下的团队中发挥作用。

8.1 能够在课内外学习活动中理解和体验学习共同体的特点与价值，掌握团队协作学习的知识和技能。

8.2 能够在教学实践中观摩互助、合作研究、小组实习，乐于分享交流，共同分析、解决问题。

8.3 具有良好的社会适应性，在教育实践中获得与学校领导、同事、学生、家长及社区沟通交流的技能及体验。能够在跨学科、跨文化的团队合作中发挥积极作用。

三、学制、课时、学分

学制：标准学制 4 年，弹性学制为 3~6 年。

课时：2594。

学分：168。

四、授予学位

文学学士

五、专业核心课程

综合英语、语音、英语口语、英语视听说、英语阅读、英语写作、英语语法、英语演讲与辩论、英语文学导论、语言学导论、跨文化交际、英汉 / 汉英笔译、英汉 / 汉英口译、研究方法与学术写作、现代外语教学理论与实践等。

六、课程设置与教学计划表

附表 1　课程设置与教学计划

项目	第一学年		第二学年		第三学年		第四学年		总计周数
	第 1 学期	第 2 学期	第 1 学期	第 2 学期	第 1 学期	第 2 学期	第 1 学期	第 2 学期	
课堂教学	16	16	16	16	16	16			96
复习考核	2	2	2	2	2	2			12
军事训练与入学教育	2								2
创新创业教育	创新创业通识课程教育 4 学分 + 专创融合课程教育 2 学分 + 创新创业实践学分 6 学分								
“第二课堂”项目	13 学分（含创新创业实践学分 6 学分）								
教育见习			1	1	1	1			4
教育实习							14		14
教育研习							2		2
英语课程实践		2	1	1	1	1			6
毕业论文（设计）							12		12
毕业验收								1	1
毕业教育								1	1
机动							4	6	10
合计周数	20	20	20	20	20	20	40		160

七、课程学时学分统计表

附表 2　课程学时学分统计

平台	课程模块	修读学分安排	学时安排			修读性质	占总学分（%）	
			理论学时	实践学时	总计			
通识教育	必修课程	38	505	128	633	必修	22	30
	限选课程	6	32	128	160	限选	8	
	选修课程	7	96	16	112	选修		

续表

<table>
<tr><th rowspan="2">平台</th><th rowspan="2" colspan="2">课程模块</th><th rowspan="2">修读学分安排</th><th colspan="3">学时安排</th><th rowspan="2">修读性质</th><th rowspan="2" colspan="2">占总学分（%）</th></tr>
<tr><th>理论学时</th><th>实践学时</th><th>总计</th></tr>
<tr><td rowspan="4">专业教育</td><td colspan="2">专业核心课程</td><td>56</td><td>648</td><td>520</td><td>1168</td><td>必修</td><td>33</td><td rowspan="4">50</td></tr>
<tr><td colspan="2">专业拓展课程</td><td>10</td><td>160</td><td>0</td><td>160</td><td>选修</td><td>6</td></tr>
<tr><td colspan="2">教师教育课程</td><td>14</td><td>180</td><td>59</td><td>239</td><td>必修</td><td>8</td></tr>
<tr><td colspan="2">教师教育拓展课程</td><td>5</td><td>64</td><td>58</td><td>122</td><td>选修</td><td>3</td></tr>
<tr><td rowspan="4">实践教学</td><td rowspan="3">专业实践</td><td>专业实习</td><td>10</td><td></td><td></td><td></td><td>必修</td><td>6</td><td rowspan="4">20</td></tr>
<tr><td>专业实践课程</td><td>3</td><td></td><td></td><td></td><td>必修</td><td>2</td></tr>
<tr><td>毕业论文</td><td>6</td><td></td><td></td><td></td><td>必修</td><td>4</td></tr>
<tr><td>综合拓展课程</td><td>素质拓展实践课程</td><td>13</td><td></td><td></td><td></td><td>必修</td><td>8</td></tr>
<tr><td>总计</td><td colspan="2"></td><td>168</td><td>1685</td><td>909</td><td>2594</td><td></td><td colspan="2">100</td></tr>
<tr><td>选修课程学分及学分比例</td><td colspan="9">通识教育选修课程 13 学分 + 专业选修课程 10 学分 + 教师教育选修课程 5 学分 =28 学分
占总学分 17%</td></tr>
<tr><td>实践总学分及学分比例</td><td colspan="9">专业实践 19 学分 + 素质拓展实践课程 13 学分 + 实践课时 909
占总学分 44%</td></tr>
</table>

八、实践教育模块简介

实践教育模块由专业实习、专业实践课程、毕业论文（设计）、毕业汇报和毕业教育构成。其中专业实习由教育见习、教育实习、教育研习毕业论文（设计）等构成。具体为：

（1）教育见习 4 周，安排在第三至第六学期进行。

（2）教育实习 14 周，安排在第七学期进行。

（3）教育研习 2 周，安排在教育实习之后两周内进行。

（4）毕业设计（论文）时间为 12 周，安排在第八学期进行。

（5）专业实践课程安排在第二至第六学期集中进行。

（6）毕业教育和毕业汇报各 1 周，安排在第八学期集中进行，不计学分。

九、课程计划表

附表 3　通识能力培养计划

课程平台	课程模块	课程编号	课程名称	总学分	总学时	理论学时	课内实验学时	课内实训或技能学时	独立设置实验学时	集中实践学时	开设学期	考核类型
通识教育课程平台	必修课程	22TB000401	思想道德修养与法律基础	3	45	45					1	考查
		22TB000402	中国近现代史纲要	2+（1）	32+（16）	32				（16）	2	考查
		22TB000403	马克思主义基本原理概论	3	48	48					3	考试
		22TB000404	毛泽东思想和中国特色社会主义理论体系概论（一）	2+（1）	32+（16）	32				（16）	4	考试
		22TB000405	毛泽东思想和中国特色社会主义理论体系概论（二）	2	32	32					5	考试
		22TB000415	习近平总书记关于教育的重要论述研究	1	16	16					6	考查
		22TB000425~22TB000430	形势与政策（1）~（6）	2	48	48					1~6	考查
		22LD000401	劳动教育	2	32	16				16	4	考查
		22TBZ000410	二外（一）	3	64	32	32				4	考查
		22TBZ000411	二外（二）	3	64	32	32				5	考查
		22TBZ000412	二外（三）	3	64	32	32				6	考查
		22TB000414	计算机应用技术	2	32	16	16				2	考查
		22TB000422	大学生心理健康与安全教育	2	28	28		（4）			1	考查

续表

课程平台	课程模块	课程编号	课程名称	总学分	总学时	理论学时	课内实验学时	课内实训或技能学时	独立设置实验学时	集中实践学时	开设学期	考核类型
通识教育课程平台	必修课程	22TB000423	军事训练	2						2周	1	考查
		22TB000424	军事理论	2	32	32					3	考试
		22SC000401	大学生职业生涯规划	1	16	16					1	考查
		22SC000402	大学生创业就业指导	1	16	16					6	考查
		22SC000403	创新创业教育	2	32	32					2	考查
		小计		38	633	505	112			16		
	限选课程	22TB000419	大学语文（赏鉴）（限定二选一）	2	32	32					3	考查
		22TB000420	大学语文（写作）（限定二选一）	2	32	32					3	考查
		大学语文课程最低修读		2	32	32						
	限选课程	22TB000406	大学体育（一）	1	32			32			1	考查
		22TB000407	大学体育（二）	1	32			32			2	考查
		22TB000408	大学体育（三）	1	32			32			3	考查
		22TB000409	大学体育（四）	1	32			32			4	考查
		体育课程最低修读		4	128			128				
		小计		6	160	32		128				
	选修课程	A 自然科学与技术类										考查
		B 人文社会科学类										考查
		C 公共艺术类										考查
		D 工程教育										考查
		E 宿州特色文化类										考查
		跨学科选修课程最低修读		7	112	96		16				考查
	以上合计			51	905	633	112	144		16		

备注：1. 跨学科选修课程各最低修读学分不得低于 7 学分：A 类课程文科类专业必须选修至少 2 个学分；B 类课程理工、医学类专业必须选修至少 2 个学分；C 类课程除艺术类专业其他专业必须选修至少 2 个学分；D 类课程除工科类专业其他专业必须选修至少 1 个学分；E 类课程为所有专业必须选修至少 1 个学分。

2. 体育课程按《宿州学院体育与健康俱乐部实施方案》实施。

3. 用（ ）标注的在课外进行，不计入课内学时。

附表 4　专业能力培养计划

课程平台	课程模块	课程编号	课程名称	总学分	总学时	理论学时	课内实验学时	课内实训或技能学时	独立设置实验学时	集中实践学时	开设学期	考核类型
专业课程平台	学科专业课程	22ZH011401	专业导论	1	16	16					1	考查
		22ZH011402	综合英语（一）	3	64	32	32				1	考试
		22ZH011403	英语语法（一）	2	32	32					1	考试
		22ZH011404	英语语音	1	32	8	24				1	考查
		22ZH011405	英语口语（一）	1	32	8	24				1	考查
		22ZH011406	英语视听说（一）	1.5	32	16	16				1	考查
		22ZH011407	英语阅读（一）	1.5	32	16	16				1	考试
		22ZH011408	综合英语（二）	3	64	32	32				2	考试
		22ZH011409	英语语法（二）	2	32	32	0				2	考试
		22ZH011410	英语口语（二）	1	32	8	24				2	考查
		22ZH011411	英语视听说（二）	1.5	32	16	16				2	考查
		22ZH011412	英语演讲与辩论（一）	1.5	32	16	16				2	考查
		22ZH011413	英语阅读（二）	1.5	32	16	16				2	考试
		22ZH011414	英语写作（一）	1.5	32	16	16				2	考试
		22ZH011415	综合英语（三）	3	64	32	32				3	考试
		22ZH011416	英语视听说（三）	1.5	32	16	16				3	考查
		22ZH011417	英语演讲与辩论（二）	1.5	32	16	16				3	考查
		22ZH011418	英语阅读（三）	1.5	32	16	16				3	考查
		22ZH011419	英语写作（二）	1.5	32	16	16				3	考试
		22ZH011420	西方文明史	2	32	32					3	考查
		22ZH011421	综合英语（四）	3	64	32	32				4	考试
		22ZH011422	英语写作（三）	1.5	32	16	16				4	考查
		22ZH011423	英汉 / 汉英笔译（一）	1.5	32	16	16				4	考试

续表

课程平台	课程模块	课程编号	课程名称	总学分	总学时	理论学时	课内实验学时	课内实训或技能学时	独立设置实验学时	集中实践学时	开设学期	考核类型
专业课程平台	学科专业课程	22ZH011424	高级英语（一）	3	64	32	32				5	考试
		22ZH011425	英汉 / 汉英笔译（二）	1.5	32	16	16				5	考查
		22ZH011426	英语文学导论	2	32	32					5	考试
		22ZH011427	语言学导论	2	32	32					5	考试
		22ZH011428	高级英语（二）	3	64	32	32				6	考试
		22ZH011429	英汉 / 汉英口译	1.5	32	16	16				6	考查
		22ZH011430	跨文化交际	1.5	32	16	16				6	考试
		22ZH011431	研究方法与学术写作	1.5	32	16	16				6	考试
		小计		56	1168	648	520					
	教师教育课程	22JS011401	教师专业发展	1	15			15			1	考查
		22JS011402	普通话	1	16	16					2	考查
		22JS011403	心理学	3	48	48					3	考试
		22JS011404	教育学	3	48	48					4	考试
		22JS011405	现代教育技术	2	32	20	12				4	考查
		22JS011406	中小学教师职业道德规范与教育法规	1	16	16					5	考查
		22JS011407	现代外语教学理论与实践	1.5	32	16	16				5	考试
		22JS011408	班级管理理论与实务	1.5	32	16	16				6	考查
		小计		14	239	180	44	15				
实践教学环节	教育实践	22ZS011401	教育见习（一）	0.5						1 周	3	考查
		22ZS011402	教育见习（二）	0.5						1 周	4	考查
		22ZS011403	教育见习（三）	0.5						1 周	5	考查
		22ZS011404	教育见习（四）	0.5						1 周	6	考查
		22ZS011405	教育实习	7						14 周	7	考查
		22ZS011406	教育研习	1						2 周	7	考查
		小计		10						21 周		

续表

课程平台	课程模块	课程编号	课程名称	总学分	总学时	理论学时	课内实验学时	课内实训或技能学时	独立设置实验学时	集中实践学时	开设学期	考核类型
实践教学环节	专业实践课程	22ZS011407	英语课程实践（一）	1						2 周	2	考查
		22ZS011408	英语课程实践（二）	0.5						1 周	3	考查
		22ZS011409	英语课程实践（三）	0.5						1 周	4	考查
		22ZS011410	英语课程实践（四）	0.5						1 周	5	考查
		22ZS011411	英语课程实践（五）	0.5						1 周	6	考查
				3						6 周		
	毕业论文（设计）	22ZS011412	学术论文	6						12 周		考查
			翻译作品									
			实践报告									
			调研报告									
			案例分析									
		小计								12 周		
	以上合计			19						39 周		

附表 5　拓展能力培养计划

课程平台	课程模块	课程编号	课程名称	课程性质	总学分	总学时	理论学时	课内实验学时	课内实训或技能学时	独立设置实验学时	集中实践学时	开设学期	考核类型
专业课程平台	专业拓展课程	22ZR011401	中国文化概论	限选	2	32	32					4	考查
		22ZR011402	英汉语言对比	限选	2	32	32					4	考查
		22ZR011403	英语文体学	选修	2	32	32					4	考查
		22ZR011404	翻译简史	选修	2	32	32					4	考查
		22ZR011405	中外文化比较	限选	2	32	32					5	考查
		22ZR011406	第二语言习得	选修	2	32	32					5	考查
		22ZR011407	英语小说选读	选修	2	32	32					5	考查
		22ZR011408	翻译理论与实践	选修	2	32	32					5	考查
		22ZR011409	英美文学选读	选修	2	32	32					6	考查
		22ZR011410	英语影视文学	选修	2	32	32					6	考查
		22ZR011411	翻译技术	选修	2	32	32					6	考查
		专业任选课程最低修读小计			10	160	160						

续表

课程平台	课程模块	课程编号	课程名称	课程性质	总学分	总学时	理论学时	课内实验学时	课内实训或技能学时	独立设置实验学时	集中实践学时	开设学期	考核类型
专业课程平台	教师教育拓展课程	22JR011401	英语学习心理与策略	选修	1	16	16					2	考查
		22JR011402	英语教师口语	限选	1	32	8	24				4	考查
		22JR011403	现代外语教学名著导读	选修	2	32	32					5	考查
		22JR011404	多媒体教学课件设计	选修	1	32	8	24				5	考查
		22JR011405	中国英语教育史	选修	2	32	32					5	考查
		22JR011406	中小学英语课程标准解读	限选	1	16	16					5	考查
		22JR011407	英语教学设计与实训	限选	1	32	8	24				6	考查
		22JR011408	英语教学案例分析	选修	1	32	8	24				6	考查
		22JR011409	英语测试与评价	选修	2	32	32					6	考查
		22JR011410	英语教学研究方法	选修	2	32	22	10				6	考查
		教师教育选修性课程最低修读小计			5	122	64	58					
综合拓展课程平台	素质拓展实践课程	“第二课堂”	思想政治课程集中实践		2	“第二课堂”按照《宿州学院“第二课堂成绩单”制度实施办法（试行）》（校字〔2019〕13 号）实施							认定
			社会责任教育与劳动教育		3								认定
			创新创业实践		6								认定
			文体艺术与身心发展		2								认定
		素质拓展实践最低修读			13								
以上合计					28	240							

十、达成情况关系矩阵

附表 6　毕业要求与培养目标达成情况关系矩阵

毕业要求	培养目标			
	培养目标 1	培养目标 2	培养目标 3	培养目标 4
师德规范	√			
教育情怀	√			
学科素养		√	√	√
教学能力		√	√	√
班级指导			√	√
综合育人			√	√
学会反思				√
沟通合作				√

附表 7　课程体系支撑毕业要求指标点的矩阵

课程名称	1. 师德规范			2. 教育情怀			3. 学科素养				4. 教学能力			5. 班级指导			6. 综合育人			7. 学会反思			8. 沟通合作		
	1.1	1.2	1.3	2.1	2.2	2.3	3.1	3.2	3.3	3.4	4.1	4.2	4.3	5.1	5.2	5.3	6.1	6.2	6.3	7.1	7.2	7.3	8.1	8.2	8.3
通识课程																									
思想道德修养与法律基础	H		H																						M
中国近现代史纲要	H																						M	M	
马克思主义基本原理概论	H																				M				M
毛泽东思想和中国特色社会主义理论体系概论	H																				M				M
习近平总书记关于教育的重要论述研究	M	H		M																M	M				
形势与政策	H	H	M																						
二外								H										M			M		M		
计算机应用技术					H				H			H													
大学生心理健康与安全教育				M	H																				
军事训练	M																H		H				H		
军事理论	H																H						H	M	
大学生职业生涯规划				H																H			M		
大学生创业就业指导	H	M		M																			M	M	

续表

课程名称	1. 师德规范			2. 教育情怀			3. 学科素养				4. 教学能力			5. 班级指导			6. 综合育人			7. 学会反思			8. 沟通合作		
	1.1	1.2	1.3	2.1	2.2	2.3	3.1	3.2	3.3	3.4	4.1	4.2	4.3	5.1	5.2	5.3	6.1	6.2	6.3	7.1	7.2	7.3	8.1	8.2	8.3
创新创业教育																							H	M	M
大学语文					H				M																M
大学体育		H															M								
专业课程																									
专业导论				H					M											M					
综合英语							H		H	H								M							
英语语法★							H	M																	
英语语音★							H		M																
英语口语							H		M																M
英语视听说★							H		M																
英语阅读★							H		M	M															
英语演讲与辩论★							H												M		H				
英语写作★							H		M																
英汉 / 汉英笔译★							H		M																
英汉 / 汉英口译★							H		M																
高级英语★							H		H	H								M							
西方文明史★					H			H	H																
英语文学导论★							H	H	M																

续表

课程名称	1. 师德规范			2. 教育情怀			3. 学科素养				4. 教学能力			5. 班级指导			6. 综合育人			7. 学会反思			8. 沟通合作		
	1.1	1.2	1.3	2.1	2.2	2.3	3.1	3.2	3.3	3.4	4.1	4.2	4.3	5.1	5.2	5.3	6.1	6.2	6.3	7.1	7.2	7.3	8.1	8.2	8.3
语言学导论★								H	H									M							
跨文化交际★							H	H																	
研究方法与学术写作★																				H	H	M			
中国文化概论★	H				H				M																
英汉语言对比								H	H	H											M				
中外文化比较								H	M																H
教师专业发展★				H													H			H			M		
普通话									H																M
心理学★											H				M	H	H								
教育学★		M		H							H			H	H		H		M						
现代教育技术					H				H			H													
中小学教师职业道德规范与教育法规	M	H	H			H																			
现代外语教学理论与实践★				M					H		M		H	H				M						M	
中小学英语课程标准解读									M				H							H					

续表

课程名称	1. 师德规范			2. 教育情怀			3. 学科素养				4. 教学能力			5. 班级指导			6. 综合育人			7. 学会反思			8. 沟通合作		
	1.1	1.2	1.3	2.1	2.2	2.3	3.1	3.2	3.3	3.4	4.1	4.2	4.3	5.1	5.2	5.3	6.1	6.2	6.3	7.1	7.2	7.3	8.1	8.2	8.3
班级管理理论与实务														H	H	H	M								
英语教师口语							M						H												
英语教学设计与实训★									H		H	M	H											M	
实践教学																									
教育见习		H		H		M																	M	M	M
教育研习																				H	H	H	M	M	M
教育实习				H										M	M	M	H	H	H			H	M	H	H
毕业论文（设计）																					H	H	M	M	H
英语课程实践							H		H	H		H	H		M		M	M	M			H	H	H	M

注：根据课程对各项毕业要求的支撑强度分别用“H（高）、M（中）”表示课程对该毕业要求贡献度的大小，星号为专业核心课。

附录二：调查问卷 1~7

问卷 1：往届毕业生

1. 组合题

请对以下师德规范相关描述与目前自身符合程度进行评价：

Q1：师德规范：践行社会主义核心价值观，增进对中国特色社会主义的思想认同、政治认同、理论认同和情感认同。

（1）很符合

（2）符合

（3）基本符合

（4）不符合

（5）很不符合

（6）无法评价

Q2：教育情怀：具有人文底蕴和科学精神，尊重学生人格，富有爱心、责任心，工作细心、耐心，做学生锤炼品格、学习知识、创新思维、奉献祖国的引路人。

（1）很符合

（2）符合

（3）基本符合

（4）不符合

（5）很不符合

（6）无法评价

2. 组合题

请对本专业教学能力描述与目前自身符合程度进行评价：

Q1：学科素养：掌握所教学科的基本知识、基本原理和基本技能，理解学科知识体系基本思想和方法。

（1）很符合

（2）符合

（3）基本符合

（4）不符合

（5）很不符合

（6）无法评价

Q2：教学能力：在教育实践中，能够依据所教学科课程标准，针对中学生身心发展和学科认知特点，运用学科教学知识和信息技术，进行教学设计、实施和评价，获得教学体验，具备教学基本技能，具有初步的教学能力和一定的教学研究能力。

（1）很符合

（2）符合

（3）基本符合

（4）不符合

（5）很不符合

（6）无法评价

3. 组合题

请对以下班级指导能力描述与目前自身符合程度进行评价：

Q1：班级指导：树立德育为先理念，了解中学德育原理与方法。

（1）很符合

（2）符合

（3）基本符合

（4）不符合

（5）很不符合

（6）无法评价

4. 组合题

请对以下综合育人能力描述与目前自身符合程度进行评价：

Q1：综合育人：了解中学生身心发展和养成教育规律。

（1）很符合

（2）符合

（3）基本符合

（4）不符合

（5）很不符合

（6）无法评价

5. 组合题

请对以下学习与发展能力描述与目前自身符合程度进行评价：

Q1：学会反思：具有终身学习与专业发展的意识和能力。

（1）很符合

（2）符合

（3）基本符合

（4）不符合

（5）很不符合

（6）无法评价

Q2：沟通合作：理解学习共同体的作用，具有团队协作精神，掌握沟通合作技能，具有小组互助和合作学习体验。

（1）很符合

（2）符合

（3）基本符合

（4）不符合

（5）很不符合

（6）无法评价

6. 单选题

Q1：我所学专业课程的体系设置能支撑毕业要求能力素质的达成。

（1）很符合

（2）符合

（3）基本符合

（4）不符合

（5）很不符合

（6）无法评价

Q2：我所学专业的课程能将通识教育、学科专业教育与教师教育有机结合。

（1）很符合

（2）符合

（3）基本符合

（4）不符合

（5）很不符合

（6）无法评价

Q3：我所学专业的理论课程与实践课程、必修课与选修课设置合理。

（1）很符合

（2）符合

（3）基本符合

（4）不符合

（5）很不符合

（6）无法评价

7. 组合题

请对课程相关情况进行评价：

Q1：课程内容能够体现师范教育的专业性、注重基础性。

（1）很符合

（2）符合

（3）基本符合

（4）不符合

（5）很不符合

（6）无法评价

Q2：课程内容注重实践性。

（1）很符合

（2）符合

（3）基本符合

（4）不符合

（5）很不符合

（6）无法评价

Q3：课程内容把社会主义核心价值观、师德教育融入其中。

（1）很符合

（2）符合

（3）基本符合

（4）不符合

（5）很不符合

（6）无法评价

Q4：课程内容吸收了学科前沿知识，引入教育研究最新成果。

（1）很符合

（2）符合

（3）基本符合

（4）不符合

（5）很不符合

（6）无法评价

Q5：课程内容能够结合师范生学习状况及时更新、完善。

（1）很符合

（2）符合

（3）基本符合

（4）不符合

（5）很不符合

（6）无法评价

Q6：课程实施能够运用案例教学、探究教学、现场教学等多种教学方式。

（1）很符合

（2）符合

（3）基本符合

（4）不符合

（5）很不符合

（6）无法评价

Q7：课堂教学、课外指导和学习的时间分配合理。

（1）很符合

（2）符合

（3）基本符合

（4）不符合

（5）很不符合

（6）无法评价

8. 单选题

Q1：我所学专业课程的掌握程度能够达到课程考核要求。

（1）很符合

（2）符合

（3）基本符合

（4）不符合

（5）很不符合

（6）无法评价

Q2：我所学专业课程内容符合专业相关工作 / 学习需要。

（1）很符合

（2）符合

（3）基本符合

（4）不符合

（5）很不符合

（6）无法评价

Q3：我所学公共 / 通识课程对我学习成长有很大帮助。

（1）很符合

（2）符合

（3）基本符合

（4）不符合

（5）很不符合

（6）无法评价

Q4：母校就读学院与当地教育行政部门及学校（中小学或幼儿园）建有合作关系，并常态化协同组织教学实践活动。

（1）很符合

（2）符合

（3）基本符合

（4）不符合

（5）很不符合

（6）无法评价

Q5：母校就读学院实践教学基地数量充足，并相对稳定。

（1）很符合

（2）符合

（3）基本符合

（4）不符合

（5）很不符合

（6）无法评价

Q6：母校就读学院实践教学基地能提供合适的教育实践环境和实习指导，满足师范生教育实践需求。

（1）很符合

（2）符合

（3）基本符合

（4）不符合

（5）很不符合

（6）无法评价

9. 组合题

以下实践教学相关描述是否相符：

Q1：实践教学内容符合相关工作 / 学习需要。

（1）很符合

（2）符合

（3）基本符合

（4）不符合

（5）很不符合

（6）无法评价

Q2：提供了足够的实践教学的机会。

（1）很符合

（2）符合

（3）基本符合

（4）不符合

（5）很不符合

（6）无法评价

Q3：实践教学组织规范有序。

（1）很符合

（2）符合

（3）基本符合

（4）不符合

（5）很不符合

（6）无法评价

10. 单选题

Q1：我就读学院实行高校教师与优秀中小学（或幼儿园）教师共同指导的“双导师”制度，且“双导师”数量充足、相对稳定。

（1）很符合

（2）符合

（3）基本符合

（4）不符合

（5）很不符合

（6）无法评价

Q2：我的“双导师”权责明确，能够有效履职。

（1）很符合

（2）符合

（3）基本符合

（4）不符合

（5）很不符合

（6）无法评价

Q3：母校就读学院专任教师大都能做到思想端正、以身作则、关心学生。

（1）很符合

（2）符合

（3）基本符合

（4）不符合

（5）很不符合

（6）无法评价

Q4：母校就读学院兼职教师大都能做到思想端正、以身作则、关心学生。

（1）很符合

（2）符合

（3）基本符合

（4）不符合

（5）很不符合

（6）无法评价

Q5：母校就读学院专任教师大都具有较强的课堂教学、信息技术应用和学习指导等教学能力。

（1）很符合

（2）符合

（3）基本符合

（4）不符合

（5）很不符合

（6）无法评价

Q6：母校就读学院兼职教师大都具有较强的课堂教学、信息技术应用和学习指导等教学能力。

（1）很符合

（2）符合

（3）基本符合

（4）不符合

（5）很不符合

（6）无法评价

Q7：母校就读学院讲授教育类课程的专任教师大都具有中小学（或幼儿园）教育服务经历，具有指导、分析、解决中小学（或幼儿园）教育教学实际问题的能力。

（1）很符合

（2）符合

（3）基本符合

（4）不符合

（5）很不符合

（6）无法评价

Q8：母校信息化教育教学设施能够满足我的学习需要。

（1）很符合

（2）符合

（3）基本符合

（4）不符合

（5）很不符合

（6）无法评价

Q9：我对母校信息化教育教学设施在管理、维护、方便学生使用方面的满意度。

（1）很符合

（2）符合

（3）基本符合

（4）不符合

（5）很不符合

（6）无法评价

Q10：母校职业技能实训设施能够满足我的学习需要。

（1）很满意

（2）满意

（3）基本满意

（4）不满意

（5）很不满意

（6）无法评价

Q11：我对职业技能实训设施在管理、维护、方便学生使用方面的满意度。

（1）很满意

（2）满意

（3）基本满意

（4）不满意

（5）很不满意

（6）无法评价

Q12：母校图书馆资料能够满足我的学习需要。

（1）很满意

（2）满意

（3）基本满意

（4）不满意

（5）很不满意

（6）无法评价

Q13：我对图书馆的设施、图书资料及管理服务方面的满意度。

（1）很满意

（2）满意

（3）基本满意

（4）不满意

（5）很不满意

（6）无法评价

Q14：母校数字化教学资源能够满足我的学习需要。

（1）很满意

（2）满意

（3）基本满意

（4）不满意

（5）很不满意

（6）无法评价

Q15：我对母校数字化教学资源建设和服务方面的满意度。

（1）很满意

（2）满意

（3）基本满意

（4）不满意

（5）很不满意

（6）无法评价

Q16：母校教材资源和教育教学案例库能够满足我的学习需要。

（1）很满意

（2）满意

（3）基本满意

（4）不满意

（5）很不满意

（6）无法评价

Q17：我对教材资源和教育教学案例库管理和服务方面的满意度。

（1）很满意

（2）满意

（3）基本满意

（4）不满意

（5）很不满意

（6）无法评价

Q18：我目前的就业状态。

（1）国内工作

（2）出国/境工作

（3）自主创业

（4）自由职业

（5）国内升学

（6）出国/境留学

（7）未就业

符合以下任何条件时显示本题：

11. 题号 34 选择在国内工作

Q1：我就业单位的性质。

（1）党政机关

（2）科研设计单位

（3）高等教育单位

（4）中初教育单位

（5）医疗卫生单位

（6）其他事业单位

（7）国有企业

（8）民营企业 / 个体

（9）三资企业（中外合资经营企业、中外合作经营企业、外商独资经营企业）

（10）部队

（11）农村建制村

（12）城镇社区

（13）其他

Q2：我就业单位所在地【编码题】（三级下拉菜单选择）。

注：依据中华人民共和国民政部公布的“2019 年 3 月中华人民共和国县以上行政区划代码”确定三级编码及名称。

符合以下任何条件时显示本题：

12. 题号 34 选择在国内工作或题号 34 选择自由职业

Q1：我就业单位所属行业【编码题】（二级下拉菜单选择）。

注：参考《2017 年国民经济行业分类（GB/T 4754—2017）》。

符合以下任何条件时显示本题：

13. 题号 34 选择在国内工作

Q1：我从事的职业（三级下拉菜单选择）【编码题】。

注:主要参考《中华人民共和国职业分类大典（2015 修订版）》及职业库（如学职平台、翼生涯等）和招聘网站的分类风格，形成了《新锦成的职业体系》。

符合以下任何条件时显示本题：

14. 题号 34 选择在国内工作或题号 34 选择出国 / 境工作或题号 34 选择自由职业

Q1：我工作的平均月收入（税前），大致 ______ 元 / 月（月收入包括工资、能折算为现金的福利等）。

符合以下任何条件时显示本题：

15. 题号 34 选择在国内工作或题号 34 选择出国 / 境工作或题号 34 选择自由职业

Q1：组合题：我对工作的满意度。

工作总体：_____。

（1）很满意

（2）满意

（3）基本满意

（4）不满意

（5）很不满意

（6）无法评价

工作薪酬：_____。

（1）很满意

（2）满意

（3）基本满意

（4）不满意

（5）很不满意

（6）无法评价

职业前景：_____。

（1）很满意

（2）满意

（3）基本满意

（4）不满意

（5）很不满意

（6）无法评价

工作内容：_____。

（1）很满意

（2）满意

（3）基本满意

（4）不满意

（5）很不满意

（6）无法评价

符合以下任何条件时显示本题：

16. 题号 34 选择在国内工作或题号 34 选择出国 / 境工作或题号 34 选择自由职业

Q1：单选题：我从事的工作与所学专业的相关程度。

（1）很相关

（2）相关

（3）基本相关

（4）不相关

（5）很不相关

（6）无法评价

符合以下任何条件时显示本题：

17. 题号 34 选择在国内工作或题号 34 选择出国 / 境工作或题号 34 选择自由职业

Q1：单选题：我目前的工作与我规划的职业方向的符合程度。

（1）很符合

（2）符合

（3）基本符合

（4）不符合

（5）很不符合

（6）无法评价

符合以下任何条件时显示本题：

18. 题号 34 选择在国内工作或题号 34 选择出国 / 境工作

Q1：单选题：毕业至今，您获得 ____ 次职位晋升。

（1）1 次

（2）2 次

（3）3 次

（4）4 次

（5）5 次

（6）6 次

（7）7 次及以上

（8）没有晋升过

（9）无法评价

符合以下任何条件时显示本题：

19. 题号 34 选择在国内工作或题号 34 选择出国 / 境工作或题号 34 选择自由职业

Q1：单选题：您对自己职业发展历程的满意度是。

（1）很满意

（2）满意

（3）基本满意

（4）不满意

（5）很不满意

（6）无法评价

符合以下任何条件时显示本题：

20. 题号 34 选择在国内工作或题号 34 选择出国 / 境工作

Q1：单选题：正式参加工作以来（实习不计），我离职的次数。

（1）0 次

（2）1 次

（3）2 次

（4）3 次及以上

Q2：组合题：我对大学期间辅导员和老师对学生指导相关工作的满意度。

思想政治教育：______。

（1）很满意

（2）满意

（3）基本满意

（4）不满意

（5）很不满意

（6）无法评价

生活指导：______。

（1）很满意

（2）满意

（3）基本满意

（4）不满意

（5）很不满意

（6）无法评价

学业指导：______。

（1）很满意

（2）满意

（3）基本满意

（4）不满意

（5）很不满意

（6）无法评价

职业生涯指导：______。

（1）很满意

（2）满意

（3）基本满意

（4）不满意

（5）很不满意

（6）无法评价

就业创业指导：______。

（1）很满意

（2）满意

（3）基本满意

（4）不满意

（5）很不满意

（6）无法评价

心理健康指导：______。

（1）很满意

（2）满意

（3）基本满意

（4）不满意

（5）很不满意

（6）无法评价

薄弱学生帮扶：______。

（1）很满意

（2）满意

（3）基本满意

（4）不满意

（5）很不满意

（6）无法评价

Q3：单选题：我已取得教师资格证。

（1）是

（2）否

符合以下任何条件时显示本题：

21. 题号 34 选择在国内工作或题号 34 选择出国 / 境工作或题号 34 选择自由职业

Q1：单选题：我目前从事所学专业教学或教学管理相关工作。

（1）是

（2）否

问卷 2　应届毕业生

1. 组合题

请对英语（师范）专业培养目标的合理性进行评价：

Q1：总体培养目标：本专业以习近平新时代中国特色社会主义思想为指导，全面贯彻党的教育方针，面向国家和区域基础教育改革和新时代教师队伍建设需求，立足皖北、面向安徽及周边区域，培养具有良好的师德素养和人文科学素养，掌握扎实的英语语言基础知识和技能、厚实的英语（师范）专业知识和教育教学知识，较强的英语教学能力、育人能力和终身发展能力，能够熟练使用英语从事中学英语教育教学工作，德、智、体、美、劳全面发展的中学英语骨干教师。

（1）很合理

（2）合理

（3）基本合理

（4）不合理

（5）很不合理

（6）无法评价

Q2：分目标 1：能践行社会主义核心价值观，具有浓烈的教育情怀和优良师德，具有法制意识，成为中学生的引路人。

（1）很合理

（2）合理

（3）基本合理

（4）不合理

（5）很不合理

（6）无法评价

Q3：分目标 2：能应用专业知识和技能进行英语基础教育的教学和教研，能通过学习和实践成为合格的中学英语教师。

（1）很合理

（2）合理

（3）基本合理

（4）不合理

（5）很不合理

（6）无法评价

Q4：分目标 3：能牢固树立德育为先的理念，立足学科特点开展立德树人工作，做好班主任工作、德育工作和心理健康等教育工作，对学生进行全程、立体、科学、综合的教育和引导，成为学生全面发展的促进者。

（1）很合理

（2）合理

（3）基本合理

（4）不合理

（5）很不合理

（6）无法评价

Q5：分目标 4：能通过有效沟通，运用反思和批判性思维，不断提升自主学习、研究的能力，持续学习深造，实现创新发展，能充分胜任语言文学教研工作，成为终身学习与发展的实践者。

（1）很合理

（2）合理

（3）基本合理

（4）不合理

（5）很不合理

（6）无法评价

2. 组合题

请反馈我目前的能力素质与培养目标的符合程度：

请对英语（师范）专业自身能力素质达成度进行评价。

Q1：总体培养目标：本专业以习近平新时代中国特色社会主义思想为指导，全面贯彻党的教育方针，面向国家和区域基础教育改革和新时代教师队伍建设需求，立足皖北、面向安徽及周边区域，培养具有良好的师德素养和人文科学素养，掌握扎实的英语语言基础知识和技能、厚实的英语（师范）专业知识和教育教学知识，较强的英语教学能力、育人能力和终身发展能力，能够熟练使用英语从事中学英语教育教学工作，德、智、体、美、劳全面发展的中学英语骨干教师。

（1）很符合

（2）符合

（3）基本符合

（4）不符合

（5）很不符合

（6）无法评价

Q2：分目标 1：能践行社会主义核心价值观，具有浓烈的教育情怀和优良师德，具有法制意识，成为中学生的引路人。

（1）很符合

（2）符合

（3）基本符合

（4）不符合

（5）很不符合

（6）无法评价

Q3：分目标 2：能应用专业知识和技能进行英语基础教育的教学和教研，能通过学习和实践成为合格的中学英语教师。

（1）很符合

（2）符合

（3）基本符合

（4）不符合

（5）很不符合

（6）无法评价

Q4：分目标 3：能牢固树立德育为先的理念，立足学科特点开展立德树人工作，做好班主任工作、德育工作和心理健康等教育工作，对学生进行全程、立体、科学、综合的教育和引导，成为学生全面发展的促进者。

（1）很符合

（2）符合

（3）基本符合

（4）不符合

（5）很不符合

（6）无法评价

Q5：分目标 4：能通过有效沟通，运用反思和批判性思维，不断提升自主学习、研究的能力，持续学习深造，实现创新发展，能充分胜任语言文学教研工作，成为终身学习与发展的实践者。

（1）很符合

（2）符合

（3）基本符合

（4）不符合

（5）很不符合

（6）无法评价

3. 单选题

我目前的就业状态：

（1）国内工作

（2）出国 / 境工作

（3）自主创业

（4）自由职业

（5）国内升学

（6）出国 / 境留学

（7）未就业

符合以下任何条件时显示本题：

4. 题号 3 选择在国内工作

Q1：我就业单位的性质。

（1）党政机关

（2）科研设计单位

（3）高等教育单位

（4）中初教育单位

（5）医疗卫生单位

（6）其他事业单位

（7）国有企业

（8）民营企业 / 个体

（9）三资企业（中外合资经营企业、中外合作经营企业、外商独资经营企业）

（10）部队

（11）农村建制村

（12）城镇社区

（13）其他

符合以下任何条件时显示本题：

5. 题号 3 选择在国内工作

Q1：我就业单位所在地【编码题】（三级下拉菜单选择）。

注：依据中华人民共和国民政部公布的“2019 年 3 月中华人民共和国县以上行政区划代码”确定三级编码及名称。

符合以下任何条件时显示本题：

6. 题号 3 选择在国内工作或选择自由职业

Q1：我就业单位所属行业【编码题】（二级下拉菜单选择）。

注：参考《2017 年国民经济行业分类（GB/T 4754—2017）》。

符合以下任何条件时显示本题：

7. 题号 3 选择在国内工作

Q1：我从事的职业（三级下拉菜单选择）【编码题】。

注：主要参考《中华人民共和国职业分类大典（2015 修订版）》、及职业库（如学职平台、翼生涯等）和招聘网站的分类风格，形成了《新锦成的职业体系》。

符合以下任何条件时显示本题：

8. 题号 3 选择在国内工作或选择出国 / 境工作或选择自由职业

Q1：填空题：我工作的平均月收入（税前），大致 _____ 元 / 月（月收入包括工资、能折算为现金的福利等）。

符合以下任何条件时显示本题：

9. 题号 3 选择在国内工作或选择出国 / 境工作或选择自由职业

Q1：组合题：我对工作的满意度

工作总体：_____。

（1）很满意

（2）满意

（3）基本满意

（4）不满意

（5）很不满意

（6）无法评价

工作薪酬：_____。

（1）很满意

（2）满意

（3）基本满意

（4）不满意

（5）很不满意

（6）无法评价

职业前景：_____。

（1）很满意

（2）满意

（3）基本满意

（4）不满意

（5）很不满意

（6）无法评价

工作内容：_____。

（1）很满意

（2）满意

（3）基本满意

（4）不满意

（5）很不满意

（6）无法评价

符合以下任何条件时显示本题：

10. 题号 3 选择在国内工作或选择出国 / 境工作或选择自由职业

Q1：单选题：我从事的工作与所学专业的相关程度。

（1）很相关

（2）相关

（3）基本相关

（4）不相关

（5）很不相关

（6）无法评价

符合以下任何条件时显示本题：

11. 题号 3 选择在国内工作或选择出国 / 境工作或选择自由职业

Q1：单选题：我目前的工作与我规划的职业方向的符合程度。

（1）很符合

（2）符合

（3）基本符合

（4）不符合

（5）很不符合

（6）无法评价

符合以下任何条件时显示本题：

12. 题号 3 选择在国内工作或选择出国 / 境工作

Q1：单选题：毕业至今，我获得 ____ 次职位晋升。

（1）1 次

（2）2 次

（3）3 次

（4）4 次

（5）5 次

（6）6 次

（7）7 次及以上

（8）没有晋升过

（9）无法评价

符合以下任何条件时显示本题：

13. 题号 3 选择在国内工作或选择出国 / 境工作或选择自由职业

Q1：单选题：我对自己职业发展历程的满意度。

（1）很符合

（2）符合

（3）基本符合

（4）不符合

（5）很不符合

（6）无法评价

符合以下任何条件时显示本题：

14. 题号 3 选择在国内工作或选择出国 / 境工作

Q1：单选题：正式参加工作以来（实习不计），我离职的次数。

（1）0 次

（2）1 次

（3）2 次

（4）3 次及以上

15. 组合题

我对大学期间，辅导员和老师的学生指导相关工作的满意度：

Q1：思想政治教育。

（1）很满意

（2）满意

（3）基本满意

（4）不满意

（5）很不满意

（6）无法评价

Q2：生活指导。

（1）很满意

（2）满意

（3）基本满意

（4）不满意

（5）很不满意

（6）无法评价

Q3：学业指导。

（1）很满意

（2）满意

（3）基本满意

（4）不满意

（5）很不满意

（6）无法评价

Q4：职业生涯指导。

（1）很满意

（2）满意

（3）基本满意

（4）不满意

（5）很不满意

（6）无法评价

Q5：就业创业指导。

（1）很满意

（2）满意

（3）基本满意

（4）不满意

（5）很不满意

（6）无法评价

Q6：心理健康指导。

（1）很满意

（2）满意

（3）基本满意

（4）不满意

（5）很不满意

（6）无法评价

Q7：薄弱学生帮扶。

（1）很满意

（2）满意

（3）基本满意

（4）不满意

（5）很不满意

（6）无法评价

16. 单选题

我已取得教师资格证：

（1）是

（2）否

符合以下任何条件时显示本题：

17. 题号 3 选择在国内工作或选择出国 / 境工作或选择自由职业

单选题：

Q1：我目前从事所学专业教学或教学管理相关工作。

（1）是

（2）否

Q2：我具有明确的专业发展规划意识。

（1）很符合

（2）符合

（3）基本符合

（4）不符合

（5）很不符合

（6）无法评价

Q3：我的专业发展规划得到了较好的落实。

（1）很符合

（2）符合

（3）基本符合

（4）不符合

（5）很不符合

（6）无法评价

Q4：我毕业后经常参与在职培训学习活动。

（1）很符合

（2）符合

（3）基本符合

（4）不符合

（5）很不符合

（6）无法评价

Q5：相对其他同学 / 同事，我获得了较多的校级（含）以上荣誉表彰。

（1）很符合

（2）符合

（3）基本符合

（4）不符合

（5）很不符合

（6）无法评价

Q6：我是否正在或曾经从事过志愿支教活动。

（1）是

（2）否

Q7：我毕业后有过学历提升。

（1）是

（2）否

问卷3：在校生调研问卷

1.单选题

Q1：我很乐意从事教育工作。

（1）很符合

（2）符合

（3）基本符合

（4）不符合

（5）很不符合

（6）无法评价

Q2：我很认同教师工作的价值。

（1）很符合

（2）符合

（3）基本符合

（4）不符合

（5）很不符合

（6）无法评价

Q3：我理解并掌握了学生发展知识（如学生身心发展规律和学习特点）。

（1）很符合

（2）符合

（3）基本符合

（4）不符合

（5）很不符合

（6）无法评价

Q4：我理解并掌握了学科知识（如所教学科的专业知识）。

（1）很符合

（2）符合

（3）基本符合

（4）不符合

（5）很不符合

（6）无法评价

Q5：我理解并掌握了教育教学知识（如课堂互动技能）。

（1）很符合

（2）符合

（3）基本符合

（4）不符合

（5）很不符合

（6）无法评价

Q6：我所学专业课程的体系设置能支撑毕业要求能力素质的达成。

（1）很符合

（2）符合

（3）基本符合

（4）不符合

（5）很不符合

（6）无法评价

Q7：我所学专业的课程能将通识教育、学科专业教育与教师教育有机结合。

（1）很符合

（2）符合

（3）基本符合

（4）不符合

（5）很不符合

（6）无法评价

Q8：我所学专业的理论课程与实践课程、必修课与选修课设置合理。

（1）很符合

（2）符合

（3）基本符合

（4）不符合

（5）很不符合

（6）无法评价

2. 组合题

我所学的专业课程内容与以下表述的符合程度：

Q1：能够体现师范教育的专业性，注重基础性。

（1）很符合

（2）符合

（3）基本符合

（4）不符合

（5）很不符合

（6）无法评价

Q2：注重实践性。

（1）很符合

（2）符合

（3）基本符合

（4）不符合

（5）很不符合

（6）无法评价

Q3：把社会主义核心价值观、师德教育融入其中。

（1）很符合

（2）符合

（3）基本符合

（4）不符合

（5）很不符合

（6）无法评价

Q4：吸收了学科前沿知识，引入教育研究最新成果。

（1）很符合

（2）符合

（3）基本符合

（4）不符合

（5）很不符合

（6）无法评价

Q5：能够结合师范生学习状况及时更新、完善。

（1）很符合

（2）符合

（3）基本符合

（4）不符合

（5）很不符合

（6）无法评价

3. 单选题

Q1：我所学专业的课程能够运用案例教学、探究教学、现场教学等多种教学方式。

（1）很符合

（2）符合

（3）基本符合

（4）不符合

（5）很不符合

（6）无法评价

Q2：我所学专业的课程课堂教学、课外指导和学习的时间分配合理。

（1）很符合

（2）符合

（3）基本符合

（4）不符合

（5）很不符合

（6）无法评价

Q3：我就读学院的实践教学内容能满足我工作 / 学习的需要。

（1）很符合

（2）符合

（3）基本符合

（4）不符合

（5）很不符合

（6）无法评价

Q4：我就读的学院提供了足够的实践机会。

（1）很符合

（2）符合

（3）基本符合

（4）不符合

（5）很不符合

（6）无法评价

Q5：我就读学院的实践教学组织规范有序。

（1）很符合

（2）符合

（3）基本符合

（4）不符合

（5）很不符合

（6）无法评价

Q6：我就读学院实行高校教师与优秀中小学（或幼儿园）教师共同指导的“双导师”制度，且“双导师”数量充足、相对稳定。

（1）很符合

（2）符合

（3）基本符合

（4）不符合

（5）很不符合

（6）无法评价

Q7：我的“双导师”权责明确，能够有效履职。

（1）很符合

（2）符合

（3）基本符合

（4）不符合

（5）很不符合

（6）无法评价

Q8：我就读学院的专任教师大都能做到思想端正、以身作则、关心学生。

（1）很符合

（2）符合

（3）基本符合

（4）不符合

（5）很不符合

（6）无法评价

Q9：我就读学院的兼职教师大都能做到思想端正、以身作则、关心学生。

（1）很符合

（2）符合

（3）基本符合

（4）不符合

（5）很不符合

（6）无法评价

Q10：我就读学院的专任教师大都具有较强的课堂教学、信息技术应用和学习指导等教学能力。

（1）很符合

（2）符合

（3）基本符合

（4）不符合

（5）很不符合

（6）无法评价

Q11：我就读学院的兼职教师大都具有较强的课堂教学、信息技术应用和学习指导等教学能力。

（1）很符合

（2）符合

（3）基本符合

（4）不符合

（5）很不符合

（6）无法评价

Q12：我就读学院的专任教师大都具有中小学（或幼儿园）教育服务经历，具有指导、分析、解决中小学（或幼儿园）教育教学实际问题的能力。

（1）很符合

（2）符合

（3）基本符合

（4）不符合

（5）很不符合

（6）无法评价

Q13：本校信息化教育教学设施能够满足我的学习需要。

（1）很满意

（2）满意

（3）基本满意

（4）不满意

（5）很不满意

（6）无法评价

Q14：我对本校信息化教育教学设施在使用管理和维护方面的满意度。

（1）很满意

（2）满意

（3）基本满意

（4）不满意

（5）很不满意

（6）无法评价

Q15：本校职业技能实训设施能够满足我的学习需要。

（1）很满意

（2）满意

（3）基本满意

（4）不满意

（5）很不满意

（6）无法评价

Q16：我对本校职业技能实训设施在使用管理和维护方面的满意度。

（1）很满意

（2）满意

（3）基本满意

（4）不满意

（5）很不满意

（6）无法评价

Q17：本校图书馆资料能够满足我的学习需要。

（1）很满意

（2）满意

（3）基本满意

（4）不满意

（5）很不满意

（6）无法评价

Q18：我对本校图书馆设施、图书资料及管理服务方面的满意度。

（1）很满意

（2）满意

（3）基本满意

（4）不满意

（5）很不满意

（6）无法评价

Q19：本校数字化教学资源能够满足我的学习需要。

（1）很满意

（2）满意

（3）基本满意

（4）不满意

（5）很不满意

（6）无法评价

Q20：我对本校数字化教学资源建设和服务方面的满意度。

（1）很满意

（2）满意

（3）基本满意

（4）不满意

（5）很不满意

（6）无法评价

Q21：本校教材资源和教育教学案例库能够满足我的学习需要。

（1）很满意

（2）满意

（3）基本满意

（4）不满意

（5）很不满意

（6）无法评价

Q22：我对本校教材资源和教育教学案例库管理和服务方面的满意度。

（1）很满意

（2）满意

（3）基本满意

（4）不满意

（5）很不满意

（6）无法评价

4. 组合题

我对学生成长指导相关工作的满意度：

Q1：思想政治教育。

（1）很满意

（2）满意

（3）基本满意

（4）不满意

（5）很不满意

（6）无法评价

Q2：生活指导。

（1）很满意

（2）满意

（3）基本满意

（4）不满意

（5）很不满意

（6）无法评价

Q3：职业生涯指导。

（1）很满意

（2）满意

（3）基本满意

（4）不满意

（5）很不满意

（6）无法评价

Q4：就业创业指导。

（1）很满意

（2）满意

（3）基本满意

（4）不满意

（5）很不满意

（6）无法评价

Q5：心理健康指导。

（1）很满意

（2）满意

（3）基本满意

（4）不满意

（5）很不满意

（6）无法评价

Q6：薄弱学生帮扶。

（1）很满意

（2）满意

（3）基本满意

（4）不满意

（5）很不满意

（6）无法评价

5. 组合题

我对学生学业指导相关工作的满意度。

Q1：课程学习指导。

（1）很满意

（2）满意

（3）基本满意

（4）不满意

（5）很不满意

（6）无法评价

Q2：实践学习指导。

（1）很满意

（2）满意

（3）基本满意

（4）不满意

（5）很不满意

（6）无法评价

Q3：研究性学习指导。

（1）很满意

（2）满意

（3）基本满意

（4）不满意

（5）很不满意

（6）无法评价

问卷 4：毕业生用人单位调查问卷

1. 单选题

Q1：未来几年贵单位对我校本专业毕业生的需求趋势。

（1）有较大幅度增长

（2）略有增长

（3）基本持平

（4）略有降低

（5）有较大幅度降低

（6）不了解 / 无法评价

2. 组合题

请对我校本专业培养目标的合理性进行评价：

Q1：总体培养目标：本专业以习近平新时代中国特色社会主义思想为指导，全面贯彻党的教育方针，面向国家和区域基础教育改革和新时代教师队伍建设需求，立足皖北、面向安徽及周边区域，培养具有良好的师德素养和人文科学素养，掌握扎实的英语语言基础知识和技能、厚实的英语（师范）专业知识和教育教学知识，较强的英语教学能力、育人能力和终身发展能力，能够熟练使用英语从事中学英语教育教学工作，德、智、体、美、劳全面发展的中学英语骨干教师。

（1）很合理

（2）合理

（3）基本合理

（4）不合理

（5）很不合理

（6）无法评价

Q2：分目标 1：能践行社会主义核心价值观，具有浓烈的教育情怀和优良师德，具有法制意识，成为中学生的引路人。

（1）很合理

（2）合理

（3）基本合理

（4）不合理

（5）很不合理

（6）无法评价

Q3：分目标 2：能应用专业知识和技能进行基础教育的英语教学和教研，能通过学习和实践成为合格的中学英语教师。

（1）很合理

（2）合理

（3）基本合理

（4）不合理

（5）很不合理

（6）无法评价

Q4：分目标3：能牢固树立德育为先的理念，立足学科特点开展立德树人工作，做好班主任工作、德育工作和心理健康等教育工作，对学生进行全程、立体、科学、综合的教育和引导，成为学生全面发展的促进者。

（1）很合理

（2）合理

（3）基本合理

（4）不合理

（5）很不合理

（6）无法评价

Q5：分目标4：能通过有效沟通，运用反思和批判性思维，不断提升自主学习、研究的能力，持续学习深造，实现创新发展，能充分胜任语言文学教研工作，成为终身学习与发展的实践者。

（1）很合理

（2）合理

（3）基本合理

（4）不合理

（5）很不合理

（6）无法评价

3. 单选题

Q1：我校本专业毕业5年左右的毕业生的能力素质与本专业培养目标的总体符合程度。

（1）很符合

（2）符合

（3）基本符合

（4）不符合

（5）很不符合

（6）无法评价

4. 组合题

请对我校本专业毕业生表现进行满意度评价：

Q1：思想品德和职业道德。

（1）很满意

（2）满意

（3）基本满意

（4）不满意

（5）很不满意

（6）无法评价

Q2：敬业精神与责任意识。

（1）很满意

（2）满意

（3）基本满意

（4）不满意

（5）很不满意

（6）无法评价

Q3：专业知识水平和应用能力。

（1）很满意

（2）满意

（3）基本满意

（4）不满意

（5）很不满意

（6）无法评价

Q4：课堂教育教学基本功。

（1）很满意

（2）满意

（3）基本满意

（4）不满意

（5）很不满意

（6）无法评价

Q5：班级管理。

（1）很满意

（2）满意

（3）基本满意

（4）不满意

（5）很不满意

（6）无法评价

Q6：开展综合育人能力。

（1）很满意

（2）满意

（3）基本满意

（4）不满意

（5）很不满意

（6）无法评价

Q7：自我发展能力。

（1）很满意

（2）满意

（3）基本满意

（4）不满意

（5）很不满意

（6）无法评价

Q8：沟通、协调与团队合作能力。

（1）很满意

（2）满意

（3）基本满意

（4）不满意

（5）很不满意

（6）无法评价

Q9：适应和执行能力。

（1）很满意

（2）满意

（3）基本满意

（4）不满意

（5）很不满意

（6）无法评价

Q10：继续学习及接受新知识能力。

（1）很满意

（2）满意

（3）基本满意

（4）不满意

（5）很不满意

（6）无法评价

Q11：研究与创新能力。

（1）很满意

（2）满意

（3）基本满意

（4）不满意

（5）很不满意

（6）无法评价

Q12：国际视野与跨文化交流能力。

（1）很满意

（2）满意

（3）基本满意

（4）不满意

（5）很不满意

（6）无法评价

Q13：终身学习与专业发展的意识和能力。

（1）很满意

（2）满意

（3）基本满意

（4）不满意

（5）很不满意

（6）无法评价

5. 单选题

Q1：贵单位对我校本专业毕业生的工作表现总体满意吗?

（1）很满意

（2）满意

（3）基本满意

（4）不满意

（5）很不满意

（6）无法评价

Q2：贵单位认为我校本专业毕业生与其他同类高校毕业生在能力素质方面相比。

（1）很有优势

（2）比较有优势

（3）差不多

（4）比较有差距

（5）很有差距

（6）无法评价

Q3：贵单位对我校本专业人才培养质量总的满意度。

（1）很满意

（2）满意

（3）基本满意

（4）不满意

（5）很不满意

（6）无法评价

Q4：贵单位对我校就业服务总的满意度。

（1）很满意

（2）满意

（3）基本满意

（4）不满意

（5）很不满意

（6）无法评价

Q5：贵单位的性质。

（1）党政机关

（2）科研设计单位

（3）高等教育单位

（4）中初教育单位

（5）医疗卫生单位

（6）其他事业单位

（7）国有企业

（8）民营企业 / 个体

（9）三资企业（中外合资经营企业、中外合作经营企业、外商独资经营企业）

（10）部队

（11）农村建制村

（12）城镇社区

（13）其他

6. 填空题贵单位名称是（填写全称）：＿＿＿＿＿＿＿＿＿＿＿＿＿＿。

问卷 5：同行评价调研问卷

尊敬的老师：

您好！感谢您在百忙之中参与本次问卷调查。我们希望通过调查，进一步了解您对我校英语（师范）专业毕业生的反馈评价。该问卷调查不署名，所有数据均用于统计研究，请按实际情况和真实想法回答问题。感谢您在百忙之中拨冗填答！

××学院××专业

1. 组合题

对我校本专业毕业生的表现进行满意度评价：

Q1：思想品德和职业道德。

（1）很满意

（2）满意

（3）基本满意

（4）不满意

（5）很不满意

（6）无法评价

Q2：敬业精神与责任意识。

（1）很满意

（2）满意

（3）基本满意

（4）不满意

（5）很不满意

（6）无法评价

Q3：专业知识水平和应用能力。

（1）很满意

（2）满意

（3）基本满意

（4）不满意

（5）很不满意

（6）无法评价

Q4：课堂教育教学基本功。

（1）很满意

（2）满意

（3）基本满意

（4）不满意

（5）很不满意

（6）无法评价

Q5：班级管理。

（1）很满意

（2）满意

（3）基本满意

（4）不满意

（5）很不满意

（6）无法评价

Q6：综合育人。

（1）很满意

（2）满意

（3）基本满意

（4）不满意

（5）很不满意

（6）无法评价

Q7：同事间沟通能力。

（1）很满意

（2）满意

（3）基本满意

（4）不满意

（5）很不满意

（6）无法评价

Q8：教研活动参与程度。

（1）很满意

（2）满意

（3）基本满意

（4）不满意

（5）很不满意

（6）无法评价

Q9：团队合作活动参与程度。

（1）很满意

（2）满意

（3）基本满意

（4）不满意

（5）很不满意

（6）无法评价

2. 单选题

Q1：您对我校本专业毕业生工作表现的总体满意度。

（1）很满意

（2）满意

（3）基本满意

（4）不满意

（5）很不满意

（6）无法评价

3. 填空题：您与评价对象的关系是___________。（选答题）

问卷 6：毕业生所教学生评价调研问卷

亲爱的同学：

你好！感谢你参与本次问卷调查。我们希望通过调查，进一步了解你对我校英语（师范）专业毕业的老师的评价反馈。该问卷调查不署名，所有数据均用于统计研究，请按实际情况和真实想法回答问题。感谢你的配合！

××学院××专业

1. 组合题

请对老师的日常表现进行满意度评价：

Q1：思想品德和职业道德。

（1）很满意

（2）满意

（3）基本满意

（4）不满意

（5）很不满意

（6）无法评价

Q2：敬业精神与责任意识。

（1）很满意

（2）满意

（3）基本满意

（4）不满意

（5）很不满意

（6）无法评价

Q3：师生互动与沟通。

（1）很满意

（2）满意

（3）基本满意

（4）不满意

（5）很不满意

（6）无法评价

Q4：班级活动组织。

（1）很满意

（2）满意

（3）基本满意

（4）不满意

（5）很不满意

（6）无法评价

Q5：班级事务管理。

（1）很满意

（2）满意

（3）基本满意

（4）不满意

（5）很不满意

（6）无法评价

Q6：班级突发事件应对。

（1）很满意

（2）满意

（3）基本满意

（4）不满意

（5）很不满意

（6）无法评价

2. 单选题

Q1：你对老师工作表现的总体满意度。

（1）很满意

（2）满意

（3）基本满意

（4）不满意

（5）很不满意

（6）无法评价

3. 填空题

你所在学校及年级______________。

问卷 7：毕业生所教学生家长评价调研问卷

亲爱的家长：

您好！感谢您参与本次问卷调查。我们希望通过调查，进一步了解您对我校英语（师范）专业毕业的老师的评价反馈。该问卷调查不署名，所有数据均用于统计研究，请按实际情况和真实想法回答问题。感谢您的配合！

××学院

1. 组合题

对老师的日常表现进行满意度评价：

Q1：思想品德和职业道德。

（1）很满意

（2）满意

（3）基本满意

（4）不满意

（5）很不满意

（6）无法评价

Q2：敬业精神与责任意识。

（1）很满意

（2）满意

（3）基本满意

（4）不满意

（5）很不满意

（6）无法评价

Q3：班级活动组织。

（1）很满意

（2）满意

（3）基本满意

（4）不满意

（5）很不满意

（6）无法评价

Q4：班级事务管理。

（1）很满意

（2）满意

（3）基本满意

（4）不满意

（5）很不满意

（6）无法评价

Q5：班级突发事件应对。

（1）很满意

（2）满意

（3）基本满意

（4）不满意

（5）很不满意

（6）无法评价

Q6：与家长沟通能力。

（1）很满意

（2）满意

（3）基本满意

（4）不满意

（5）很不满意

（6）无法评价

2. 单选题

Q1：你对老师工作表现的总体满意度。

（1）很满意

（2）满意

（3）基本满意

（4）不满意

（5）很不满意

（6）无法评价

3. 填空题

您孩子所在学校是______________________。

参考文献

[1] JIAN Z. Development of Art General Education Curriculum in Colleges and Universities under OBE Concept [P]. 2022 International Conference on Educational Informatization，E-commerce and Information System，2022.

[2] TAMBYAH K S. Student Growth and Development in New Higher Education Learning Spaces：Student-centred Learning in Singapore [M]. Taylor and Francis：2022-11-29.

[3] 曹中秋 . 习近平教育观研究 [D]. 武汉：武汉理工大学，2021.

[4] 陈光磊，魏景，李莉，等 . 新时代地方本科高校 UGSS 教师教育应用型人才培养模式创新与实践 [J]. 山东高等教育，2022（3）：33-39.

[5] 程宏，王晓峰 . 基于层次分析法的卓越师范生培养质量评价数学模型 [J]. 喀什大学学报，2022（6）：22-28.

[6] 崔焕然 . 校外教师课程能力评价体系建设的认识与思考 [J]. 中国校外教育，2023（S1）：161-163.

[7] 邓吉祥 . 新文科背景下应用型本科院校旅游管理专业人才培养方案探索 [J]. 大学教育，2021（10）：14-16，39.

[8] 段雄春，陈想平 . 基于 OBE 理念的应用型本科教育课程设置与开发 [C]// 中国高等教育学会 . 教学课程方法：高等教育现代化——2015 年高等教育国际论坛论文集 . 广州：广东高等教育出版社，2015：110-113.

[9] 高吉利 . 新师范背景下地方本科高校英语专业人才培养模式现状及改革路径研究 [J]. 榆林学院学报，2023（4）：98-102.

[10] 顾馨梅，厉爱民．师范生专业发展导论 [M]. 南京：南京大学出版社，2019（5）：211.
[11] 郭绍青，林丰民，于青青，等．数字化赋能教师专业发展实践探索 [J]. 电化教育研究，2023（7）：96-106.
[12] 郭晓英．大学—中小学英语教师专业学习共同体研究 [M]. 南京：南京大学出版社，2022（5）：289.
[13] 何丽萍，杨颖羿．重塑高等教育背景下地方本科院校毕业论文质量保障体系 [J]. 湖南科技学院学报，2023（2）：118-120.
[14] 侯欣舒．师范生培养与“双减”高质量发展的一体化实践路径 [J]. 内蒙古财经大学学报，2022（4）：14-17.
[15] 胡钦太．高校心理健康教育协同机制探索 [J]. 中国高等教育，2023（9）：45-48.
[16] 胡园婷．事业单位改革背景下我国高校教育经费保障问题研究 [J]. 知识经济，2017（21）：65-66，68.
[17] 黄超叶，李明，韩泳．基于 OBE 的应用型高校过程性考核的研究和探索 [J]. 轻工科技，2021（9）：193-194.
[18] 纪志耿．新中国成立以来党领导农村公益事业发展的历史进程与基本经验研究 [M]. 成都：四川大学出版社，2017（5）：345.
[19] 贾惠芹，屈宸光，朱凯然，等．基于 OBE 理念的工程应用类课程目标达成度评价方法 [J]. 大学教育，2020（12）：46-49.
[20] 李霞．“UGS”共育模式下师范生实践基地建设质量标准构建策略 [J]. 中国成人教育，2022（9）：24-27.
[21] 李妍妍，李长威，林晓辉．产业学院背景下教师队伍培养模式的探索与思考 [J]. 老字号品牌营销，2022（4）：170-172.
[22] 李志义，张小钢，宫文飞，等．高校内部质量保障标准构建：策略、框架与要求 [J]. 高等工程教育研究，2023（4）：8-14.
[23] 林平，李运庆．新时代高校“五化”协同育人机制的构建 [J]. 学校党建与思想教育，2023（8）：67-69.

[24] 刘波 . 强化管理，聚焦标准，深化协同——加强公费师范生教育实践课程体系建设 [J]. 河南教育（教师教育），2023（6）：14-15.
[25] 刘波帆 . 大学生就业指导课程与服务体系建设探究 [J]. 就业与保障，2023（6）：85-87.
[26] 刘康宁 . 高等职业教育外部质量保障体系建设研究 [D]. 厦门：厦门大学，2019.
[27] 刘秋菊，赵复查 . 高等教育质量保障体系的生态演绎 [J]. 韩山师范学院学报，2023（4）：76-81.
[28] 刘上海 . 应用型本科院校发展战略研究 [M]. 重庆：重庆大学出版社，2013（8）：247.
[29] 陆云泉，刘子森，杨双伟，等 . 学生成长共同体：家校社协同育人模式的实践探索 [J]. 人民教育，2022（1）：60-62.
[30] 罗亮，宋杰，吴绍兰，等 . 基于师范认证标准的毕业要求达成度评价方法研究与实践 [J]. 高教学刊，2020（33）：103-105，109.
[31] 马思慧 . 毕业要求达成与持续改进评价系统设计与实现 [D]. 成都：西南交通大学，2019.
[32] 马迎春，徐大伟 . 潜心育人谋发展　教学改革谱新篇 [N]. 信阳日报，2021-09-17（003）.
[33] 梅兵，周彬 . 新时代高水平师范大学的育人使命与教育担当 [J]. 教育研究，2022（4）：136-142.
[34] 孟现志 . 新建地方本科院校提升人才培养水平的路径选择 [J]. 商丘师范学院学报，2013（4）：99-106.
[35] 孟宇，张学伟 . 论高校外语课程体系建设——以新文科建设为视域 [J]. 新文科理论与实践，2023（2）：90-97，127-128.
[36] 苗培周，柴育青，谷伟 . 新时代我国教师职前教育实践教学体系改革探讨 [J]. 教育理论与实践，2023（15）：61-64.
[37] 牛佳，成欣欣 . 专业认证背景下教师教育质量监控：主体、客体及策略 [J]. 教育理论与实践，2022（9）：14-18.
[38] 潘琰，许适琳 ."八位一体、五维支撑"的教学质量监控体系与运行机制的构建 [J]. 福建广播电视大学学报，2019（2）：60-63.

[39] 庞丽娟，杨小敏．高质量教育体系建设的经费投入保障思考与建议 [J]. 国家教育行政学院学报，2021（8）：3-13.
[40] 彭晶．《指南》指导下地方院校师范类英语专业课程体系建设——以肇庆学院为例 [J]. 肇庆学院学报，2023（4）：83-88.
[41] 任少波．以数字化改革推进高等教育高质量发展 [J]. 中国高等教育，2023（2）：47-51.
[42] 盛欣．新建地方本科院校人才培养质量及保障机制研究 [D]. 长沙：湖南师范大学，2015.
[43] 宋秀葵，张力文，董苗苗．师范专业认证理念下毕业要求达成情况评价研究与实践——以英语专业为例 [J]. 齐鲁师范学院学报，2022（3）：26-32，38.
[44] 孙冉，梁文艳．第一代大学生身份是否会阻碍学生的生涯发展——基于首都大学生成长追踪调查的实证研究 [J]. 中国高教研究，2021（5）：43-49，108.
[45] 万忠，张延红，洪鑫华，等．地方应用型高校工科专业工程教育认证质量保障体系构建 [J]. 计算机教育，2023（5）：107-110，115.
[46] 汪霞，嵇艳．美国研究型大学本科生课程与教学评价研究 [M]. 南京：南京大学出版社，2018.
[47] 王才东，刘苏萌，孙玉胜．本科毕业设计（论文）质量提升改革与实践 [J]. 高教学刊，2023（21）：124-127.
[48] 王冬冬．在守正创新中推进新文科建设 [N]. 中国社会科学报，2022-06-07（008）.
[49] 王婷婷．实习教学五保障体系研究 [J]. 大学（社会科学），2020（46）：95-97.
[50] 吴月．多方协同形成齐心育人合力 [N]. 人民日报，2023-02-09（010）.
[51] 武清雅．高校实践育人线上线下协同机制建构研究 [D]. 南宁：广西民族大学，2022.
[52] 徐建庆．教育教学资源建设的经费保障 [J]. 教育教学论坛，2012（24）：221-222.
[53] 徐燕兰．学生成长与高校教师专业发展 [J]. 肇庆学院学报，2016（6）：92-95，100.
[54] 许彪，李三福．基于"四位一体"目标体系的人才培养方案信息模型构建探索 [J]. 高等职业教育探索，2022（2）：67-72.
[55] 许建美，顾沁怡．专业发展与教师赋权：艾拉·扬的教师教育思想与实践 [J]. 教育史研

究，2023（2）：164-174.

[56] 宣泠，龚晓斌 . 大学外语不断线课程体系建构研究 [M]. 苏州：苏州大学出版社，2020：219.

[57] 鄢彩玲 . 建设职业教育本科的问题与解决思路探索——基于德国经验借鉴 [J]. 中国电化教育，2021（12）：65-71.

[58] 严云洋，乔斌，孙国红，等 . 应用型本科院校构建人才培养方案的探索与实践 [J]. 中国高等教育，2022（22）：56-58.

[59] 严赞开 . 师范专业认证下质量保障体系建设的实践 [J]. 化工管理，2023（18）：31-33.

[60] 杨桂青 . 教育治理现代化是增强教育活力重要抓手 [N]. 中国教育报，2016-03-24（7）.

[61] 杨增宏，曹小云 . 师范专业认证引领课程目标达成度评价的构建实践 [J]. 合肥师范学院学报，2023（1）：119-124.

[62] 余雅兰，马君 . 协同治理：新西兰职业本科教育质量保障体系研究 [J]. 中国职业技术教育，2023（15）：89-96.

[63] 张久全 . 基于 OBE 的英语师范生教学智慧培养与实践探索 [C]// 东北亚语言学文学和教学国际论坛组委会，中国外语教育东方论坛组委会，通化师范学院 . 东北亚外语论坛，2021（5）：62-69.

[64] 张敏，曹显兵 . 质量文化建设背景下高校课程教学评价改革的路径探析 [J]. 北京教育（高教），2023（6）：65-66.

[65] 赵彤 . 新建应用型本科实践教学体系构建研究 [M]. 南京：南京东南大学出版社，2016：166.

[66] 郑志辉 . 实证视野下的职前教师专业发展研究 [M]. 武汉：武汉大学出版社，2017：228.

[67] 周静 . 基于 OBE 教育理念的大学英语混合式课堂设计与实践探究 [C]// 香港新世纪文化出版社 . 2023 年第三届创新人才培养与可持续发展国际学术会议论文集 . HONGKONG NEW CENTURY CULTURAL PUBLISHING HOUSE，2023：867-869.

[68] 朱郴韦，刘楠 . 融合式、立体化课程思政教学体系建设 [J]. 教育教学论坛，2023（24）：20-23.

[69] 朱金燕 . 新文科背景下地方本科院校大学英语教师专业发展提升策略 [J]. 荆楚理工学院学报，2023（3）：46-51.

[70] 朱珺，杨继林 . 基于 OBE 理念的师范生职业能力自主训练模式的研究——以英语师范专业为例 [J]. 湘南学院学报，2023（3）：110-115.

[71] 朱小宇，谢华 . 地方高校新文科教师专业发展路径研究 [J]. 黑龙江教师发展学院学报，2023（7）：36-38.

后 记

本书在写作过程中得到了同事们的大力支持，他们分别对本书的相关章节做出了贡献，他们分别是：郝景东、胡永近、李小鹏、郑科研、赵娟、黄伟、王培培、宋皓。专业建设永远在路上，在专业建设的过程中，不仅有教研室主任的辛苦付出，还有各岗位干部的大力支持，最重要的是教研室一线教师的参与，正是由于他们的配合和支持，尤其是在新冠病毒感染高发的特殊时期，我才能克服一个又一个的困难，直至本书的顺利完成。

本书能够顺利出版，首先要感谢宿州学院大泽学者、复旦大学唐亚林教授的支持，他把大泽学者的奖励资金全部用于资助我们“中部地区中等规模城市群治理与城乡一体化发展研究院”（项目编号：XM042303）的工作。研究院的全体成员，致力于应用型本科人才培养和专业建设及政校企地合作，同时，本书也是安徽省质量工程项目“师范类专业认证理念下的英语专业人才培养探索与实践”（项目编号：2022jyxm1609）和宿州学院英语师范教育基地（项目编号：szxy2022sfjy02）及大中小外语教育一体化虚拟教研室（项目编号：szxy2022xnjys03）阶段性研究成果。

最后，我还要感谢我的家人们，80 多岁的父母笔耕不辍，始终坚持终身学习的理念，给我树立了良好的榜样，是我的精神楷模。爱人欧阳昌芳，一直在默默地支持着我，是我前行的坚强后盾。儿子正在香港求学，我们彼此鼓励，这本书也是作为一个礼物送给我亲爱的家人们。